MANUAL PARA ESPAÑOLES SIN COMPLEJOS

CLÍO

CRÓNICAS DE LA HISTORIA

JUAN SÁNCHEZ GALERA
PEDRO FERNÁNDEZ BARBADILLO

Manual para españoles sin complejos

www.edaf.net

MADRID - MÉXICO - BUENOS AIRES - SANTIAGO
2022

Manual para españoles sin complejos
© 2022. Juan Sánchez Galera y Pedro Fernández Barbadillo
© 2022. De esta edición, Editorial EDAF, S. L. U.
© Diseño de la cubierta: Manuel G. Pallarés
© Diseño y maquetación: MDRV

EDITORIAL EDAF, S. L. U.
Jorge Juan, 68. 28009 Madrid, España
Tel. (34) 91 435 82 60
Fax (34) 91 431 52 81
http://www.edaf.net
edaf@edaf.net

ALGABA EDICIONES, S.A. de C.V.
Calle 21, Poniente 3323,
Colonia Belisario Domínguez
(entre la 33 Sur y la 35 Sur)
Puebla, 72180, México
Telf.: 52 22 22 11 13 87
jaime.breton@edaf.com.mx

EDAF DEL PLATA, S. A.
Chile, 2222
1227 Buenos Aires, Argentina
Tel/Fax (54) 11 43 08 52 22
edaf4@speedy.com.ar

EDAF CHILE, S. A.
Avda. Charles Aranguiz Sandoval, 0367
Ex. Circunvalación,
Puente Alto
Santiago de Chile, Chile
Tel (56) 2/335 75 11 - (56) 2/334 84 17
Fax (56) 2/ 231 13 97
comercialedafchile@edafchile.cl

Tercera edición: abril 2022

ISBN: 978-84-414-4134-7
Depósito legal: M-34-2022

IMPRESO EN ESPAÑA — PRINTED IN SPAIN

Impreso por Ulzama

La historia está olvidada, desconocida, cuando no desfigurada. La vitalidad da sus latidos poderosos en cada vida individual, y por eso España es un país divertido, atractivo, en el que, a pesar de todo, es grato y estimulante vivir. Pero hace falta algo más para que esas posibilidades alcancen el nivel que reclama un pueblo que ha configurado buena parte del mundo.

Julián Marías

ÍNDICE

1
La leyenda negra

Mientras Alba hace el amor con la ramera de Babilonia —la Iglesia católica—, el comercio de los Países Bajos se deteriora. Grabado utilizado para promover la leyenda negra española. Rijskmuseum, Ámsterdam.

El español no es, sin más, nuestro enemigo por mera casualidad, sino de forma providencial; así lo ha dispuesto Dios en su sabiduría.

Oliver Cromwell,
en un discurso ante el Parlamento inglés (1656).

La leyenda negra española ha sido durante siglos la mayor alucinación colectiva de Occidente.

Sverker Arnoldsson.

1.1 Moros y cristianos

FUNDADA POR PTOLOMEO I —sucesor de Alejandro Magno— en el siglo III a. C., se dice que un milenio después —en el año 640—, la biblioteca de Alejandría, en Egipto, albergaba unos setecientos mil volúmenes. Ciertamente, una cifra astronómica de libros ya hoy, y algo impensable para esa época, de no ser por esos mil años de historia atesorando las joyas del pensamiento humano. Allí se encontraban textos únicos que se perdieron para siempre. Sabemos que Augusto escribió un tratado —*Consideraciones filosóficas*— y obras literarias, al igual que Julio César un ensayo teológico y hasta un estudio de gramática latina. Y así otras muchísimas obras clásicas de las que tenemos constancia que un día existieron, pero que se perdieron para siempre entre las llamas que consumieron la biblioteca. De hecho, nos consta que son muchísimas más las obras clásicas perdidas que las que han llegado a nuestros días, lo cual, inevitablemente, nos lleva a preguntarnos cuán rica sería hoy nuestra civilización, si en vez de haber conservado solo una pequeña parte de la cultura clásica, la hubiésemos conseguido mantener en su mayor parte.

Y todo eso lo hemos perdido irremediablemente porque la biblioteca fue incendiada en el año 640 por orden del tercer califa, Omar, personaje que, no lo olvidemos, llegó al poder tras regalarle a Mahoma a su propia hija —Hafsa— para engrosar su harén. Igual que antes había hecho su predecesor, Abu Bark, con las más pequeña de sus niñas —Aisha— cuando apenas contaba con siete inocentes primaveras.

En todo caso, y para no salirnos del relato, recordemos que este Omar es el primero en expandir el islam fuera de la Península arábiga, tras la conquista de los actuales Estados de Siria, Palestina, Irán, Líbano, Egipto… Y es precisamente tras la toma de Alejandría, cuando uno de sus generales, después de saquear la ciudad y pasar a cuchillo a media población, le pregunta qué hacer con la biblioteca, a lo que él responde: «Si esos libros están de acuerdo con el Corán, no tenemos necesidad de ellos, y si se oponen a él, deben ser destruidos. Quemadlos todos».

Sin embargo, no es contra Omar o el islam contra quien se ha cebado la historia, sino contra la Iglesia católica. Con la quema de la biblioteca de Alejandría la humanidad pierde para siempre buena parte del legado cultural de Grecia y Roma, y allá por donde avanzan las huestes mahometanas, junto a su reguero de sangre y cenizas, acaban con todo vestigio de civilización preislámica. Recordemos que son esos mismos siglos en los que la Iglesia católica asume como propia la responsabilidad de preservar y difundir el legado de la cultura. Es la Iglesia quien emplea a sus monjes para copiar miles de ejemplares de las obras clásicas, y es la Iglesia la que crea en ese tiempo las escuelas públicas, las primeras universidades, el método científico, el románico, el gótico, las compilaciones de derecho...

Sin embargo, en el imaginario colectivo de los que descendemos de esa Europa cristiana, se nos presenta al islam del Medioevo como un rayo de luz, civilización y progreso, en medio de una cristiandad sumida en el fanatismo religioso, la ignorancia, una pestilente falta de higiene, la tiranía, la crueldad...

Así, en la Edad Media, mientras los musulmanes siempre son presentados como cultos, tolerantes, refinados, aseados, y amantes de las ciencias, los reinos cristianos parecen estar en las sucias manos de unos frailes zafios y mantecosos que adoctrinan a los labriegos en su ignorancia. La Tierra, para ellos era plana, y los señores feudales cristianos ejercían el derecho de pernada con las campesinas, o le plantaban un cinturón de castidad a sus mujeres mientras se largaban sedientos de sangre a las cruzadas.

Lamentablemente no exageramos; no afirmamos nada que la inmensa mayoría de la gente de hoy en día no de cómo hecho verdaderamente histórico. ¿Alguien se ha parado a pensar, siquiera un minuto, que le pasaría a una mujer a la que su marido le plantase un cinturón de castidad mientras está fuera en las cruzadas? Sencillamente moriría irremediablemente a causa de una septicemia por falta de higiene en sus partes íntimas, y eso lo sabe cualquiera. El cinturón de castidad jamás existió antes del siglo XIX, y cuando apareció por primera vez fue en forma de juguete fetichista, dentro de la oferta sadomasoquista que ofrecían los selectos burdeles burgueses de la época. Y desde esos centros tan afamados del saber y el pensamiento como eran los prostíbulos, los cinturones de castidad pasaron directamente a formar parte en el siglo XX de cualquier exposición que se precie sobre la Inquisición, mostrándose como uno más de esos aberrantes instrumentos indefectiblemente ligados a la estética de la Edad Media cristiana.

También es un invento moderno que la Iglesia creyese y enseñase que la Tierra era plana. Aquí nuevamente nos encontramos con la total ausencia de cualquier documento o indicio que sustente tal aberración, de hecho, ya desde Aristóteles se daba por cierta la esfericidad terrestre, y solo los vikingos y pueblos paganos sostenían por aquel entonces lo contrario. No es hasta la publicación en 1651 del *Leviathan* de Hobbes —un autor anticatólico— cuando por primera vez escuchamos esa calumnia, para acusar al papa y al clero romano de ignorantes y supersticiosos. Casi dos siglos más tarde —en 1828—, otro autor anglosajón y anticatólico —Washington Irving—, en su obra *Historia de la vida y viajes de Cristóbal Colón*, se inventó el mito de que el proyecto de Colón tardó en aprobarse porque los curas se empeñaban en que tal temeridad era imposible, por ser la Tierra plana, cuando en verdad se demoró porque el consejo de científicos —no de curas—, convencidos de la esfericidad terrestre y conocedores de su diámetro, pensaban que era un viaje imposible de realizar con las naves de la época, cosa en la que tenían toda la razón, de no ser porque había un continente desconocido de por medio. En todo caso, como era una novela, Washington Irving no tenía por qué demostrar nada; como tampoco tenía que demostrarlo Jean Antoine Letronne —reconocido masón y nada menos que inspector general de la Universidad de París—, al escribir también en 1828 *Sobre las opiniones cosmográficas de los padres de la Iglesia*, libro que pretende demostrar científicamente la ignorancia de la Iglesia, pero que paradójicamente es el único de dicho autor en el que no se citan fuentes, documentos, o cualquier otro tipo de prueba científica.

Lo que sí es verdad que existió fue el derecho de pernada, ejercido por los señores feudales, y hasta con la aquiescencia de la Iglesia. El problema está en que no consistía en que el señor feudal de turno tuviera la prerrogativa de estrenar a la novia la noche de bodas, antes incluso que el mismo pobre labriego —tal como se ha inventado la historiografía masona y anticatólica de los siglos XIX y XX—, sino que era un impuesto con el que se grababa la economía ganadera, consistente en el pago del equivalente a una pierna —de ahí viene lo de «pernada»— de la res sacrificada. Cosa —por cierto— que demuestra que esos señores feudales no debían ser tan malísimos, al menos si tenemos en cuenta que una pierna de ganado equivale, aproximadamente, al 10 % del peso del animal, mientras que nuestros modernos señores feudales de Hacienda nos someten en Occidente a unas cargas fiscales que superan el 60 %.

Tampoco es cierto que en la Edad Media la Iglesia quemase a Galileo por afirmar que era la Tierra la que daba vueltas alrededor del Sol, entre otras cosas, porque Galileo murió de viejo en su cama, en plena Edad Moderna, y no fue él quien descubrió el heliocentrismo, sino nada menos que un cura —Copérnico—, y además un siglo antes —publicó *De revolutionibus orbium coelestium* en 1543—. Sin embargo, la progresía, en su obsesión por vendernos esa falsa imagen de un Galileo mártir de la ciencia, le ha robado el justo reconocimiento que se merece como inventor del telescopio. La Iglesia jamás en su historia ha matado a nadie por sus descubrimientos científicos, pero sí miles de científicos han sido asesinados por pertenecer a la Iglesia. Es el caso del ignorado Antoine de Lavoisier, nada menos que el padre de la química moderna. Con su principio «La materia ni se crea, ni se destruye, solo se transforma», inauguró los descubrimientos en la composición de la materia y sus leyes, que han permitido todos nuestros avances modernos, no ya solo en la química, sino también en la física. La importancia para la ciencia de los descubrimientos de Lavoisier, supera, con creces, a los de Isaac Newton y Albert Einstein. Pero Lavoisier, ferviente católico, fue uno más de esos cientos de miles asesinados en el silenciado holocausto de católicos que llevó a cabo la Revolución francesa, y que, por lo mismo, no parecen merecer atención alguna.

No vamos a extendernos con más ejemplos, entre otras cosas porque tampoco hay muchos más; al fin y al cabo, la progresía no se molestó jamás en elaborar un discurso mínimamente coherente e intelectual contra la Iglesia, y su indudable éxito no ha sido otro que tirarse dos siglos repitiendo cuatro torticeros tópicos —como los que hemos referido—, hasta convertirlos en una gran verdad generalmente reconocida, que parece haber hecho del mundo una especie de selva de monos perfectamente amaestrados, a los que se premia con el plátano del reconocimiento público, siempre y cuando hayan sido capaces de repetir bien las consignas mecánicamente aprendidas.

Y si hemos querido comenzar por explicar la leyenda negra de la Iglesia en un libro sobre la leyenda negra de España, es, sencillamente, porque el odio a España no puede entenderse sin el odio a la Iglesia. Cierto es que, a lo largo de la historia, todo gran imperio ha suscitado junto a la admiración de muchos, la envidia de otros tantos, eso ha sido así desde la antigua Roma a los modernos Estados Unidos. Y en este sentido, es verdad que la leyenda negra contra España comenzó a raíz de su tan inesperado como fulgurante ascenso como imperio. La aislada España anterior a 1492, un país de curas y pastores, que en apenas treinta años se impuso no solo como potencia hegemónica sobre la vieja Europa, sino algo hasta entonces inédito, con el dominio mundial. A partir de entonces, y durante un siglo y medio, el poder de España fue absoluto en lo militar, cultural, religioso, científico, artístico, jurídico, económico…Y si después de ese siglo y medio empezó a perder poder, bien es cierto que consiguió mantenerse como súper potencia durante otro siglo y medio más. Todo ello, motivo más que suficiente como para suscitar la envidia de los sometidos y el odio de los vencidos.

Sin embargo, el odio a España y su leyenda negra es algo extemporal a su momento histórico de gloria, y, en todo caso, no guarda un orden cronológico. Nuestra leyenda negra empieza con el Imperio, es cierto, y por parte de nuestros enemigos, como por otro lado es lógico. Pero por este mismo razonamiento, debería haber ocurrido algo similar que con los otros grandes imperios que han pasado por la historia, y de los que ya solo recordamos las excelencias que nos legaron, y no sus miserias. De Roma no hacemos ya memoria de sus sangrientas conquistas, sino de su ingeniería y cultura; al criminal de Napoleón —el Hitler de su tiempo— lo recordamos como un genial estratega, y del Imperio británico cantamos las bondades del progreso económico y comercial moderno, pero olvidamos el vandalismo y los holocaustos que causó por donde pasó.

Por el contrario, no existe una visión positiva de las grandes aportaciones con las que nuestro imperio contribuyó decisivamente a la hora de dar forma a ese mundo occidental que ahora parece desmoronarse bajo nuestros pies, pero del que hasta hace poco nos enorgullecíamos. Para la gran mayoría, nuestra historia es una pesada carga de crueles e injustas conquistas, de intolerancia religiosa, o de atraso cultural y económico. Y lo curioso es que esta visión tan negativa no se generalizó hasta después de la Revolución francesa, que fue precisamente cuando nuestro imperio agonizó, y la inercia histórica debería haber hecho que se olvidase lo malo y se recordase lo bueno.

Y es también precisamente a partir de la Revolución francesa cuando se inicia la brutal campaña de desprestigio contra la Iglesia que dura hasta nuestros días. La leyenda negra de la Iglesia y la leyenda negra de España, por tanto, no son dos fenómenos paralelos, son simplemente el mismo fenómeno —el odio a la religión católica—, pero visto desde dos perspectivas diferentes. La leyenda negra de la Iglesia trata de desprestigiar el catolicismo desde el plano teórico, de las ideas —los católicos son ignorantes porque desprecian la ciencia—, y la leyenda negra de España trata igualmente de desprestigiar al catolicismo, pero en este caso desde un punto de vista práctico que pretende dejar ese poso subliminar en la conciencia colectiva de que la aplicación práctica del catolicismo en la historia —como ha sido el caso de España— no es más que un estrepitoso fracaso, como demuestran sus crímenes en Latinoamérica, la crueldad de la Inquisición o la expulsión de los judíos... y bla, bla, bla...

Y al final, todo termina siendo tan absurdo como encontrarte en un congreso internacional a un peruano, diputado por su país, que por sus rasgos físicos parecía recién bajado del Machu Pichu, y que de buenas a primeras suelta: «El problema de Latinoamérica reside en que fuimos colonizados por los españoles en lugar de por los ingleses». Supongo que debió ver desfigurado el rostro de uno de los autores de este libro, porque inmediatamente preguntó: «¿Le ha molestado a usted lo que he dicho?», a lo que solo se le pudo responder: «No señor, no me molesta. Lo que no sé es qué hace usted aquí, pues por lo que dice, me imagino que preferirá usted estar en una de esas reservas de indios que hay en los Estados Unidos a las que van los turistas para echarles cacahuetes a sus pocos parientes que han dejado con vida». No recordamos con exactitud cómo acabó la cuestión, pero lo que interesa destacar es que se trata de una de las muchas anécdotas que todos hemos tenido que soportar alguna vez, y que no son más que pequeñas muestras de nuestra leyenda negra.

1.2 Historia de una mentira

La leyenda negra española tiene sus precedentes en algunos episodios de nuestra expansión por el Mediterráneo al final de la Edad Media, cuando los almogávares del reino de Aragón, con Roger de Flor a la cabeza, tomaron el control, primero militar y después económico, de importantes puntos estratégicos de la costa septentrional mediterránea, desde Sicilia, hasta la actual Grecia. Sin embargo, surge en su forma definitiva a mediados del siglo XVI, y en un principio referida exclusivamente a la persona de Felipe II. El éxito que obtiene como arma propagandística hace que, antes de que se acabe dicho siglo, haya dejado de ser patrimonio exclusivo del monarca para pertenecer casi por igual a todos los españoles.

En este sentido, su origen se puede decir que fue completamente accidental, pues no es probable que sus primeros autores llegasen a ser conscientes de la dimensión política e histórica que tendrían sus calumnias con el tiempo. El caso, es que resultaron eficaces, y pronto otros autores con las mismas intenciones les copiarían el invento. Estos primeros autores a los que hacemos alusión tienen la común coincidencia de haber sido con anterioridad personas que desempeñaron cargos de responsabilidad como íntimos, y hasta entusiastas colaboradores de Felipe II, pero que en un momento dado fueron apartados de sus cargos e incluso procesados judicialmente por irregularidades en su gestión. Nos referimos tanto al secretario de Felipe II, Antonio Pérez, como a su hombre de confianza en los Países Bajos, el príncipe Guillermo de Orange. Ambos, tras aprovecharse de las libertades contempladas en los fueros aragoneses, pasaron a Francia y luego a los Países Bajos. Huyeron de una España fiel a las leyes y el respeto al Derecho, para evadir la justicia, y se refugiaron con sus enemigos. Por revanchismo, o bien con la intención de congratularse con sus nuevos aliados, publicaron sendos libros en los que renegaron de la persona a la que hasta ese momento habían servido con fervor.

Relaciones de Rafael Peregrino (1594) fue el título escogido por Antonio Pérez, mientras que Guillermo de Orange optó por *Apología del príncipe Guillermo de Orange* (1580). El denominador común de ambos libros es una cruel y despiadada crítica a la persona de Felipe II, a quien motejan de asesino, señalándolo por la muerte accidental de su hijo y primogénito Carlos. Se le acusa también de bígamo, de ser responsable del fallecimiento de su mujer, Isabel de Valois, y de una multitud más de crímenes, así como de una vida lasciva. Ninguna de esas afirmaciones ha tenido jamás el menor sustento ni indicio de autenticidad. Es más, multitud de pequeños detalles de su vida política y personal nos trazan el rasgo de un hombre completamente diferente al que estamos acostumbrados a imaginar. La leyenda negra nos lo describe adusto, cenizo, idiota, esquizoide, fanático, encerrado y con poca luz en un lóbrego palacio, agarrado a un rosario y balbuciendo avemarías.

En contra de esta opinión generalizada, Felipe II fue, como nos muestra en su genial biografía Henry Kamen, el monarca más cosmopolita y moderno de su época. Pasó gran parte de su vida de viaje por Europa y se empapó de las nuevas tendencias culturales. También fue un apasionado de la vanguardia artística flamenca y un padre de familia incapaz de ausentarse un día sin mantener una encendida y cariñosa correspondencia epistolar con sus hijas.

Gustaba de pasear todos los días al menos una hora por el campo, después de oír misa, y antes de encerrarse en su despacho. Enamorado de la naturaleza fue el primer monarca de la historia que elaboró y ejecutó planes de repoblación forestal. Felipe II no tomaba una decisión sin antes escuchar y sopesar las opiniones de sus consejeros, a los que en multitud de ocasiones dejaba solos para que no se viesen abrumados con su presencia. Incluso se desenvolvió como un excelente anfitrión de juegos y fiestas, en las que tenía la costumbre de confundirse como uno más en sus bailes y lances. Fue Felipe II quien, en 1573, aconsejado por los juristas y teólogos de la Universidad de Salamanca, dictó un decreto mediante el que se prohibía de manera inmediata continuar la conquista de América con las armas. Se debían emplear exclusivamente medios religiosos y culturales, algo hasta entonces único en la historia de la humanidad.

Comparados con Felipe II, los demás reyes de su época no parecían más que una panda de aburridos y absolutistas caciques de provincia. Sin embargo, en la galería de retratos a la que nos tienen acostumbrados, el pobre Felipe aparece siempre como el más desfavorecido, con traje negro y mirada apocada. ¿Por qué siempre la imagen oscura de un soberano agotado al final de su vida, tras casi medio siglo de duras responsabilidades de gobierno, después de enviudar cuatro veces y de enterrar a más de la mitad de sus hijos? ¿Por qué no se quiere destacar la otra imagen, a todo color, del joven, envidiable y apuesto príncipe renacentista, treintañero, con ganas de comerse el mundo, luciendo sus mejores galas, de coraza pulida, terciopelo rojo y Toisón de Oro? La respuesta es, sin duda, tan clara como la imagen parcial y sesgada de un rey y una época que nos han querido transmitir y hacer creer.

Basten, como muestra de la poca justicia que se le ha hecho a este monarca, dos pequeñas anécdotas de su vida. Tan desconocidas, como injustas y desagradecidas han sido las mentiras que sobre él se han vertido. En primer lugar, el hecho de que muchos ingleses que más tarde lo atacarían con dureza en tiempos de Isabel I, le debieran la vida, pues, en el corto periodo de tiempo que fue rey consorte de Inglaterra por su matrimonio con María Tudor, una de las cuestiones por la que más denodadamente se preocupó —si bien en su puesto no tenía autoridad alguna— fue la de aplazar y anular multitud de ejecuciones a través de la influencia que en los tribunales eclesiásticos tenía su confesor fray Alonso de Castro. En esta misma línea también cabe destacar la exquisita delicadeza con la que siempre trató a Francia. Por ejemplo, después de su aplastante victoria en la batalla de San Quintín, ante las mismísimas puertas de París, y en la que el ejército francés quedó literalmente aniquilado, prohibió a sus soldados marchar sobre la ciudad y saquearla —lo que era costumbre en la época—. Una vez firmada la rendición, no solo mantuvo al soberano francés, Enrique II, en su trono, sino que, con la intención de desterrar para siempre la enemistad entre ambos pueblos, decidió convertir a su antiguo enemigo en su propio suegro, al casarse con su hija Isabel de Valois.

Por supuesto, esto contrasta con lo que hicieran las tropas de Napoleón siglos después, quienes brutalmente saquearon cada ciudad española por la que pasaron, no sin antes imponernos como rey a su hermano José, «Pepe Botella». Sin embargo, Napoleón es recordado por la mayoría de los europeos como un gran general, mientras que a Felipe II se le considera un simple tirano.

Pero la auténtica leyenda negra, la que ha transcendido hasta nuestros días, si bien se inició como una crítica directa y personal contra un rey en concreto, terminó por extenderse al propio pueblo español en su conjunto. En esta segunda fase se estrenó lo que hoy denominamos el poder de los medios de comunicación: la prensa. Así, a finales del siglo XVI la imprenta ya llevaba más de ciento cincuenta años dedicada a editar los grandes clásicos de la literatura universal, con lo que los más destacados impresores que dominaban el mercado europeo —principalmente alemanes— se encontraban ávidos de nuevos productos que encajasen más con el gran público de masas, en definitiva, libros más sensacionalistas. Coincidiendo con esto, se produjo poco antes en España un fenómeno hasta ahora único en la historia, el de la autocrítica de los propios intelectuales españoles —alentados desde la misma Corona—, sobre la licitud y los medios empleados en la conquista de América. Aquellos intelectuales eran Francisco de Vitoria,

Antonio de Montesinos, Bartolomé de las Casas, Matías de Paz y Juan López de Palacios.

De entre ellos destaca fray Bartolomé de las Casas, quien escribió su *Brevísima historia de la destrucción de las Indias* en 1552. En su relato se cuentan espeluznantes historias de crímenes y atropellos cometidos por los españoles contra los indios. De las Casas redactó desde Valladolid buena parte de su obra, cuando contaba ya con más de ochenta años, y desde la memoria de lo ocurrido sesenta años atrás. El solo nombre de Bartolomé de las Casas ejerce un influjo mágico, como si fuera «verdad revelada», pero debemos saber quién fue realmente, puesto que en su biografía se incluyen episodios de maltrato a indios, así como la introducción —en contra del parecer del emperador Carlos V— de la Inquisición en América.

Fue un inductor de la esclavitud de los negros, pues, compadecido de la debilidad de los indios del Caribe, convenció al emperador de que sería conveniente traer nativos africanos, más resistentes, para sustituir a los indios en las tareas más pesadas. Aunque Carlos V le concedió una dispensa especial para que lo hiciera, tardó poco en derogarla, con el fin de evitar la esclavitud. Después comenzarían su actividad los traficantes ilegales de esclavos —según las leyes españolas— y los legales —según las leyes inglesas—.

A todo esto, cabe añadir que De las Casas se ganaba la vida como valido del emperador y de su hijo Felipe II para las cuestiones con los indios. No era, por tanto, el marginado del que nos hablan, sino una persona muy próxima al poder a la que siempre se consultó todo lo relativo a su cometido.

Bartolomé de las Casas llegó a las islas del Caribe con las oleadas iniciales de españoles que emigraron durante la primera década del siglo XVI a las tierras recién descubiertas. Entre ellos hubo hombres de escasa catadura, incluso alguno que otro que huía de la justicia. Precisamente en estas primeras décadas hay varios casos de matanzas y abusos por parte de los colonos españoles, y son los que sustentaron la leyenda negra de la «destrucción de América». Tan pronto como la Corona tuvo noticia de las injusticias que se cometían, reforzó su empeño en la tarea americana para remediar cualquier situación impropia. Las principales medidas consistieron en enviar jueces y clérigos a América, para imponer el orden y evitar que el Caribe se convirtiera en una factoría de oro o un «casino». El propósito de la Corona no era otro que hacer del territorio un lugar donde indios y españoles vivieran de sus cultivos y sus ganados. Entre dichos clérigos destacó el dominico Antonio de Montesinos que, al poco de llegar a la isla de La Española, predicó el primer Domingo de Adviento de 1511 en una famosa homilía: «¿Acaso no son hombres estos indios? ¿No tienen almas racionales? ¿No estáis obligados a amarlos como a vosotros mismos?».

Bartolomé se encontraba entre los feligreses que escucharon tan encendido alegato, y arrepentido por sus crímenes, decidió cambiar de vida. Se ordenó en 1514 fraile dominico. Pretendía dedicar todas sus energías a proteger como personas a quienes hasta ese momento había tratado como simples animales. A tal punto llegó su firme decisión en el empeño, que la misma Corona decidió tomarlo a su servicio para elaborar los informes sobre los que se basarían las futuras Leyes de Indias y la actuación de los corregidores. Tanto poder llegó a tener en este campo, que incluso implantó en América la Inquisición, que hasta entonces se había reservado al territorio peninsular, para facilitar la conversión pacífica de los indios. En su opinión —y en contra de la del emperador— era necesaria para asegurar el orden en aquellas tierras.

Qué duda cabe que dicha conducta es todo un ejemplo de coherencia humana y cristiana. Aunque también es verdad que las circunstancias personales que vivió De las Casas le hicieron perder objetividad a la hora de juzgar al resto de los conquistadores posteriores. Porque Cortés, Pizarro, Cabeza de Vaca, Núñez de Balboa, etc., en nada se parecieron a la calaña de perseguidos y maleantes con los que llegó y convivió De las Casas en los primeros años de la América española.

Su fervoroso arrepentimiento es un ejemplo más de la riqueza humana de la España que dejaron los Reyes Católicos y gobernaron los Austrias. El mismo hombre capaz de entregarse a los peores excesos, removido por el poso de la piedad popular y la firmeza teológica, podía cambiar en veinticuatro horas toda su vida. El caso de Félix Lope de Vega es muy parecido, puesto que abandonó su vida de mujeriego y decidió ordenarse sacerdote, con la más casta de las intenciones. El problema en De las Casas fue que se obsesionó con sus viejos crímenes, de modo que veía en todas partes los mismos abusos que había cometido. Por tanto, sus descripciones están distorsionadas, y —lo que es más importante— sus relatos están circunscritos a un momento, personas y lugar muy concretos: el Caribe antes de 1510. En otras palabras, sus narraciones nunca se ajustan al resto de los conquistadores, ni al resto de tierras, ni al tiempo posterior. Después de su experiencia inicial hubo conquistadores y colonos muy distintos de sus primeros compañeros: los exploradores que recorrieron todas las tierras entre Kansas y la Patagonia, entre el Atlántico y el Pacífico.

En este contexto, los impresores protestantes se sirvieron de su *Brevísima historia de la destrucción de las Indias*, para dar pie a una serie de libros y publicaciones en los que las exageraciones del fraile se agrandaban hasta convertirse en mentiras grotescas. Evidentemente, en esa misma época hubo muchos autores españoles que escribieron sobre la conquista de América, como el extraordinario historiador —y hasta podríamos decir que reportero— Bernal Díaz del Castillo, que nos dejó su *Historia verdadera de la conquista de la Nueva España*. Pero era un libro, lo mismo que otros muchos de similar cariz, que no satisfacía a los impresores protestantes, porque no transmitía la imagen negativa de España que convenía a su causa.

A aquellos impresores no les importaba en absoluto guardar una mínima fidelidad a los hechos, puesto que se encontraban en una guerra de propaganda contra España, y cualquier patraña les servía. Dado que Alemania había sido la cuna de la imprenta, disponían de un claro predominio en este campo y no lo iban a desaprovechar. Si las tropas españolas podían derrotar con las armas en el campo de batalla, los impresores podían conquistar los corazones de holandeses, franceses y alemanes.

Teodoro de Bry, artista grabador flamenco, montó en Fráncfort su propia imprenta, y entre 1590 y 1625 publicó la colección de grandes y pequeños viajes sobre las Indias de autores principalmente

Volumen publicado en 1620 en Flandes. Una obra que pretendía mostrar el «mal comportamiento español» frente a los inocentes holandeses e indios.

protestantes. La colección de Fráncfort, con las ediciones príncipes y sus reimpresiones y traducciones, alcanzó cerca de cuarenta y cinco volúmenes en algunas ediciones. La empresa editorial de los

De Bry se convirtió en baluarte activo contra la Corona de España. Teodoro no fue testigo directo de la conquista de América por los españoles, pero eso daba igual, porque lo que expresó en sus grabados y sus libros era lo que su público parecía querer escuchar: que los españoles eran odiosos y crueles. Y aquí tenemos el punto esencial: los enemigos de España sabían que no eran mejores que los españoles, puesto que ellos mismos cometían contra los católicos crímenes horrendos. Por tanto, necesitaban justificar sus atropellos, de modo que escondieron o aprobaron sus matanzas, al tiempo que generaron una exagerada forma de explicar la actuación española. De acuerdo a este discurso, dirigido al engaño de propios, aliados y neutrales, proyectaron en los lejanos y desconocidos indios de América una suerte de vejaciones sufridas a manos de los españoles; los mismos contra los que estos protestantes debían guerrear, y por tanto odiar a muerte. Incluso podría colegirse que su odio hacia el español no era más que obra de justicia y servicio a Dios. Esta argumentación, dirigida a los sentimientos, precisaba de imágenes, textos sensacionalistas, discursos rápidos, breves y directos. Cuanto más explícitos fueran los dibujos, más claro quedaba el maniqueísmo contra España.

De Bry inició la técnica de la sugestión, y de ahí su gran éxito, que prendió fácilmente en las masas fanáticas y analfabetas, empeñadas en la lucha armada contra España. Por su valor artístico, didáctico y político, la iconografía de Fráncfort con su versión iluminada configuraría la opinión pública europea sobre la conquista de América. Y andado el tiempo, muchos historiadores de los siglos XVII y XVIII no tuvieron —o no quisieron tener— más base erudita que los textos de De Bry. Ese es el valor enorme de su testimonio fantástico.

El relato de Teodoro de Bry supone una acusación de codicia y ambición, de masacre y represión, de destrucción y genocidio. Denuncia la codicia de oro de los conquistadores españoles y la ambición de poder de sus gobernantes. En razón de estos niveles de violencia y crueldad, los acusa de masacre y de la represión a la que están sometidos los indios, para concluir en condenar a los conquistadores por sus crímenes de guerra, y a la Corona por llevar a cabo el lento genocidio de los indios durante la conquista. Quiso hacer la historia de la barbarie de los católicos españoles en la conquista de América. La iconografía del genocidio supuso una fenomenal manipulación. Tengamos en cuenta que hablamos del siglo XVI, y no existía ninguna costumbre en ver imágenes impresas. Nuestra familiaridad con la televisión, las series sensacionalistas y las revistas de rumores y cotilleos no existía en aquella época. Los cuadros y los relieves se encontraban en las iglesias, los palacios y las casas de nobles o burgueses. Los motivos del arte visual solían representar escenas religiosas o la antigua gloria del país. Por tanto, la circulación rápida de un libro con muchas imágenes llamativas resultó algo sorprendente, de mucho impacto. La técnica del grabado empleada en los volúmenes de gran difusión supuso una auténtica revolución en los sistemas de comunicación y conocimiento, comparable perfectamente a nuestros actuales sistemas de Internet. Se generalizó un sistema gráfico capaz de enseñar a las grandes masas populares aquello que hasta ese momento no podían ver, y que, por tanto, no sabían cómo era: un elefante, el rostro de tal o cual personaje, o, simplemente, la cara de angustia y desesperación de un indio al ser degollado por un español.

En aquellos años se vivía el auge de las fantasiosas y disparatadas novelas de caballería, que tanta crítica merecerán en *Don Quijote de la Mancha*. Por su parte, autores de profunda talla intelectual, como santo Tomás Moro, escriben libros en que se juega con la ficción de las Utopías, las islas lejanas, las sorprendentes y exóticas descripciones de países al otro lado del mar. Al tratarse de una época de fervor por las exploraciones, el público tiene una abierta acogida a cualquier historia procedente de marineros, por muy descabellados que resultaran estos relatos, repletos de invenciones, imaginación y necesidad de un nuevo vaso de áspero ron. Así que, sumando esta receptividad a lo truculento, lo extraordinario y lo asombroso, con el odio a los españoles —el imperio fulgurante—, nos topamos con la atmósfera que respiran los protestantes que devorarán con ahínco los libros de De Bry.

La *Brevísima historia de la destrucción de las Indias* fue la obra especialmente seleccionada para su campaña antiespañola, de la que llega a hacer hasta veintiséis ediciones. Se encuentra iluminada con diecisiete cuadros horripilantes que son publicados en separatas independientes en multitud de ediciones en latín y en alemán. A partir de dicha obra —ya de por sí falsa—, comienza a manipular la verdad histórica a través de la selección de textos tendenciosos, que añade en su casi totalidad, de autores protestantes de orientación antiespañola: Walter Raleigh, Francis Drake, Oliver Noor, Thomas Candisch, Jacques Lemoine y Jean Lery, y sin tener en cuenta que la forma que tenían muchos de estos hombres de ganarse la vida era la piratería. El mero hecho de que sean protestantes antiespañoles hace que —según el criterio de De Bry— su testimonio sea fiable, independientemente de su cruel e inmoral profesión.

Como segunda fuente, Teodoro de Bry incorpora la *Historia del Nuevo Mundo* (1565), de Jerónimo Benzoni, milanés y enemigo de España, expulsado de su patria. Amparándose en la *Brevísima* extiende su acusación a épocas y regiones diferentes. Lo que parecía episódico y circunstancial en De las Casas, se hace en Benzoni una constante de crímenes y barbarie. Desde entonces la crueldad de los españoles queda asociada a toda la conquista de América. Benzoni manipula y supera la imagen de De las Casas acerca del sadismo español, que el grabador y editor de Fráncfort ejemplifica en setenta y cinco nuevas láminas cargadas de horror y de barbarie.

Todavía De Bry cita a un tercer testigo de excepción a favor de la acusación de genocidio. El hugonote Urbain Chauveton traduce al francés la obra de Benzoni que el editor de Fráncfort publica en edición latina de 1594 a 1596. Con sus largas y polémicas glosas de más de cien folios, califica de imperio satánico el dominio de los españoles en América. Los españoles son representados como hombres crueles por naturaleza. En este proceso de acusaciones, Chauveton ve nada más que injusticias, traiciones y crímenes al servicio de la evangelización de los «papistas». Teodoro de Bry dibujó la iconografía del genocidio sobre los textos más exaltados y negativos de la glosa.

Con esta técnica trata de representar en exclusiva las lacras de la conquista de América, mediante las imágenes de la crueldad de los españoles y de sus crímenes, sin excepciones ni límites de tiempo. Nada más absurdo. Chauveton lo sabía muy bien, porque leía a Fernández de Oviedo, a López de Gomara, a Agustín de Zárate y a Pedro de Cieza, y de ellos expresamente recoge textos que extracta y reproduce, olvidando tendenciosamente el anverso. Su técnica consiste en extraer todo cuanto puede interpretarse de modo negativo, al tiempo que oblitera su contexto y, sobre todo, escamotea la abundancia de testimonios positivos, que son evidentes para los propagandistas que se aprovechan de los autores españoles. A esta labor sistemática de manipulación se le coloca la guinda de aducir que cita a los propios españoles, es decir, que pululan en España escritores y cronistas que pueden corroborar las luctuosas descripciones que acompañan a los dibujos de De Bry. No se precisa de más razonamiento para odiar al enemigo español, dado que él mismo reconoce su villanía.

La acusación de Teodoro de Bry se difunde por toda Europa durante el siglo XVII. De este modo todos los países culpan a la Corona española de un lento genocidio de indios, a pesar, se dice, de las disposiciones legales y de una evangelización desviada; y esto, como resultado y a causa de crueldades, perfidias y monstruosas avaricias por parte de los conquistadores españoles. Es la opinión común dominante en Europa por influencia de las Iglesias reformadas.

El testimonio de De las Casas se había manipulado y abultado arbitrariamente con conclusiones de cada nuevo testigo. Si la *Brevísima* cifraba en quince millones el exterminio de los indios, el príncipe Guillermo de Orange lo eleva a veinte, y un siglo más tarde Sebastián Mercier no se contenta con acusarnos de menos de treinta y cinco millones de asesinatos.

Por su parte, el holandés Cornelius de Paw —siglo XVII—, opuesto a las tesis de Bartolomé de las Casas, afirmaba que «en cuarenta años los españoles habían degollado a cincuenta millones de indios». Para De Paw, los indios, mestizos y criollos no eran otra cosa que raza inferior, incapaz de generar nada creativo, a pesar de haber estudiado en las universidades de México o Lima. Si nos alejáramos de estos autores, y tomáramos por completamente ciertas las exageradas acusaciones de De las Casas, habría sido necesario que la población originaria del Caribe hubiera sido el doble, incluido, por supuesto, ganado y aves de corral. En las islas del Caribe la llegada de los españoles supuso la pérdida de casi la mitad de la población en menos de una década, es cierto. Como también es cierto que, si muchos murieron a consecuencia de la crueldad de los primeros colonos, la inmensa mayoría falleció de gripe y peste, enfermedades llevadas por los españoles, y para las cuales no tenían defensas biológicas las poblaciones indígenas. De igual manera que morían hasta un 60 % de los españoles por enfermedades tropicales que a los indios ni afectaban.

En pleno siglo XVII el político y diplomático Saavedra Fajardo hizo la crítica más dura del mito de genocidio que los protestantes calificaban de «exterminio del Nuevo Mundo». Afirmó que las crueldades que Teodoro de Bry escenificó, ni fueron privativas de los españoles, ni los pueblos europeos protestantes podían en justicia arrogarse la representación de la acusación contra la Corona. Llegó a decir que el mito del genocidio de los indios en América fue un montaje de los protestantes europeos contra la monarquía de España, con la única finalidad de ocultar sus propios y ciertos crímenes mediante mentiras y supuestas crueldades de los españoles en América.

Las diferencias entre la labor de España y la labor de otras naciones en América son notorias. Para empezar, los gobiernos franceses, holandeses e ingleses constituyeron en varias islas del Caribe, como Jamaica o La Tortuga, auténticos protectorados piratas. Aquellos territorios servían de base para acciones de pillaje contra la población costera de las islas y del continente bajo soberanía española. Más que atacar contingentes de navíos de guerra españoles, los piratas, financiados o apoyados por Holanda e Inglaterra, se dedicaban a saquear, raptar, violar y asesinar población civil, tanto mestizos como indios, negros o colonos españoles procedentes de Europa.

Por su parte, los muy democráticos Estados Unidos de América expandieron su territorio gracias a las continuas guerras contra población nativa, a la que, por regla general, no se la incluía dentro del sistema de libertades de que gozaban los anglosajones. A lo largo de los siglos XVII, XVIII y XIX las naciones indias desaparecieron casi por completo de la mitad Este de América del Norte. Curiosamente, los principales núcleos de población india en la actualidad están formados por los descendientes de aquellas tribus que habitaban la mitad Oeste de lo que hoy son los Estados Unidos; y esa mitad se encontraba bajo soberanía española cuando Washington y sus colegas declararon la independencia. Pueblos como los mohicanos o los iroqueses fueron barridos del mapa durante las décadas anteriores y posteriores a la guerra de las Trece Colonias contra la metrópoli inglesa. A comienzos del siglo XIX, el éxodo o aniquilación afectó incluso a los semínolas de Florida. Con una continua política de anexión hacia el Oeste, los Estados Unidos echaron de sus tierras a los indios. La práctica habitual de los presidentes estadounidenses consistía en imponer a los indios, por la fuerza, la obligación de dejar paso libre por sus tierras a los colonos anglosajones. Después, exigían que los indios cedieran parte de sus tierras a esos colonos. Por último, expulsaban a los indios y los enclaustraban en las peores zonas, las conocidas «reservas».

El expolio y aniquilación de los indios se incrementó década a década durante el siglo XIX, con un momento cumbre: la incorporación a Estados Unidos de las tierras donde abundaba el oro y que eran territorio indio. Los anglosajones cercenaron todos sus medios de vida, sobre todo con la caza indiscriminada de docenas de millones de búfalos, una especie de la dependían los indios y que los estadounidenses casi extinguieron. El famoso 7.º de Caballería, al mando de su general Custer, protagonizó numerosas masacres contra población civil india, tanto sioux como cheyenes. Aquella presión tan brutal logró que las siempre desunidas tribus indias pactaran una acción conjunta. Así, una columna mixta de apenas dos mil guerreros nativos, salió al encuentro de Custer y lo derrotó en Little Bighorn (1876). Pero no se trató más que de una anécdota sin repercusión alguna en la triste suerte de las naciones indias. El también famoso Gerónimo, jefe apache, nació en territorio bajo soberanía mexicana, pero Estados Unidos arrebató la región y no toleró que los apaches pudieran seguir tranquilamente con su vida.

Hasta el siglo XX no se concedió ciudadanía estadounidense a los indios, muchos de los cuales aún viven en una legalidad paralela, bajo el sistema de «reservas». Por el contrario, fue un español, Manuel de Lisa, a principios del siglo XIX, quien enseñó a los sioux cómo realizar tareas agrícolas. El contacto de los navajos con los españoles les sirvió para aprender a plantar maíz y criar ganado. En bastantes países como Guatemala, Ecuador, México o Bolivia, entre uno y dos tercios de la población son de etnia precolombina. En los Estados Unidos la población nativa hoy no supone ni el 1 %. El emblemático Monte Rushmore, en el que se ven esculpidas las caras de cuatro presidentes norteamericanos, se encuentra en tierra sagrada sioux.

A pesar de la devastación ocasionada en América por los anglosajones, la leyenda negra ha preferido poner la lupa en la parte española. Será una actitud que encontrará excusas siglo tras siglo. Por eso, heredera directa de los impresores alemanes es la corriente englobada en torno a la masonería francesa del siglo XVIII. Personajes como Voltaire o Montesquieu dedican de pleno su vida a editar una bibliografía de obras envenenadas por el odio gratuito e injustificado a la conciencia cristiana de Europa. Y eso que en algún que otro momento, Voltaire expresa sus reservas sobre los testimonios de Bartolomé de las Casas. Parte de sus peores páginas están tristemente dedicadas a España, a la que acusan de vivir inmersa en un lamentable atraso histórico que alienta y promueve el clero. Obras como *Cartas persas* o *Espíritu de las leyes* mienten deliberadamente sobre una España que, si bien conserva íntegras sus tradiciones religiosas, no por ello deja de encontrarse todavía a la altura de las dos o tres grandes potencias mundiales del momento, gracias a los esfuerzos de modernización de Carlos III y sus ministros. Lo mismo que en el caso de Teodoro de Bry, las deformaciones sobre España les permiten justificar sus propios proyectos. Para dar mayor consistencia a sus trayectorias, los ilustrados franceses optan por incluir en su *Enciclopedia* todas las barbaridades posibles contra España.

Según la Ilustración, la España católica de los Austrias es el compendio de las peores formas de opresión, es el arquetipo de todo lo antiguo e injusto, que debe ser derribado sea como sea. Todo vale con tal de atacar a España, la gran enemiga de las libertades, la gran amenaza contra el hombre.

Un oficial e intelectual de la época, José Cadalso, responde a la estólida y falsa obra de Montesquieu con un magnífica escrito: *Cartas marruecas*, que está cargado de calidad y erudición. Cadalso muere poco más tarde en una acción militar en la que se pretendía recobrar la soberanía española sobre Gibraltar, y tiene la suerte de no vivir años más tarde el patético declive de la Corona bajo el abúlico Carlos IV y su más que discutible Godoy, el hombre que de verdad gobernaba. A partir de aquella época, una parte de la burguesía y la nobleza española comenzó a marcar distancias con el pasado, y asumió como propias las ideas de fuera, en lo concerniente a nuestro país. De esta forma se extendió una «mala conciencia» sobre España. En un primer momento, varios de estos personajes propiciaron la entrada de Napoleón, al entender que más valía tirano moderno y extranjero que rey español legítimo. Conforme avance el siglo XIX, aumentará la percepción de que la España tradicional debe quedar sepultada, para ser sustituida por lo que desde fuera nos dicen que tenemos que ser, abjurando de todo cuanto supuso nuestro tiempo de esplendor. Así nos empezamos a creer la leyenda negra.

1.3 ¿Qué supone la leyenda negra?

En 1914 aparece un nuevo título en las librerías: *La leyenda negra*, escrito por Julián Juderías. Se trata de una obra de excepcional valor por su variedad de enfoques y su profunda labor de investigación. Supone toda una disección de las distintas líneas de propaganda antiespañola. A partir de entonces el título de este libro sirve para denominar el conjunto de valoraciones negativas que sobre la historia de España habían vertido el resto de naciones europeas, inventadas y divulgadas a lo largo del siglo XVI con la intención de desprestigiar los logros de la España del Siglo de Oro. Como apunta el historiador americano J. F. Ramsay, la envidia de gran parte de las naciones europeas de la época explica en buena medida el origen de la leyenda negra. Efectivamente, esta teoría puede contener una buena dosis de la respuesta. Tengamos en cuenta que en apenas treinta años España pasó de ser un conjunto de reinos divididos a dominar medio continente y medio mundo. Pero esta razón resulta insuficiente, habida cuenta de la virulencia y extensión de dicho fenómeno.

Para encontrar una lógica explicación a los motivos por los que personas de diferentes países y en distintas épocas parecieron ponerse de acuerdo en mentir acerca de nuestra historia, y así crear la leyenda negra, tenemos primero, aunque parezca paradójico, que olvidamos un poco de la historia y centramos un poco más en la religión. Hoy nos puede resultar un poco difícil de comprender, y hasta puede parecer una afirmación gratuita y poco objetiva, pero no podemos olvidar la importancia que entre los siglos XVI y XVIII tenía la religión en la vida social y cultural de la época. Tampoco podemos olvidar que España por aquel entonces no era solo la primera potencia del mundo, sino también la vanguardia del catolicismo. Esta afirmación, que nada tiene que ver con reivindicaciones nostálgicas, no es más que una simple realidad histórica, y por tanto, se encuentra al margen de cualquier otra consideración de índole ideológica o religiosa.

En efecto, durante esos siglos España, además de dedicarse a descubrir y conquistar medio mundo, a fundar universidades y centros de estudio, a dominar la cultura, y a servir como referente en los nacientes ordenamientos jurídicos, desarrolló una frenética actividad religiosa. Se trata de una actividad presente tanto en el campo exterior combatiendo teológicamente al protestantismo a través del Concilio de Trento, y frenando la expansión de la reforma protestante mediante la política europea de Carlos V, como internamente mediante la fundación de nuevas órdenes religiosas y la renovación de las antiguas, aparte de la evangelización de las tierras recién descubiertas. De hecho, en esta época Portugal y España consiguen duplicar tan solo en cincuenta años la extensión geográfica de los territorios de mayoría católica, el censo mundial de bautizados que hasta entonces componía la cristiandad. Mientras, y en ese mismo tiempo, los reformadores protestantes, Lutero y los príncipes alemanes, la burguesía holandesa, Calvino y Zwinglio en Centroeuropa, y Enrique VIII e Isabel I en Inglaterra, no solamente no habían conseguido sus objetivos de destruir a la Iglesia de Roma, sino que esta, en lugar de verse debilitada, gracias precisamente a la Reforma se veía rejuvenecida. Conocía un nuevo periodo de esplendor como no se había visto hasta entonces y, además, con un agravante añadido para los protestantes: que dicho reforzamiento procedía, para mayor colmo, de su principal enemigo político. Es decir, de España.

A partir de aquí se percibe un constante enfrentamiento en el que, de una parte, tenemos a la Iglesia en general y a España en particular, y de la otra, toda la creciente amalgama de grupos que atacan a una o a otra. Con el tiempo, para simplificar las acciones de propaganda antiespañola o anticatólica, se identificará a la España tradicional con la Iglesia católica, sobre todo por el gran predominio social y cultural que ambas entidades tienen hasta casi el final del siglo XVIII. Desde la segunda mitad del siglo XX se ha acuñado el término «nacionalcatolicismo» como expresión sintética de la repulsa hacia esa España tradicional, defensora de la fe de la Iglesia. A la postre, no se sabe hasta qué punto el antiespañol es anticatólico, o al revés.

Por eso, dichas leyendas negras se originan en países protestantes —Inglaterra, Holanda, Alemania— y no en países católicos, aunque fuesen enemigos declarados de España. Es el caso, por ejemplo, de Francia, enfrentada a España durante los siglos XVI y XVII en la lucha por el dominio de Europa. O el caso de Portugal, competidora también durante ese tiempo por las grandes áreas de influencia en la carrera de los descubrimientos. Habrá que esperar a la Francia de Voltaire y su masonería ilustrada —enemiga declarada de la Iglesia— para encontrar también referencias a la leyenda negra española. Hasta entonces, se había visto circunscrita al mundo anglosajón y protestante. Sin embargo, corresponde a la Ilustración el «honor» de su difusión masiva, gracias al ejemplar servicio prestado por la efervescencia de los círculos masónicos y otros grupos de «librepensadores». Desde esos entornos, poco a poco extendidos a ciertos sectores de la intelectualidad española, se difunde la leyenda negra en nuestro propio país. Y desde entonces esa especie de salmodia de viejas mentiras y prejuicios religiosos se ha convertido en todo un símbolo del *pret-á-porter* cultural de quien quiere hacer gala de su talante progresista, aunque sea a costa de renegar de su propia identidad.

Para estudiar la extraordinaria difusión y la anacrónica pervivencia de la leyenda negra, hemos de tener también en cuenta dos aspectos técnicos de vital importancia que han jugado en nuestra contra. El primero, la obsesiva manía que tenían nuestros antepasados por «escribirlo todo». De hecho, España es el país de los archivos. Hay archivos de todo: de la Inquisición, de Indias, Reales, de Cortes... y seguro que hasta archivos de archivos. Raro es el aspecto de la historia de España que ha escapado a la tiranía de la legalidad impuesta por los antiguos escribanos y sus colecciones de legajos. Esto, evidentemente, está muy bien, y es una prueba palpable de que por aquel entonces ya existía un auténtico Estado de Derecho. Pero desgraciadamente, esa infinidad de documentación también se ha usado como prueba acusatoria de los errores que ciertamente cometimos. Aunque resulta evidente que la mayoría de las veces se cuenta nada más la parte del escrito que pueda interpretarse como denigrante, y se prescinde del resto del documento y su contexto.

Cualquier historiador puede echarnos en cara, por ejemplo, cada una de las atrocidades que pudieron llegar a cometer algunos conquistadores —como de hecho ocurrió—, pues hasta el más mínimo detalle de la conquista de América se encuentra perfectamente documentado en los Archivos de Indias. Por contra, le será infinitamente más difícil hablar de las crueles masacres contra los nativos que llevaron a cabo los anglosajones en la actual América del Norte —o en Oceanía, o en la India, o en África—. Por la sencilla razón de que ellos, en lugar de curas y escribanos, tenían comerciantes y financieros. Y a estos, a la hora de aniquilar a todo un poblado indio, les importaban un rábano las actas, los pesados escribanos, y los archivos históricos de la metrópoli. Lo único que les interesaba, en lugar de tantos engorros con los que se andaban los españoles, era que, simplemente, esa operación de limpieza y reocupación de terreno resultase económicamente rentable.

El segundo aspecto técnico que ha favorecido la difusión y pervivencia de la leyenda negra española, incluso entre nosotros mismos, lo describe a la perfección —casi poética— el genial Antonio Machado en una carta dirigida a su amigo Maeztu:

> Lo que juzgo difícil, querido Maeztu, es que se despierte en España una corriente de orgullo españolista parecida al patriotismo de los franceses o de otros pueblos. Porque lo específicamente español es la modestia... y es que el español, y específicamente el castellano, tiene el orgullo modesto, quiero decir el orgullo profundo, basado siempre en lo esencial humano, que no puede ser español, ni francés, ni teutón.

Efectivamente, esta segunda circunstancia que ha ayudado notablemente a la difusión de la leyenda negra española forma parte de nuestra tradicional ausencia de espíritu nacionalista o patriótico, y que no empieza a hacer acto de presencia hasta principios del siglo XIX, como reacción cultural a la invasión francesa. En este sentido la España del Siglo de Oro se ve más fuertemente influenciada por el principio católico del universalismo, que por el orgullo de lo específicamente español. De hecho, católico quiere decir universal —nada, por tanto, tan contradictorio como hablar del nacionalcatolicismo—, y bajo ese principio se dirigió la política y la cultura de las generaciones que convivieron con la dinastía de los Austrias. Fueron personas que, en lugar de preocuparse por crear y defender una imagen particular de país o nación, se involucraron más en el proyecto global de la creencia católica que en el de su específica nacionalidad.

Por contra, y en ese mismo sentido, los países que adoptan la reforma protestante no lo hacen de manera uniforme, sino que en todo momento las nuevas creencias religiosas se verán matizadas, y diferenciadas unas de otras, adaptándose en todo momento a una peculiar mezcolanza entre política y religión, y siempre dependiendo de su particular idea de Estado. Esta es la razón por la que no podemos hablar de la Iglesia protestante como tal, sino de la Iglesia de Alemania, o la Iglesia de Inglaterra, o la Iglesia holandesa —a eso sí que se le podría llamar nacionalprotestantismo─ . Como prueba, todavía hoy día el rey o la reina de Gran Bretaña, Holanda o Suecia, comparten su título de monarca con el de jefe de la rama protestante del país. Además, «por la Gracia de Dios». En resumen, podríamos decir que mientras en los países de cultura católica, especialmente en España, primó la idea de lo católico sobre lo nacional, en los países de cultura protestante se produjo el fenómeno inverso, y se dio una deificación del Estado. Por tanto, se fortaleció aún más su conciencia de colectivo particular, al crear de esta forma una mentalidad tendente a proteger, e incluso exacerbar, sus peculiares rasgos de identidad nacional.

Todo esto se encuentra bastante relacionado con esa especie de gusto que tenemos hoy los hispanos por juzgar visceralmente todas nuestras actuaciones de forma abierta y directa, sin miedo a reconocer nuestros errores. Y de igual modo es también la causa de que el mundo anglosajón hable solo de excelencias propias y errores ajenos; parece que el anglosajón es perfecto y puro, mientras que los demás son salvajes y crueles. De acuerdo con este pensamiento maniqueo, si ponemos el televisor y vemos a la reina de Inglaterra otorgando la medalla del Imperio británico a un actor de moda, nos parecerá un acontecimiento importantísimo y «súper» digno de aparecer en las portadas de las revistas del corazón. Aunque dicho imperio apenas duró poco más de medio siglo, y apenas se preocupó del desarrollo humano de los pueblos conquistados. Sin embargo, si en España se creara la medalla del Imperio español, nos faltaría tiempo a los propios españoles de calificar tal iniciativa como retrógrada y fascista. Reaccionaríamos así, sin considerar que el mal llamado Imperio español colaboró notablemente en la creación del mundo moderno, a través de más de tres siglos de descubrimientos, cultura, derechos, y, por supuesto, equivocaciones.

Vayamos a otro caso; uno que resulta poco conocido para los españoles del siglo xxi. Filipinas es una de las muchas naciones que un día estuvieron bajo la soberanía de España —se llaman Filipinas en honor a Felipe II—. Dichas islas estuvieron gobernadas por España durante más de tres siglos, el tiempo que medió desde su descubrimiento por Magallanes y conquista por Legazpi, hasta que los estadounidenses se las anexionaron en 1898. Durante aquellos siglos el sostenimiento de dichos territorios no fue rentable, puesto que las islas no fundamentaban la estrategia mundial de España, ni de allí se extraía oro o plata, ni otro material que justificase los costosísimos gastos de transporte de los galeones de línea de la época. Por aquel entonces los barcos debían emplear muchos meses de incómoda travesía para llegar hasta la otra parte del mundo, que era donde estaba el puerto base de Sevilla. Pues bien, durante todo ese tiempo la Corona no dudó en mantener tan onerosa presencia en la otra esquina del mundo, persuadida de que en ello consistía la obligación que le confería el título de Monarquía Católica. Tenían en más el privilegio de ser vanguardia de la fe en el Extremo Oriente, que la rentabilidad en el sostenimiento de dichas posesiones. De hecho, no solo se consiguió la casi total conversión de los filipinos, sino que además dichas islas sirvieron de base para las misiones de los jesuitas por toda Asia, que son la referencia de la actual presencia de la Iglesia en dicho continente.

En la segunda mitad del siglo XIX las grandes potencias asiáticas, China y Japón, abrieron sus fronteras al comercio con Occidente. Evidentemente no es algo que decidiesen libremente, sino por la fuerza, una vez que, Gran Bretaña primero, y después los Estados Unidos, bombardeasen sus puertos y les obligasen a venderles té, porcelana y seda a cambio de opio inglés de la India —Bombay—. Paralelamente, dos grandes descubrimientos revolucionan el transporte marítimo: los buques de acero, mucho más seguros y con amplias bodegas en las que almacenar cantidades de carga impensable en los viejos barcos de madera, y la máquina de vapor, capaz a su vez de mover dichos buques en línea recta, constante y veloz, con independencia de los caprichos del viento. Este nuevo comercio atraía sin duda el interés de las modernas naciones de Occidente que se encontraban en plena aventura colonial, como Alemania, Holanda, Inglaterra... Pero para acceder a él, hacía falta un territorio en dicho continente desde el que pudiera operar su logística y, sobre todo, una base donde poder abastecer de carbón a las máquinas de vapor de los nuevos barcos de hierro. Cada una de las naciones europeas se agenció como pudo un espacio desde donde poder operar, como por ejemplo hicieron los británicos en Hong Kong —una de las muchas concesiones chinas, tras perder la Guerra del Opio—. En esa carrera por la aventura colonial y comercial los últimos que se apuntaron fueron los Estados Unidos, una joven nación formada por los antiguos colonos ingleses en América, y una amalgama de inmigrantes de otras naciones europeas. Pretendía entrar en la carrera por la lucha de las grandes áreas de influencia comercial y ponerse a la altura de las demás.

El área donde Estados Unidos comenzó su expansión fue el Caribe y Oriente. Para empezar a tomar parte del pastel, nada mejor que quitar su porción a un país como España, que poseía envidiables bases —Cuba y Puerto Rico— como puerta de entrada al continente americano; y Filipinas, justo en el centro de las grandes rutas asiáticas. El procedimiento para apropiarse de esas posesiones fue bastante sencillo, y de hecho ya lo habían probado con bastante éxito para quitar Texas a los mexicanos con la excusa de El Álamo. Prepararon una flota superior a la de España, y mientas los políticos españoles perdían el tiempo en pelearse entre sí, ellos dinamitaron uno de sus propios barcos —el *Maine*— lleno de *marines*, convirtiéndolos en «mártires» injustamente ultrajados. Y declararon la guerra a España.

Como todo el mundo sabe, en el «Desastre del 98» perdimos Filipinas, pero lo que interesa ahora recalcar es lo que hicieron después los estadounidenses, y que bautizaron como «programa de inmersión cultural». Bajo esta denominación se escondía todo un proyecto de propaganda escolar, integrado por un auténtico ejército de profesores, cuyo principal objetivo fue reeducar a los antiguos súbditos españoles filipinos, y convencerlos de que los Estados Unidos no los habían invadido, sino que los habían liberado de la opresora presencia española. Para ello elaboraron un intensivo programa de estudios basado fundamentalmente en tres aspectos: en lo histórico, la leyenda negra; en lo lingüístico, la supresión del castellano y la imposición del

No estoy en posición de renunciar a la persecución, *del dibujante Clifford Berryman. Apareció en el* Washington Post *el 1 de mayo de 1899. El Tío Sam persigue a Filipinas para someterla.*

inglés; y en lo religioso, intentar anular el catolicismo haciendo la vida imposible a los colegios católicos y favoreciendo la implantación de grupos protestantes.

Consiguieron todos sus objetivos menos, evidentemente, erradicar el catolicismo, entre otros motivos porque los españoles se habían preocupado más de enseñarles el catecismo, que de inculcarles conciencia de españoles. Con todo, la presencia de Estados Unidos en Filipinas no resultó cómoda para los nuevos «amos». Por lo pronto, los «liberadores» anglosajones llegados del otro extremo del Océano Pacífico tuvieron que enfrentarse a una nueva guerra: la que les plantearon los mismos filipinos. Aquel enfrentamiento fue un ejemplo de falta de escrúpulos por parte de Estados Unidos, y supuso la aniquilación de un alto porcentaje de la población civil filipina. Sirva como ejemplo de lo que sucedió en aquellos años, que en 1901 el ejército norteamericano sufrió un ataque de la guerrilla en la isla de Samar. El resultado fue de 40 bajas. Sin embargo, en Estados Unidos los periódicos enardecieron a la población para que se indignara y clamara venganza. Los yanquis pensaron que habían encajado una derrota tan humillante como la de Little Bighorn, de modo que el general Jacob Hurd Smith (1840-1918) recibió el encargo de aplicar un serio correctivo. Smith ordenó a un grupo de 315 *marines* que atacaran a la población civil de Samar. Sus instrucciones fueron contundentes: «No quiero prisioneros, quiero que matéis y queméis todo lo posible; cuanto más, mejor». Para no dejar dudas pidió «matar a toda persona que pueda llevar un arma; es decir, a todo aquel que tenga más de diez años».

No pasaron más de cincuenta años antes de que los estadounidenses dejasen las Filipinas a su suerte con la excusa de que daban la libertad. La realidad era que el colonialismo ya se había pasado de moda, y que los nuevos buques ya tenían motores de gasoil que no precisaban continuamente repostar carbón. Sin embargo, es de los españoles, y no de los americanos, de quien únicamente se acuerdan a la hora de echar la culpa a alguien por su falta de desarrollo, o por las injusticias que se pudieran haber cometido contra ellos tiempo atrás.

Leyendas negras las hay de todas clases; unas son simplemente mentiras, otras son mentiras bajo la forma de verdades a medias, y algunas también son mentira por su falta de contextualización histórica. Así, mientras la historiografía protestante se ha decantado directamente por la inventiva, en línea con su enfermiza obsesión por reescribir todo lo acontecido con anterioridad a la Reforma de Lutero, los hijos de la Ilustración, sin duda más sutiles y refinados, han optado por la falta de contextualización o por las verdades a medias. En todo caso, maestros indiscutibles en todas esas artes han demostrado ser los propagandistas ingleses de nuestra leyenda negra. Buen ejemplo es la retorcida historia que subyace bajo el episodio conocido como «Armada Invencible», denominación que nunca se empleó en la España de los siglos XVI y XVII. Cierto es que hubo una armada que Felipe II envió a luchar contra Inglaterra, y que los problemas meteorológicos y la falta de coordinación —que no falta de bizarría— impidieron a la flota llevar a cabo los planes de guerra. Los combates contra la escuadra inglesa resultan inciertos y de escasa relevancia, puesto que solo murieron 167 españoles. Sin embargo, se entendió que la oportunidad se había vuelto adversa, y por ese motivo se emprendió el regreso, dando toda la vuelta a Gran Bretaña e Irlanda. Este periplo quedó marcado por la dureza de las tempestades y terminó en un fracaso. A pesar de las grandes dimensiones de la flota —hasta 20 000 efectivos estaban alistados para desembarcar en tierra inglesa—, Felipe II jamás cayó en la fatuidad de denominar al contingente naval como «Invencible». Por la sencilla razón de que hasta la fecha todas o casi todas sus empresas militares habían resultado victoriosas sin necesidad de recurrir al narcisismo de adjetivarlas como tales. No existe ningún documento de la época que corrobore el apelativo de «Armada Invencible», pues todos hablan sencillamente de una «armada contra los ingleses» —por aquel entonces cualquier expedición naval se conocía como «armada»—. Para localizar la denominación de «Armada Invencible», tenemos que esperar al siglo XIX; en textos propagandísticos de historiadores británicos aparece esta expresión abiertamente sarcástica. Según la intención de la propaganda inglesa, su reina Isabel, baluarte de las libertades, desbarató con la valentía de sus soldados al soberbio y poderoso Felipe II. El relato de estos propagandistas es falso, lo miremos por donde lo miremos. Su «democrática» o «liberal» Isabel I se caracterizó, además de por su extrema crueldad, por ostentar uno de los reinados más absolutos de su época: durante 44 años como soberana solo se celebraron 14 sesiones del Parlamento.

En todo caso, más delito tiene todavía el hecho de que bajo el fracaso de la mal llamada «Armada Invencible» se escondan dos grandes verdades que la historiografía anglosajona ha ocultado vergonzosamente. La primera, que si los buques ingleses pudieron ciertamente impedir la entrada de los españoles, fue gracias a que la propia armada inglesa era obra, nada menos, que del mismísimo Felipe II, quien en sus años como monarca de Inglaterra —por su matrimonio con María Tudor— se preocupó de que el reino, por primera vez en su historia, tuviese una armada moderna, de hecho, se produjo la paradoja de que el buque insignia inglés se llamaba *Príncipe Felipe*. Por lo tanto, si Felipe II, en sus años de príncipe de España y rey de Inglaterra e Irlanda (1554-1558) no se hubiese preocupado de modernizar el país, treinta años más tarde no habría tenido problema alguno en acabar con la herejía y restablecer nuevamente la obediencia a Roma.

Más alucinante es que un año después de la «Invencible» (1589), los propios ingleses se habían creído hasta tal punto su mentira de que nos habían dado una paliza mortal, que organizaron una contraarmada al mando del pirata *sir* Francis Drake, con la intención, nada menos, que de «arrodillar a España». Estaba compuesta por un contingente de más de 200 barcos y casi 28 000 hombres, que desembarcaron en La Coruña. De allí los echó María Pita, y no pararon de correr hasta llegar a las Azores, donde consiguieron darse media vuelta. Apenas 5000 hombres regresaron vivos. Fue una auténtica derrota en toda regla, tremendamente más dramática que la sufrida el año anterior por la «Invencible», pero que no aparece en los libros de historia, de los que también han omitido todas las derrotas que cosecharon durante los doscientos años siguientes, cada vez que se les ocurría enfrentarse a España. Sin duda, fueron los ingleses quienes inventaron la máxima del periodismo moderno: «Nunca permitas que la verdad te estropeé una gran noticia».

Ejemplos de pura inventiva protestante tenemos también por doquier, como cuando se emitió, nada menos que en un programa de un canal de televisión española, la noticia que hacía referencia a un sacerdote de Huelva que había sido apartado de su ministerio, por declararse públicamente homosexual y reconocer que llevaba un modo de vida «gay». Ni que decir tiene que el programa aprovechaba el «injusto» despido del «ejemplar» sacerdote para recordar el histórico atraso de la Iglesia española, así como para sacar a colación otros sonados errores, ya fueran la tortura de Galileo o la quema de Miguel Servet.

El programa, desde luego, no tenía el más mínimo desperdicio, pues hasta recreó en escena tanto la tortura como la quema, con una perfecta escenografía ambientada en el más puro medioevo. Aparecía, en primer lugar, el pobre Galileo cargado de grilletes sobre una carreta desvencijada y tirada por un buey que se abría paso entre la turbamulta harapienta y sucia. La chusma vociferaba, sedienta de sangre y atenta a que el reo llegase a lo alto del patíbulo, donde le esperaba un montón de clérigos chapados a la antigua, con cara de buitres, deseando despedazarlo con la multitud de instrumentos de tortura que tenían preparados al efecto. En segundo lugar, y evidentemente con la misma escenografía, aparecía nuestro amigo Miguel Servet atado a una estaca enclavada en el centro del cadalso, y sobre dos metros de leña. Los mismos clérigos, a punto de dar candela a la madera, mostraban una cara iluminada, con una sonrisa que les iba de oreja a oreja. A dicho canal de televisión enviamos una carta, para recordarles que Galileo nunca fue torturado, ni encadenado, ni encarcelado, ni nada por el estilo, y que, si acaso fue juzgado por la Inquisición, lo fue en Roma, pero nunca en España. Con respecto a Miguel Servet les dimos la enhorabuena por la representación, con la salvedad de que no lo quemaron los católicos españoles, sino los protestantes calvinistas suizos.

En otras ocasiones —en la gran mayoría— la leyenda negra no es propiamente una mentira, sino más bien una verdad a medias que parte de un hecho real pero completamente desvirtuado en sus circunstancias o intenciones para conseguir un doble objetivo. De una parte, que sea más fácilmente creíble —puesto que el hecho en sí es real—, y, de otra parte, hacer que sea más difícil demostrar la exculpación —por la misma razón de que el hecho no se puede negar—. Un claro ejemplo de leyenda negra basada en una verdad a medias es la relativa al saco de Roma. A todo turista que haya visitado la capital italiana —sobre todo si va acompañado del correspondiente guía versado en historietas— le habrán contado que la ciudad fue brutalmente saqueada por las tropas del emperador Carlos V, rey de España, y que hasta la misma vida del papa estuvo en peligro. Todo eso es cierto, pero también que en esos momentos Roma, aparte de ser sede de la Iglesia católica, era también el centro del poder político y militar de los papas, poder que habitualmente era usado para garantizar la paz ante las continuas amenazas de invasión turca. Pero, por desgracia, varias veces se abusaba de este poder temporal, como fue el caso en el que el papa Clemente VII mandó sus tropas contra el ejército del emperador, que se hallaba apostado en Milán. Carlos V, por muy católico que fuera, no se iba a quedar sin enviar sus huestes a Roma para responder al ataque de un hombre que, amparado en su condición de papa, le había combatido no como tal, sino como aliado de Francia, en la Santa Liga de Cognac.

Una vez dejado claro también que el ataque a Roma de 1527 lo llevaron a cabo mercenarios que se sublevaron y acabaron por asesinar a su propio general, cabría especificar que las tropas imperiales estaban formadas por una amalgama de nacionalidades: irlandeses, suizos, flamencos, italianos, españoles, borgoñones, etc. No olvidemos que Carlos V era el emperador Romano Germánico, por lo que en el saqueo de Roma abundaron los soldados centroeuropeos, en gran parte protestantes. En otras ocasiones, el grueso de la fuerza de choque estaba integrada por españoles. Para determinadas tareas, sin embargo, descollaban los suizos o los irlandeses. Dice el refrán que «Arrieritos somos, y en el camino nos encontraremos», y no pasó ni medio siglo antes de que esos mismos romanos tuviesen que pedir urgentemente ayuda al resto de Europa, para evitar la inminente invasión de Italia por parte de los turcos —que ya se encontraban, incluso, ante las mismísimas puertas de Viena—. Solo España, de entre todas las grandes naciones europeas, tuvo el valor de enviar su flota para evitar el desastre, ayudando a quien un día le atacara sin motivo, mientras otros países, antiguos aliados en tiempos de bonanza, se encogían de hombros. Corría el año de 1571, y España, casi sola, se tuvo que enfrentar a una escuadra muy numerosa y bien armada, para impedir la invasión de Europa. La batalla de Lepanto fue definida como «la más alta ocasión que conocieron los siglos» por un marinero que perdió un brazo en la contienda y que se llamaba Miguel de Cervantes Saavedra. Pero ni a ese pobre marinero, ni al resto de españoles que lucharon ese inmortal 7 de octubre, les han agradecido como se debe que media Europa siga siendo lo que es. En lugar de este agradecimiento, prefieren acordarse de que las tropas de Carlos V saquearon Roma.

Pero, si las leyendas negras basadas en verdades a medias nos han hecho daño, ya el colmo de los colmos lo suponen aquellas construidas a base de una mixtura explosiva entre verdad a medias y falta de contexto histórico. Nos referimos a las que, aparte de no contarse toda la verdad, la poca que se dice está completamente fuera de contexto. Se pretende de esta forma juzgar lo que pasó hace un buen número de siglos desde la perspectiva y circunstancias de nuestros días. Así, por ejemplo, a todos nos parecería ridículo decir que Colón hizo el papanatas por viajar al Caribe con tres cascarones de madera, pudiendo coger un vuelo charter en uno de los modernos airbús de Iberia. Pues igual de ridículo es acusar a la Inquisición de «intransigente», o a la expulsión de judíos como «xenófoba», o a la conquista de América como un «holocausto», sin otra apreciación que nuestro sistema actual de valores y con el total desconocimiento de las circunstancias que rodearon dichos acontecimientos. En estos casos la perspectiva puede ser aún más irreal, si nos dedicamos solo a comparar los valores de cada época en su simple elaboración teórica. Por eso, resulta imprescindible —a fin de dar una explicación honesta de lo que son las diversas leyendas negras— dejar de lado prejuicios de nuestra época, e intentar razonar con el criterio y las motivaciones de un europeo del siglo XVI.

No olvidemos que un esclavo negro de Alabama de los que recogían algodón, no era peor tratado que uno de los millones de trabajadores empleados hoy en Pakistán, China o la India por las grandes multinacionales de la globalización. Ni que nuestros antepasados pudieron ser muy bestias, pero no tanto como para olvidar que las guerras se decidían en batallas campales, en las que se luchaba con honor, para evitar daños a la población civil, que la vida del no nacido era sagrada, y que los abuelos —aunque chocheasen— eran el centro del hogar.

Por suerte, no hay mal que cien años dure, y todas estas estólidas mentiras que forman la leyenda negra española, así como las mentes abúlicas y trasnochadas que todavía las patrocinan, empiezan a pasarse de moda, gracias a toda una nueva pléyade de extraordinarios historiadores —tanto españoles como anglosajones— que a través de unos brillantísimos trabajos llevan el peso de la vindicación de nuestra historia y el reconocimiento de nuestra cultura como pieza esencial e insustituible en la conciencia de Occidente. Intelectuales foráneos de la talla de Charles E Lummins, J.H. Elliott, Henry Kamen, Vittorio Messori, Stefan Zweig, Kirpatrick, Thomas Walsh, J. F Ramsay, Stanley Payne...entre otros muchos, así como la gran mayoría de españoles medianamente serios de nuestro actual espectro cultural, logran que estas viejas mentiras y los complejos que han ocasionado empiecen a desaparecer. Si bien su completo olvido dependerá, en última instancia, de nosotros mismos y de nuestro amor por la verdad, antes que a las apariencias prefabricadas.

2
No solo agallas,
también inteligencia y ciencia

Grabado de Milicia y descripción de las Indias, *manual publicado en 1599 destinado a los oficiales españoles que servían en el Nuevo Mundo, obra de Bernardo Vargas Machuca. El autor, nacido en Simancas, Valladolid, en 1557 y fallecido en Madrid en 1622, fue militar, naturalista y veterinario. Escribió también* Compendio y doctrina nueva de la Gineta, *uno de los principales estudio sobre equitación de la época, y* Defensa de la conquista de las Indias, *un ensayo en el que rechaza las ideas de fray Bartolomé de las Casas, que nunca llegó a ser publicado.*

A la espada y al compás, más, y más, y más y más.

Bernardo Vargas Machuca

*Antes ocupábamos el fin del mundo y ahora estamos en el medio, cual
mudanza de fortuna que nunca antes se vio.*

Hernán Pérez de la Oliva

2.1 Los godos, padres de la primera España

ESPAÑA ES PARTE DEL PUÑADO DE NACIONES fundamentales en la historia de la humanidad, junto con China, Egipto, Judea, Grecia y Roma. La Unión Soviética, que aspiraba a extender la ideología comunista a todo el mundo, no llegó a celebrar ni el 75° aniversario de la Revolución de octubre ni el 70° de su propia fundación. La obra de Lenin y Stalin duró el espacio de una vida humana. La soberanía británica sobre la India duró menos de un siglo, de 1858 a 1947. El Imperio español, por el contrario, abarcó más de trescientos años y se extendió por todos los continentes. El marqués de Bradomín, personaje de Valle Inclán, atribuye el pasado poder de España a que «tuvimos capitanes, santos y verdugos, que es todo cuanto necesita una raza para dominar el mundo». Realizar tal proeza no está al alcance ni de brutos, ni de fanáticos, ni de verdugos, que abundan en todas las naciones; y tampoco, únicamente, de conquistadores o santos, mucho más escasos. Son imprescindibles virtudes como la prudencia y la fortaleza, pero también oficios como los de estratega, diplomático, intérprete, ingeniero, bibliotecario, médico, jurista, contador, arquitecto, astrónomo… Sobre ellos versa este capítulo.

La primacía o la innovación por parte de los españoles no ocurre solo en el período que llamamos imperial. Ya encontramos genialidad y novedades mucho antes.

Los godos, tan menospreciados hasta hace poco por toda la historiografía, de derechas y de izquierdas, progresista y franquista, católica y promusulmana, no recurrieron al fraccionamiento del reino entre herederos o rivales como si se tratara de una heredad privada, a diferencia de los repartos que realizaron numerosos monarcas, desde los nietos de Carlomagno a Carlos V. El rey y el reino eran entidades separadas y el primero no podía tratar al segundo como una propiedad. De la misma manera, el tesoro regio —*thesaurus*—, que incluía la Mesa de Salomón y suponía un elemento de legitimidad, no podía ser usado por el monarca y su familia. Los fundadores de la primera España tenían muy clara la idea de soberanía, aunque no la hubieran enunciado.

En esta España vivió el último de los padres de la Iglesia: san Isidoro de Sevilla (556-636). De familia hispanorromana, contribuyó a que los godos abandonasen el arrianismo, herejía no trinitaria que consideraba que Jesucristo no era Dios, sino que había sido creado por Él. De esta manera influyó en el origen de la nación histórica española. Es autor de un conocido elogio a España, *Laudes Hispaniae*, que comienza así:

> Tú eres, oh España, sagrada y madre siempre feliz de príncipes y de pueblos, la más hermosa de todas las tierras que se extienden desde el Occidente hasta la India. Tú, por derecho, eres ahora la reina de todas las provincias, de quien reciben prestadas sus luces no solo el ocaso, sino también el Oriente.

La obra que le ha dado fama son las *Etimologías*, veinte tomos de escritos en los que recoge todos los saberes de su tiempo sistematizados en diversas áreas: teología, Iglesia, gramática, oratoria, arquitectura, medicina, minería, geografía, zoología, derecho, etc. En conclusión, el precedente de la *Enciclopedia* francesa. Las *Etimologías* fueron el texto más citado y recomendado en los conventos y las instituciones educativas de la cristiandad durante la Edad Media, tanto que en muchos lugares se elaboraron índices para guiar a los lectores a través de sus libros. Las citan santo Tomás de Aquino, Petrarca, Boccaccio, Geofrey Chaucer... La copia más antigua, aunque incompleta, data del siglo IX. En el Renacimiento, lejos de ser olvidada, la obra se dio a la imprenta y tuvo varias ediciones. Por su labor, muchos católicos proponen que la Iglesia nombre a san Isidoro patrón de Internet.

Uno de los principales monarcas visigodos fue Sisebuto, al que el arzobispo de Sevilla dedicó las *Etimologías*. Reinó entre 613 y 621. Mantuvo correspondencia con san Isidoro y le ayudó a formar su biblioteca. Cuando el rey recibió del obispo un libro escrito por él sobre fenómenos naturales titulado *De rerum natura* o *Liber Rotarum* —*Libro de las ruedas* por la abundancia de circunferencias con que estaba ilustrado— le contestó con una carta sorprendente para quienes han sido educados en la supuesta ignorancia en que vivían las gentes después de la desaparición del

Imperio Romano de Occidente. Sisebuto demostró conocer las teorías astronómicas de Aristóteles y que la Tierra y los demás planetas son esferas. Por ello, explicó que los eclipses se debían no a hechicerías, sino a que esos cuerpos celestes esféricos cruzaban sus órbitas. Y hasta corrigió al sabio clérigo cuando le respondió que las estrellas emiten luz propia, en vez de limitarse a reflejar la que reciben del Sol[1]. Comparemos la sensatez de este pretendido bárbaro con el premio Nobel de la Paz y presidente de Estados Unidos Barack Obama, que afirmó en un discurso que la tolerancia islámica se mostró incluso en la Córdoba andalusí bajo la Inquisición, cuando esta se funda en el siglo xv y la ciudad había sido reconquistada en 1248. Evo Morales se jactó de que sus abuelos y los de los bolivianos habían combatido a varios imperios, incluido el romano, gloria que no alcanzó a Sisebuto.

El rey Recaredo se convirtió al catolicismo en el III Concilio de Toledo (589), presidido por san Leandro, hermano de san Isidoro, y erradicó la herejía arriana que seguían los godos. Suintila, que reinó entre el 621 y el 631, reconquistó los últimos reductos del Imperio Romano de Oriente en la Península, hecho por el que san Isidoro le consideró el primer monarca que reinó en toda España —*Totius Spaniae intra oceani fretum monarchiam regni primum iste potitus*—, salvo las Baleares. Recesvinto promulgó en el 654 el *Liber Iudiciorum* o *Forum Iudicum*, que derogó las legislaciones separadas para los hispanorromanos —*Lex Romana Visigothorum*— y los godos —Código de Leovigildo— y estableció una legislación para todos los súbditos de la monarquía. El IV Concilio (633) se refirió a toda la población del reino como perteneciente a una única *gens et patria*. En esa mezcla, los godos abandonaron, además de su religión, su lengua, y los hispanorromanos adoptaron nombres germanos.

Hasta la invasión musulmana en el 711, durante más de ochenta años, existió un reino llamado España reconocido como tal por el papa de Roma y el emperador de Constantinopla. Se extendía sobre toda la Península Ibérica y el sur de Francia — la

---

[1]   ESPARZA, José Javier: *Visigodos*, La Esfera de los Libros, Madrid, 2018, pp. 219-220.

Septimania—, con una única autoridad política, una población, una capital, un ejército, una marina, una religión, una liturgia propia —la hispánica o mozárabe—, una hacienda, una moneda, una ley y hasta una cámara legislativa —los Concilios de Toledo—. En suma, la primera España. Antes que Francia, Inglaterra o Italia. De las naciones europeas que se formaron durante la Edad Media, la española fue la primera, y se originó en la Antigüedad Tardía. Como escribió Stanley Payne:

> Este *Regnum Gothorum* era territorio definido con precisión, en realidad, el primer Estado cristiano y europeo en contar con una exacta definición geográfica. Ninguno de sus contemporáneos la tuvo, ni doctrinal ni territorial, pero en las postrimerías del periodo visigodo el término Hispania se abreviaba en ocasiones hasta convertirse en Spania y sus príncipes eran a veces denominados *reges Spanie*[2].

La veloz caída en poco tiempo del reino de Toledo por la invasión musulmana, se atribuye no solo a unas pestes que diezmaron a la población y a una nueva guerra civil entre la élite goda —menos frecuentes que las producidas entre los francos—, sino a la centralización de la monarquía. Igual que les ocurrió a los españoles en América. En cuanto los conquistadores derrotaron a los mexicas y los incas, imperios asentados y urbanos, establecieron su autoridad sobre esos espacios y gentes; por el contrario, no pudieron dominar a los pueblos nómadas y ariscos, como los araucanos y los comanches. En el derrumbe de la España goda influyeron varios factores: la conquista de Toledo y del tesoro real, que impidió la proclamación de un nuevo rey; la colaboración de parte de la élite con los invasores; el ofrecimiento por estos a los españoles de capitulaciones que durante los primeros años les permitían mantener su patrimonio y cierta libertad y, por último, el desconocimiento sobre el islam.

Los godos no habrían podido detener la avalancha árabe, pues esta también sepultó a dos poderosos imperios, como el ro-

---

[2]   PAYNE, Stanley G.: España. *Una historia única*, Temas de Hoy, 3.ª ed., Madrid, p. 81.

mano oriental y el persa sasánida, y si Rodrigo hubiera vencido al primer ejército musulmán, otros habrían llegado. La diferencia con los territorios cristianos de África y Asia Menor es que en los montes españoles enseguida apareció una resistencia guiada por la restauración de la «España perdida».

2.2 La Edad Media no fue una época oscura

La Edad Media como concepto es un invento de la Modernidad. Igual que la Guerra de los Treinta Años, la Ilustración, la Reconquista o Bizancio. Nombres que nos sirven para comprender una realidad ya desaparecida. Y quien pone el nombre a algo suele añadir el contenido. En consecuencia, desde los ilustrados se representan los mil años desde la deposición del último emperador romano de Occidente en el 476 a la caída de Constantinopla —¿y por qué no el descubrimiento de América?— como una época monolítica definida por la barbarie, la incultura y el fanatismo, de la que Europa se liberó gracias al Renacimiento, otro concepto inventado posteriormente.

En esos siglos que crean las naciones europeas y muchas de las instituciones fundamentales que hoy se conservan, como las universidades y los parlamentos, hubo, sí, barbarie —¿es que el siglo XX no es el de los genocidios?— y también cultura. Al principio de la Edad Media, que hoy se llama Antigüedad Tardía, se produjo una decadencia causada por las invasiones, desde las árabes en el sur a las normandas en el norte. Aun así, el conocimiento continuó su avance.

El *Cronicón Emilianense* o *Crónica albeldense*, concluido en el 881, contiene la primera representación en Occidente de los números arábigos, excepto el 0. Sus anónimos redactores no estaban aislados del mundo ni encerrados en el fanatismo.

A diferencia de otros países europeos, España no conoció el feudalismo, es decir, la relación entre señores y vasallos. Cuando la Reconquista empezó a avanzar hacia el sur, quedaron vacías muchas tierras, aunque estaban al alcance de las aceifas de moros que ordenaban los emires y califas. Para colonizarlas, los reyes atrajeron campesinos mediante la concesión en fueros municipales de fincas en propiedad y de libertades personales; a cambio de esos derechos, insospechados en otros reinos cristianos, los campesinos estaban obligados a formar milicias y defender sus comarcas.

Este ambiente explica la aparición del primer parlamentarismo europeo en León. En los siglos anteriores existieron en las monarquías europeas curias regias u otros organismos, como el *Althing* islandés, formados por la alta aristocracia y el clero principal para aconsejar a los monarcas y, en ocasiones de debilidad, obtener de ellos concesiones. Las Cortes de León, convocadas por Alfonso IX en 1188 y reunidas en la basílica de San Isidoro, son las primeras en las que participaron, junto a los principales del reino, representantes de las ciudades, es decir, villanos, con los derechos de dirigirse al monarca y votar.

Los *decreta* aprobados por las Cortes incluían limitaciones al poder real y al nobiliario, inéditas en Francia o Alemania, como la exigencia de la convocatoria de Cortes para declarar la guerra y hacer la paz, el recurso a los jueces para zanjar disputas y la inviolabilidad del domicilio. Por ello, la UNESCO los ha reconocido como el «testimonio documental más antiguo del sistema parlamentario europeo». Ahí comenzó un proceso de control de los reyes que nos parece sorprendente en nuestros días a la vista del trato que recibimos los ciudadanos de unos gobiernos que supuestamente elegimos. Las Cortes de Benavente (1202) otorgaron al mismo Alfonso IX recursos a su Hacienda a cambio de que aceptara reglas a las acuñaciones de moneda y se comprometiese a no modificar las aleaciones en siete años. La Carta Magna inglesa, concedida por el rey Juan en 1215, beneficiaba solo a los nobles y, además, no se cumplió.

Desde 1538, a las Cortes de Castilla celebradas en Toledo se dejó de convocar a los brazos nobiliario y eclesiástico, y solo reunieron a representantes de las ciudades. Fue, por tanto, el primer parlamento europeo formado únicamente por miembros del estado llano. Mientras tanto, las anquilosadas Cortes de los distintos estados de la Corona de Aragón seguían constituidas por aristócratas, clérigos y burgueses provincianos puntillosos con sus privilegios. Sin embargo, en el siglo XVII las Cortes castellanas perdieron importancia, y en el reinado de Carlos II (1665-1700) no fueron convocadas en ninguna ocasión.

La primera universidad fundada en España fue la de Salamanca, honor que corresponde al gran monarca leonés Alfonso IX, en 1218. Es también la tercera más antigua del mundo en funcionamiento y la primera que en Europa recibió el título de universidad, concedido por Alfonso X en 1253 y reconocido por bula papal en 1255. Hasta entonces, esos centros educativos se llamaban *Studium Generale*. El primero en establecerse en España lo hizo en Palencia, por privilegio del rey Alfonso VIII de Castilla en 1208, aunque se extinguió durante el reinado de Alfonso X. La Universidad de Salamanca se tomó como modelo para el establecimiento de otras en Hispanoamérica, como las de México y Lima.

En al-Ándalus hubo también innovaciones, como no podía ser de otra manera en un Estado rico y poderoso. Córdoba, la capital, vivió su mayor apogeo durante el siglo X, cuando Abderramán III (929-961) se proclamó califa. Aunque los cristianos y los judíos, como *dimmíes*, estaban sometidos a un severo estatuto de discriminación, la ciudad alcanzó los 400 000 habitantes, cifra que la convirtió en la mayor urbe de Europa, superada en el mundo solo por Constantinopla, Bagdad y El Cairo.

Un vecino de Córdoba, Abbás Ibn Firnás (810-887), fue el primer hombre que voló en un aparato y vivió para contarlo. Construyó un planeador rudimentario y en el 875 se lanzó al vacío desde una torre. Planeó durante unos segundos delante de una multitud, pero cayó a tierra y se rompió las dos piernas. Luego comprendió que tenía que haber añadido una cola para controlar el vuelo. Córdoba le recuerda con un puente. Sin embargo, su experiencia no animó a otros a imitarle. Leonardo da Vinci elaboró numerosos diseños y maquetas, pero no los probó.

El pensador y jurista Abú-Béquer el Tortosí (1059-1126), célebre en el mundo árabe por un libro de consejos para gobernantes titulado *Lámpara de príncipes*, expuso la teoría económica de que la reducción fiscal puede aumentar los ingresos. Si se subían demasiado los impuestos a los campesinos, decía, la recaudación bajaría, mientras que, si eran suaves, la recaudación crecería y, además, la población estaría más contenta y, por tanto, menos predispuesta a rebelarse. Esta idea la expresó en el lenguaje del siglo XX el economista Arthur Laffer mediante la curva que lleva su nombre: si el tipo impositivo fuera cero, los ingresos fiscales del Estado serían también cero y si fuera del 100 % se produciría el mismo resultado, pues nadie trabajaría ni compraría. Laffer continúa que entre estos dos puntos extremos hay otros intermedios en que los ingresos aumentarían hasta alcanzar un punto ideal a partir del cual disminuirían.

La Escuela de Traductores de Toledo se suele asociar con al-Ándalus, pero su existencia se debe a la reconquista cristiana de la antigua capital de la monarquía goda, en 1085. La ciudad, siempre rebelde a los Omeya cordobeses, recibió en cambio con agrado a los monarcas cristianos, que ejercieron el poder con mucha más suavidad y tolerancia que los musulmanes, sobre todo, cuando desembarcaron en la Península los almorávides y los almohades. Allí coincidieron sabios de las tres religiones, conocedores de diversas lenguas y expertos en ciencias. La escuela como tal no existió; los intelectuales avecindados en Toledo traducían por encargo real libros de astronomía, filosofía, medicina, matemáticas y ciencia. Hay que tener en cuenta que la expansión musulmana a partir del siglo VII cortó la comunicación entre Europa Occidental y Bizancio y empobreció económica y culturalmente a la primera. Las cruzadas y la Reconquista permitieron que se volvieran a abrir las rutas de navegación y se recuperase la circulación del conocimiento. La fama de Toledo atrajo a otros sabios europeos, que regresaron a Inglaterra, Italia y Francia cargados de libros y de ideas. Uno de los escritos más conocidos emanados de la Escuela de Traductores fue el *Libro de los doce sabios*, compuesto a instancias de Fernando III (1217-1252) para sus hijos infantes. La obra contenía un resumen del conocimiento del mundo occidental y oriental, además de consejos para futuros gobernantes.

La Reconquista concluyó en 1492, con la toma de Granada por los Reyes Católicos. Aunque su carácter lo pone en duda una corriente historiográfica vinculada con la izquierda y el multiculturalismo[3], la verdad es que los españoles fueron el único pueblo conquistado y en gran parte islamizado que no cejó hasta expulsar a los musulmanes. Según Payne, «si los españoles no hubieran logrado nada más en la historia, este hecho habría hecho de su territorio un lugar absolutamente único»[4]. Sin embargo, España, a continuación, descubrió América y levantó el primer imperio que abarcó todos los continentes, gesta que nos coloca como nación entre las principales de la historia. La envidia que ello provoca se puede notar en el cine y en las literaturas francesa, italiana y británica.

2.3 Un imperio de científicos-soldados

En algo coinciden muchos de los admiradores del Imperio español con sus enemigos, y es en la imagen del español del Siglo de Oro como un individuo más diestro en el manejo de la espada y el arcabuz que en el de las redomas y el ábaco. Como mucho, a ese español se le reconoce habilidad, ingenio y hasta genialidad en la literatura y la pintura, pero no en la ciencia o la economía. Algunos hispanófobos hasta niegan a los españoles sus triunfos en el arte de la navegación, pues afirman que los autores del descubrimiento de América y de la primera vuelta al mundo fueron un italiano y un portugués, y añaden que la marina española desde Lepanto no ha conocido ni una victoria.

La España de los Reyes Católicos engendró no solo el descubrimiento de América, la gramática de Antonio Nebrija —la

---

[3]   Los seguidores menos formados y más exaltados de esta corriente sostienen que los árabes trajeron a España infinidad de adelantos, actividades y costumbres, como el regadío, el trabajo del cuero, el vidrio y los baños públicos, que ya existían desde la época romana. Uno de los símbolos más vinculados con al-Ándalus, el arco de herradura, presente en el bosque de columnas de la actual catedral de Córdoba, fue descubierto y empleado por los visigodos.

[4]   PAYNE, Stanley: *Op. cit.*, p. 91.

primera de las lenguas latinas— y la Biblia políglota del cardenal Cisneros, sino un modo de hacer la guerra que se prolongó hasta los conflictos napoleónicos y que solo desapareció cuando la revolución industrial se trasladó al campo de batalla.

Gonzalo Fernández de Córdoba, que libró sus primeras armas en la guerra de Granada, fue enviado a Italia para defender los dominios de la Casa de Aragón. En Ceriñola (28 de abril de 1503) sus arcabuceros derrotaron a la caballería pesada francesas. Quizás el español escéptico haga más caso del testimonio del mariscal Bernard Law Montmogery que del nuestro. El militar británico, uno de los vencedores del ejército alemán, califica así al Gran Capitán en su obra *Historia del arte de la guerra*:

> El hombre que primero reconoció la potencialidad táctica del arcabucero, el soldado de infantería equipado con un arma de fuego, y quien primero lo integró en un sistema táctico afortunado, fue Gonzalo de Córdoba. (…) Llegó a la conclusión de que la clave del éxito estaba en los arcabuceros, y, de acuerdo con ello, aumentó grandemente su número. Los equipó con los arcabuces más modernos llevando además cada hombre una bolsa con balas, una mecha, material de limpieza, una baqueta y pólvora en unos tubos colgados de la bandolera. Estaban armados además con una espada y protegíanse con un casco, pero escasamente llevaban otra armadura corporal. Juzgaba Gonzalo que un número suficiente de arcabucero sólidamente atrincherados podían contener el asalto de cualquier número de ballesteros, piqueros o caballería, exactamente como hicieran los arqueros ingleses armados con el arco largo.

La batalla de Ceriñola, según Montgomery, constituyó un parteaguas:

> En la historia de las guerras representó un punto crucial de la máxima importancia (porque) había elevado al soldado de infantería armada con un arcabuz al rango de combatiente más importante en el campo de batalla.

Durante sus casi dos siglos de existencia eran tales la fama de los tercios y su capacidad militar, que en muchas batallas obtenían la victoria en inferioridad numérica y a cambio de un puñado de bajas. En la de Ceriñola, los españoles causaron a los franceses más de 4000 bajas por solo un centenar en sus filas; en la de Bicoca, librada en 1522, cayeron unos 3000 franceses y suizos por un solo español, que se dice, además, murió por la coz de una mula; y en la de Dalen, en 1568, con tropas que eran la mitad de los 3000 rebeldes neerlandeses, Sancho Dávila y Sancho de Londoño, causaron una matanza que rondó los dos tercios de los enemigos, a costa de únicamente veinte fallecidos propios.

Los triunfos de la infantería española alcanzaron incluso Asia. En los combates de Cagayán, el marino Juan Pablo Carrión derrotó en 1582 a una expedición de piratas japoneses. Frente a cientos de enemigos, en el lado español solo había cuarenta infantes, más la marinería de los barcos. En Macao, en 1622, la guarnición portuguesa de unos trescientos hombres, reforzada por dos compañías de soldados españoles y los misioneros jesuitas, que manejaron los cañones contra los herejes, derrotaron a 1300 neerlandeses y sus tres barcos.

La magnífica máquina militar de la monarquía española incluyó la fundación de la primera infantería de marina del mundo, en 1537, por el emperador Carlos V, como parte de las escuadras de galeras en el Mediterráneo, y con el objetivo de combatir a los turcos y a los piratas berberiscos. Estos infantes se desplegaron desde Túnez a las Azores.

Una vez comenzada la rebelión de los protestantes flamencos, en 1568, la ruta marítima, la más usada hasta entonces por los soldados y los reyes españoles, se volvió insegura. Los neerlandeses, los franceses y los ingleses amenazaban a las flotas hispanas, sobre todo en el estrecho canal de La Mancha. Entonces, la monarquía abrió el Camino Español, entre Milán y Bruselas, a fin de trasladar tropas y dinero de manera segura a través de territorios obedientes o aliados. Los ingenieros y zapadores españoles construyeron puentes y almacenes, abrieron senderos y desbrozaron bosques. De esta manera, los ejércitos del rey de España cubrían cada año los mil kilómetros de la ruta en mes y medio. A diferencia de los ejércitos de la terrible Guerra de los Treinta Años (1618-1648), y de los napoleónicos, que vivían de esquilmar las comarcas por las que pasaban y condenaban al hambre a sus habitantes, los españoles copiaron un sistema francés por el que se contrataba en las distintas etapas el alojamiento y la comida, semanas antes de que las tropas llegasen.

Pero la hegemonía de los tercios no se basó exclusivamente en el inteligente uso de las armas y los hombres, ni en la logística; también fue capital el factor humano. Como subraya José Javier Esparza, el Gran Capitán creó:

> Un soldado que obedecía por sentido del honor y por dignidad, de manera que la disciplina ante el mando era manifestación de la fidelidad a sí mismo. Todo ello envuelto en un profundo sentimiento religioso. De algún modo, la infantería española será invencible en lo material porque, antes, había aprendido a serlo en lo espiritual[5].

Los soldados de la monarquía, entre los que junto a españoles había italianos, flamencos, germanos, franceses y hasta ingleses e irlandeses católicos, estaban sometidos a un código de justicia que les obligaba ante sus camaradas, sus oficiales y, muy importante, los paisanos. Al igual que en otros ejércitos, se castigaba con pena de muerte la connivencia con espías y el abandono de la formación y de la guardia, pero, a diferencia de los anteriores, también se incluía entre las conductas penadas con la vida propia la violación de mujeres y la destrucción de granjas, molinos y casas, aunque fueran de pueblos enemigos. Los oficiales quedaban sujetos a la misma severidad: el que mataba a un soldado sin justificación era ejecutado. El ejército español fue el primero de los tiempos modernos que estableció un código de justicia que protegía a la población civil.

Los tercios se mantuvieron hasta que Felipe V los sustituyó por el regimiento como unidad militar básica.

---

[5] ESPARZA, José Javier: *Tercios. Historia ilustrada de la legendaria infantería española*, La Esfera de los Libros, Madrid, 2017, p. 62.

2.4 Las flotas de Indias, copiadas en las guerras mundiales

Una innovación militar española que perduró hasta el siglo XX, fue el uso de convoyes para atravesar el Atlántico a salvo de ataques de piratas y de flotas enemigas. La reacción española contra la piratería consistió en fortificar los principales puertos —Callao, Veracruz, La Habana o Cartagena—, impedir el asentamiento de los invasores, mejorar la calidad de los barcos, organizar escuadras de guerra y formar convoyes de mercantes protegidos por buques armados.

El primer convoy zarpó en 1522. En 1543, con motivo de una nueva guerra con el envidioso Francisco I, aliado esta vez con los turcos, Carlos V ordenó de nuevo navegar en convoy entre las Indias y España. Estableció dos flotas anuales, que saldrían de América en marzo y septiembre, formadas por barcos de más de cien toneladas y protegidas por un buque de guerra cuyo flete y tripulación se financiaría con el impuesto de avería, que gravaba las mercancías transportadas. Sin embargo, el sistema se suprimió pasados unos años.

El asturiano Pedro Menéndez de Avilés (1519-1574), adelantado de La Florida, fundador de San Agustín —la más antigua ciudad de Estados Unidos— y uno de los mejores marinos de la historia, redactó en 1556 el *Memorial sobre la navegación de las Indias*. Sus propuestas, basadas en la experiencia y la lucha contra los piratas, las adoptó casi íntegras Felipe II en una serie de ordenanzas promulgadas entre 1561 y 1566: periodicidad, fechas de salida, condiciones de los mercantes, protección armada, mando, financiación... Se trató del primer sistema de comunicación permanente entre Europa y América.

La navegación en conserva se demostró tan eficaz que la primera flota de Indias capturada por un enemigo del Imperio se perdió en 1628. El afortunado fue el almirante neerlandés Piet Heyn, en la batalla de la bahía de Matanzas; no disfrutó mucho de su fortuna, porque murió al año siguiente en un combate en el canal de La Mancha con los corsarios de Dunquerque, flamencos leales a la Monarquía Hispánica. Otras dos flotas fueron destruidas en

Santa Cruz de Tenerife en 1657 y en Vigo en 1702, pero, aunque se perdieron los barcos y muchos marineros, los tesoros se salvaron porque ya se habían desembarcado.

El método de los convoyes lo recuperaron los británicos y estadounidenses durante las dos guerras mundiales del siglo XX para llevar tropas y suministros a Gran Bretaña y también al norte de la Unión Soviética, a despecho de los submarinos alemanes. Y funcionó.

2.5 El piloto mayor

Para proseguir las exploraciones y el comercio, el Imperio formó la primera y más importante escuela náutica de Europa, a la vez que impulsó el estudio de la Geografía como nunca antes se había hecho. Al regresar Fernando el Católico a Castilla para recuperar el gobierno del reino después de la muerte de Felipe el Hermoso, convocó en 1508 una junta de navegantes en Burgos, a fin de poner orden en las Indias y en la disputa con Portugal por las Molucas. Asistieron, entre los principales, Vicente Yáñez Pinzón, Américo Vespucio, Juan de la Cosa y Juan Díaz de Solís. Uno de los acuerdos fue la creación del oficio de piloto mayor dentro de la Casa de Contratación, fundada en 1503.

El piloto mayor debía guiar a los marinos españoles por los nuevos mares y cielos. Recibía conocimientos, los depuraba, los sistematizaba y los volvía a ofrecer. En la real cédula que le dirige a Vespucio en agosto de 1508, el rey Fernando le subraya la importancia de que instruya a los pilotos para que «junta la práctica con la teórica, se puedan aprovechar dello en los dichos viajes». Fue el primer puesto científico de la Casa de Contratación y, también, el primero fuera de las universidades. De la misma manera que no todos los súbditos de la Corona española podían pasar a Indias —a Miguel de Cervantes se le negó la autorización dos veces—, tampoco cualquiera podía mandar buques en la Carrera de Indias, aunque hubiera sido capitán en el Mediterráneo o en el canal de La Mancha. El piloto mayor examinaba a los pilotos que pretendían la patente, supervisaba las expediciones, y aprobaba y elaboraba instrumentos de navegación y cartas de marear. En Sevilla se guardaba el documento más valioso del mundo en esa época: el Padrón Real, el mapa con las rutas a las Indias, al Mar del Sur, a las islas de la Especiería. El piloto mayor cotejaba las cartas y los cuadernos que le entregaban los demás pilotos a la vuelta de sus viajes para ampliar y renovar un mapa modelo que mostraba las costas e islas descubiertas y su situación. El Padrón Real estaba custodiado y no salía del edificio de la Casa de Contratación. Los pilotos solo llevaban mapas parciales realizados a partir de él por el piloto mayor, para que, en caso de que se los robasen, se perdiesen nada más una parte de los secretos.

Ante la complejidad de los conocimientos y la exigencia del trabajo, en 1552 una real cédula retiró al piloto mayor la obligación de enseñar geografía y navegación a los nuevos pilotos y estableció la cátedra de Cosmografía, con un plan de estudios de tres años de duración.

El primero que desempeñó el puesto fue el florentino Vespucio. Luego le sucedieron el andaluz Díaz de Solís, el veneciano Sebastián Caboto y el extremeño Alonso de Chaves. Españoles y extranjeros. La España de entonces, como los Estados Unidos de hoy, atraía y promocionaba el mejor talento. Fueron los casos de Cristóbal Colón y Hernando de Magallanes, cuyos proyectos de alcanzar las islas de las Especias por la ruta de Poniente rechazaron los reyes de Portugal. Más tarde, la Corona se despojó de su facultad de nombrar al piloto mayor mediante real orden y Felipe II reguló por una ley de 1595 el acceso al puesto mediante un examen que los candidatos rendían ante un tribunal. Un ejemplo de seriedad y trabajo bien hecho.

El interés y el entusiasmo de los españoles de la primera mitad del siglo XVI por los viajes marítimos —descubrimientos, reinos desconocidos, riquezas, especias, fama, aventuras— los convirtió en los mejores navegantes de los siguientes siglos. Los cosmógrafos Pedro de Medina, sacerdote, (1493-1567) y Martín Cortés de Albacar (1510-1582) redactaron excelentes artes o manuales de navegación, cuya calidad confirman sus traducciones y numerosas reediciones. El de Medina, dedicado a Felipe II, tuvo doce ediciones solo en Francia.

Cortés, profesor establecido en Cádiz, el puerto rival de Sevilla, fue el primero en el mundo en comprobar que los polos magnéticos no coincidían con los polos geográficos. Y recogió la idea de otros autores de solucionar la deformidad esférica de la Tierra en cartas planas, lo que expuso de manera clara a sus lectores.

Durante el reinado de María I de Inglaterra (1553-1558), segunda esposa de Felipe II, las relaciones entre los dos reinos fueron amistosas, hasta que el ascenso al trono de la protestante Isabel conduciría a la guerra. En ese corto período, un navegante inglés llamado Stephen Borough visitó en 1558 la Casa de Contratación para transmitir su experiencia en el mar Ártico. Quedó tan impresionado por el funcionamiento de la institución que quiso trasladar el modelo a su país. Hizo traducir un ejemplar de *Arte de Navegar*, de Cortés de Albacar, que le regalaron en Sevilla, y lo convirtió en manual para los marinos ingleses. Alcanzó tal éxito que se editó nueve veces hasta 1630. La reina Isabel le nombró en 1563 piloto mayor con atribuciones similares al cargo español, pero como el brumoso y turbulento reino carecía de riqueza y conocimientos suficientes para imitar a la España imperial pronto se extinguió.

Inglaterra solo se convertiría en potencia naval en el siglo XVIII, e hizo su imperio a costa de los neerlandeses —que a su vez habían arrebatado muchas de esas posesiones a los portugueses, como la isla de Ceilán y Malaca— y a los franceses, a los que conquistó Canadá. El imperio naval británico fue el cuarto de los europeos, después del español, el portugués y el holandés.

2.6 Los primeros en tantas cosas

La conquista y colonización de América permitió a España ser la primera en muchísimas actividades realizadas en el Nuevo Mundo.

El primer hospital se estableció en 1502 en La Española y lo dirigió una mujer negra. De acuerdo con las órdenes de los Reyes Católicos, el gobernador Nicolás de Ovando lo sustituyó en 1503 por otro llamado san Nicolás de Bari y atendido por una cofradía de laicos. Hernán Cortés fundó el primero en México en 1524;

Jorge Alvarado, otro en la Vieja Guatemala en 1527; Francisco Pizarro, otro más en Lima en 1538 y Pedro de Valdivia uno en Santiago de Chile en 1544. Y eso, cuando en muchos países europeos que habían suprimido las órdenes religiosas y los conventos por la reforma protestante, la atención sanitaria para los pobres o ya no existía o dependía del favor del poder.

El doctor Francisco Guerra identificó todas las instituciones asistenciales sanitarias —hospitales, enfermerías, casas de socorro, lazaretos— levantadas por los españoles en Hispanoamérica y Filipinas, más los hospitales de los misioneros en China y Japón, con exclusión de las montados con motivo de epidemias o desastres. Su conclusión fue que «la caridad de los españoles fundó 1196 instituciones asistenciales en Hispanoamérica y Filipinas entre 1492 y 1898»[6].

El Consejo de Indias aprobó en 1573 el detallado Plan de Ordenamiento Urbano de las Indias. Incluía hasta la preocupación por el medio ambiente, pues requería un informe sobre los vientos dominantes en el emplazamiento, para fijar la orientación de las calles. Antonio de Mendoza, primer virrey de Nueva España (1535-1550) y segundo virrey de Perú (1551-1552), implantó lo que hoy llamaríamos un «urbanismo sostenible». Entre otras medidas, obligó a los propietarios a edificar en sus solares, so pena de expropiación, y a limitar la altura de las casas, de manera que todas recibiesen luz y viento.

La primera universidad americana, la Santo Tomás de Aquino, se erigió en la isla de La Española en 1537, y entre 1551 y 1553 siguieron las de Perú y México, fundadas por el emperador Carlos. A mediados del siglo XVIII, existía una veintena de centros universitarios en los virreinatos españoles, que impartían, entre otras materias, Filosofía, Teología, Leyes, Medicina, Botánica, Matemáticas, Física, Astronomía y lenguas indígenas. La primera universidad se fundó en las colonias inglesas de Norteamérica en 1636 y en Brasil en 1912. Muchas de esas universidades las fundaron jesuitas y

---

[6]   Fernández Barbadillo, Pedro: *Eso no estaba en mi libro de historia del Imperio español*, Almuzara, 2.ª ed., Córdoba, 2020, pp. 75 y ss.

Universidades fundadas en la América hispana

- Real y Pontificia Universidad de Santo Tomás de Aquino, Santo Domingo, República Dominicana, por bula del 28 de octubre de 1538.
- Real y Pontificia Universidad de San Marcos, Lima, Perú, por Real Provisión del 12 de mayo de 1551 y ratificada por bula del 25 de julio de 1571.
- Real y Pontificia Universidad de México, creada por Real Cédula de 21 de septiembre de 1551 y ratificada por bula del 7 de octubre de 1595.
- Real Universidad de La Plata (de Charcas o de Chuquisaca), Sucre, Bolivia, por Real Cédula del 11 de julio de 1552. No llegó a instalarse.
- Real y Pontificia Universidad de Santiago de la Paz y de Gorjón, Santo Domingo, República Dominicana, por Real Cédula de 23 de febrero de 1558.
- Pontificia Universidad de Santo Tomás de Aquino, Bogotá, Colombia, por bula de 1580.
- Universidad de San Fulgencio, Quito, Ecuador, 1586.
- Pontificia Universidad de San Ildefonso, Lima, Perú, por bula del 13 de octubre de 1608.
- Pontificia Universidad de Córdoba, Argentina, 1613.
- Pontificia Universidad de Santo Tomás de Aquino, Santiago, Chile, por bula papal de 1619.
- Real y Pontificia Universidad de Mérida, Yucatán, México.
- Pontificia Universidad de San Ignacio de Loyola, Cuzco, Perú, 1621.
- Universidad de San Miguel, Chile, por bula de 1621.
- Pontificia Universidad de San Francisco Javier, Bogotá, Colombia, por breve del 9 de julio de 1621.
- Universidad de San Gregorio Magno, Quito, Ecuador, 1622.
- Real y Pontificia Universidad de San Francisco Xavier, Sucre, Bolivia. Fundada el 27 de marzo de 1624.
- Colegio Mayor de Nuestra Señora del Rosario, Bogotá, Colombia, hoy Universidad del Rosario, fundada en 1653.
- Real Universidad de San Carlos Borromeo, Guatemala, por Real Cédula de 31 de enero de 1676.
- Universidad de San Cristóbal, Huamanga (Ayacucho), Perú, 1677.
- Real Universidad de San Antonio Abad, Cuzco, Perú, por breve del 1º de marzo de 1692.
- Real Universidad de Santa Rosa de Lima, Caracas, Venezuela, por Real Cédula de 22 de diciembre de 1721.
- Universidad Pencopolitana, Concepción (Chile), en 1724.
- Real y Pontificia Universidad de San Jerónimo, La Habana, Cuba, el 5 de enero de 1728.
- Real Universidad de San Felipe, Santiago, Chile, en 1738.
- Universidad de Los Andes, en Venezuela, 29 de marzo de 1785.
- Real Universidad de Santo Tomás de Aquino, Quito, Ecuador, 1786.
- Universidad de Guadalajara, en México, 1792.
- San Francisco en la Villa de la Candelaria, Medellín, Colombia, creada en 1801 por Real Cédula de 9 de febrero del mismo año.

fueron abandonadas o cedidas a otras órdenes religiosas cuando en 1767 la Corona española expulsó a la Compañía de Jesús de sus dominios. Las universidades de Santo Tomás de Aquino y de México fueron disueltas en el siglo XIX por los liberales, debido a su carácter católico y realista.

En las universidades de la España europea encontramos sorpresas como la primera catedrática del mundo: Luisa de Medrano, nacida en Atienza en una familia noble vinculada a Isabel I. La reina la protegió y Luisa no solo estudio en la Universidad de Salamanca, sino que además llegó a dar clase en ella de lengua latina a partir de 1513. En ese siglo extraordinario para los españoles, surgió también el primer catedrático negro. Se llamaba Juan Latino y dio clases de gramática y latín en la Universidad de Granada a comienzos del reinado de Felipe II, hasta su muerte casi treinta años más tarde. Su inteligencia y la piedad de sus amos le hicieron pasar de esclavo a liberto, estudiante, bachiller, licenciado, doctor y profesor nombrado después de un examen-oposición[7]. Además, casó con una dama noble, Ana de Carleval. Y ya que estamos con mujeres: la primera almirante conocida fue Isabel Barreto, gobernadora de las islas Salomón después de la muerte de su primer marido, Álvaro de Mendaña, en 1595, y luego mandó el barco que llevó a los supervivientes a Manila.

La imprenta se llevó a América para colaborar en la evangelización de los indios. El primer libro se publicó en México en 1536. Una real cédula de 1558 declaró libre el oficio de impresor en la capital de la Nueva España, por lo que surgieron otras imprentas. Se calcula que allí se publicaron durante el imperio 11 642 títulos. En 1593, se estableció una imprenta en Manila, otra en Puebla de los Ángeles en 1640, en Guatemala en 1641... La primera imprenta en las colonias inglesas la llevó Stephan Daye a Massachusetts en 1638. Gracias a la imprenta, sobrevivieron las lenguas indígenas, ya que se publicaron gramáticas y diccionarios para que los misioneros las aprendiesen y predicasen con ellas.

---

[7]   ESPARZA, José Javier: *No te arrepientas. 35 razones para estar orgulloso de la historia de España*, La Esfera de los Libros, Madrid, 2021, pp. 102-104 y 121-126.

Entre las artes que los españoles trasladaron a las Indias, las más populares fueron la música y el canto. En el catálogo de la catedral de México se encuentran las obras de los principales compositores españoles del Renacimiento: Tomás Luis de Victoria, Cristóbal de Morales y Francisco Guerrero. También libros de Giovanni Pierluigi da Palestrina, que este le regalaba a su admirado Felipe II y el rey enviaba a la catedral de México. En las reducciones jesuitas del Paraguay, la instrucción musical de los guaraníes, con canto y flauta, comenzó en 1600. La venta de libros de música era un negocio tan considerable en las Indias que en el siglo XVI dos impresores de la Península litigaron para hacerse con la exclusiva de la impresión, calculada en 6000 o 7000 ejemplares anuales.

La primera biblioteca pública de América se fundó en Puebla, México, solo diez años después de la apertura del primer centro de enseñanza superior en las colonias inglesas, la Universidad de Harvard. Esta biblioteca la instituyó el obispo español Juan de Palafox al donar en 1646 los 5000 libros de su biblioteca personal al Seminario de San Juan. En la donación ante notario, el obispo impuso la condición de que el acceso y la consulta se permitiese a quien lo solicitase, fuese clérigo o laico, español europeo o nativo, para el estudio y hasta para la simple lectura. Desde el siglo XVII, la Biblioteca Palafoxiana se mantiene en el mismo edificio de estilo barroco, en el que existe un altar dedicado a la Virgen de Trapani. En la actualidad, el fondo bibliográfico asciende a más de 45 000 volúmenes. La UNESCO la incluye en el programa Memoria del Mundo.

Y el primer observatorio americano se construyó en Santa Fe de Bogotá, capital del virreinato español de la Nueva Granada, cuando la república de los Estados Unidos de América existía desde hacía veinticinco años. Lo impulsó a sus expensas el sacerdote, médico y botánico José Celestino Mutis (1732-1808) y encargó la construcción, que duró quince meses, de 1802 a 1803, a otro religioso: el franciscano capuchino fray Domingo de Petrés. Mutis nombró como director del observatorio al abogado y comerciante Francisco José de Caldas, que empezó a realizar observaciones astronómicas y meteorológicas en diciembre de 1805. Sin embargo, el observatorio sufrió las consecuencias de las guerras de independencia y civiles posteriores. Las tropas de Simón Bolívar lo saquearon cuando conquistaron la ciudad en 1814. Aunque la república de Colombia trató de recuperarlo para su actividad original, cayó en el abandono y tuvo diferentes usos, como el de prisión para un presidente derrocado y heladería. En la actualidad, el edificio, que puede visitarse, se encuentra en los jardines de la Casa de Nariño, sede de la presidencia de la república.

Por medio de la cada vez más conocida Real Expedición Filantrópica de la Viruela (1803-1806) se establecieron las primeras juntas de vacunación en América y Asia. El jefe de la expedición, Francisco Javier Balmis, que dio la vuelta al mundo, y su segundo, José Salvany y Llopart, que murió agotado en Cochabamba, dieron las instrucciones a las autoridades españolas de las ciudades por las que pasaban. Sin embargo, se desmantelaron durante las independencias.

Hasta la invasión francesa, España, fue una de las mayores potencias científicas del mundo. Cito a un profesor británico:

> La monarquía española de la época dedicaba al desarrollo científico un presupuesto comparablemente superior al del resto de naciones europeas. El imperio del Nuevo Mundo era un vasto laboratorio para le experimentación y una inmensa fuente de muestras. Carlos III amaba todo lo referente a la ciencia y la técnica, de la relojería a la arqueología, de los globos aerostáticos a la silvicultura. En las últimas cuatro décadas del siglo XVIII, una asombrosa cantidad de expediciones científicas recorrieron el Imperio español. Expediciones a Nueva Granada, México, Perú y Chile reunieron un completo muestrario de la flora americana. La más ambiciosa de aquellas expediciones fue un viaje hasta América y a través del Pacífico realizado por un súbdito español de origen napolitano, Alejandro Malaspina[8].

La sede más conocida de la Monarquía Hispánica, el edificio de El Escorial, no solo era un panteón real y un convento,

8   FERNÁNDEZ-ARMESTO, Felipe: *Los conquistadores del horizonte*, Destino, Barcelona, 2006, págs. 430-431.

sino también una inmensa biblioteca, un hospital, una editorial, un observatorio astronómico, un estudio botánico, una escuela de canto… El rey inglés Carlos I entretuvo sus últimos días antes de ser decapitado en Londres con la lectura de varios libros sobre el monasterio, que conoció en su visita a Madrid como príncipe de Gales para negociar un matrimonio con la hermana de Felipe IV. Antes que El Escorial, el padre de Felipe, Carlos, el único hombre que ha sido emperador en Europa y América, había ordenado la construcción de un sorprendente palacio en Granada. El arquitecto encargado, Pedro Machuca, lo levantó con un patio interior circular, algo inédito en el Renacimiento.

Una de las frases que mejor expresaron esa unión la escribió Bernardo Vargas Machuca, que en su obra *Milicia y descripción de las Indias* (1599) incluyó un grabado de un hidalgo con un compás, símbolo de la ciencia, en una mano y una espada, símbolo del valor, en la otra con el lema: «A la espada y el compás, más, y más, y más y más».

2.7 Solo España abrió las murallas de China

China ha sido durante siglos el sueño de los europeos. El libro de Marco Polo, un *best-seller* medieval, estimuló los deseos de alcanzar el Imperio del Centro, que el veneciano describía como deslumbrante y rico. Los portugueses contornearon África en busca de una ruta marítima que les permitiera alcanzar sus puertos. Cristóbal Colón ofreció a los Reyes Católicos una ruta más corta a través del Atlántico y en su equipaje llevaba una carta de los monarcas españoles al Gran Kan. Cuando se tuvo claro que las tierras descubiertas por Colón constituían un nuevo continente antes desconocido, se planearon nuevas expediciones para atravesar el inmenso Mar del Sur y llegar de una vez a China y a las islas de las especias. Eso es lo que propuso Fernando de Magallanes a Carlos V.

Los españoles se establecieron en el archipiélago de Filipinas en los años sesenta del siglo XVI, para usarlo como base desde la que negociar y relacionarse con China. Junto a los soldados, los marineros, los funcionarios y los comerciantes, también hubo misioneros, sobre todo jesuitas. En Manila, aparecieron pronto los mercaderes chinos. Los europeos empezaron a recibir los objetos anhelados gracias al galeón que hacía el tornaviaje, la larga ruta que unía Filipinas con la Nueva España; de ahí, esas mercancías atravesaban el Atlántico y, una vez en Sevilla, se distribuían por otros reinos europeos.

El poder de los españoles y, sobre todo, su enorme confianza, condujo a algunos con soñar un imposible. Si un puñado de españoles se había apoderado del Imperio inca y sometido al pueblo guerrero de los mexicas, si los soldados de los tercios obtenían victoria tras victoria en Europa, si una treintena de marineros había circunnavegado la Tierra en un barco que hacía aguas por todas sus junturas, si una flota había derrotado a los turcos, ¿por qué no atreverse a la conquista de China, ya que «tal parece que Dios es español»?

La primera corte europea donde se planeó la invasión de China fue la española. El jesuita Alonso Sánchez depositó en Madrid en 1588 un memorial en que propuso enviar tropas al Imperio del Centro. Enumeró los beneficios y expuso lugares de campaña y rutas militares. Se estudió el proyecto, pero al final se optó por el método más pacífico de enviar una embajada. Aparte de la inmensidad y de la población del país, influyeron en la decisión las rencillas entre españoles y portugueses, entonces súbditos de la misma Corona, y entre las órdenes mendicantes y los jesuitas. Más la reciente derrota de la Gran Armada en aguas británicas. Solo en el siglo XIX los extranjeros comenzaron a penetrar en China, y lo hicieron siguiendo las obras de los españoles. Un misionero dominico, el sevillano Francisco Varo (1627-1687), tiene el honor de ser el autor de la primera gramática del chino mandarín, publicada en 1703 en Cantón. Por su conocimiento del mandarín en sus versiones de lengua oficial y vulgar, se encargó de enseñarla a los nuevos misioneros.

Aunque España no conquistó los palacios y las tierras de los chinos, conquistó sus bolsillos. Los chinos no querían nada de los europeos, a los que consideraban unos bárbaros, salvo plata, que preferían al oro. Juan Niño de Tavora, gobernador de Filipinas entre 1626 y 1632, le reveló a Felipe IV que los chinos estaban

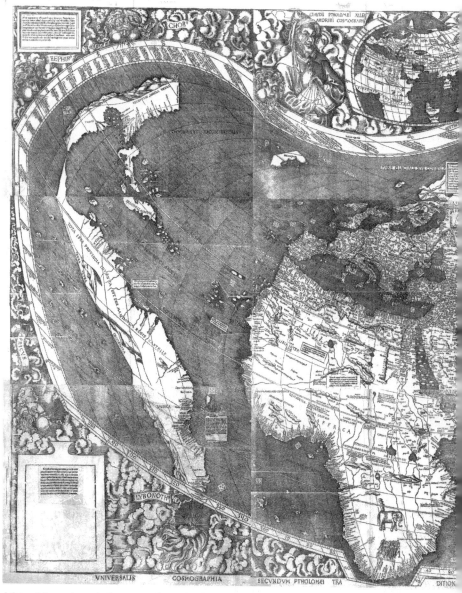

Mapa del mundo según la cartografía tradicional de Ptolomeo y las ilustraciones de Americo Vespucio. Obra de Martin Waldseemüller publicada hacia 1507.

dispuestos a someterse a cualquier trabajo por servil que fuera por unos pocos reales, porque «su dios es la plata y su religión consiste en las diversas maneras que tienen para obtenerla».

Y los españoles tenían las mejores minas de plata del mundo en Potosí —Alto Perú— y Zacatecas —Nueva España—, desde los años 40 del siglo XVI, más la mejor mina de mercurio, mineral imprescindible para decantar la plata, en Almadén —España—. Por la calidad de su ley y su aceptación por los chinos, los reales que se acuñaban en Perú, México y España se convirtieron en lo que luego fueron la libra esterlina y el dólar. Muchos de quienes adquirían esas monedas las fundían para fabricar las suyas o bien marcaban las efigies de los monarcas españoles con cuños propios.

Durante los siglos XVII, XVIII y parte del XIX se podían hallar reales españoles en cualquier parte del mundo: China, las islas del Pacífico, Ámsterdam, Portugal, Londres, Argelia, Japón, Amberes, la India, Nueva York, el Báltico, Turquía, Zanzíbar, Persia o Australia. Y en los puertos coloniales europeos, como Batavia, Pondichéry y Goa. Aunque las leyes británicas prohibían a sus colonos el uso de moneda extranjera, las piezas españolas penetraron en los territorios americanos bajo la soberanía de Londres. Los habitantes de las trece colonias norteamericanas y las Bahamas carecían de monedas propias y recurrieron a la mejor del mundo, tan cercana. La plata española se introdujo de contrabando a cambio de cereal, aceite de ballena, salazones y carne seca.

La Compañía de las Indias Orientales inglesa exportó entre 1602 y 1795 reales de a ocho por valor de 3 745 898 libras y la Compañía Oriental de las Indias holandesa exportó más de 5700 quintales de plata, la mayor parte en forma de reales de a ocho[9]. Si los comerciantes británicos y los neerlandeses querían obtener seda, té y porcelana de China, tenían que conseguir primero plata española. Sin embargo, a finales del siglo XVIII los ingleses descubrieron otra mercancía que les permitió sustituir la plata como medio de intercambio: el opio. Cuando el emperador Daoguang prohibió la venta de opio, Londres montó una guerra por la «libertad de comercio», pero que en realidad fue la primera guerra para distribuir drogas. Al menos los españoles guerreaban por gloria, por tierras y por difundir el cristianismo.

En el siglo XIX, en la colonia británica de Hong Kong, la moneda usada por la administración y el comercio fue el peso mexicano, aunque marcado con un agujero. Londres trató de expulsarlo

---

[9]   Cipolla, Carlos María: *La odisea de la plata española. Conquistadores, piratas y mercaderes*, Crítica, Barcelona, 1999, pp. 99 y 103-106.

mediante la acuñación una moneda propia de plata en una ceca construida para tal fin, pero los chinos lo rechazaron y la casa cerró en 1868. El patrón plata se mantuvo en Hong Kong hasta 1935. China no emitió su primera moneda de plata, el *tael*, hasta 1899, y lo hizo con el real de a ocho español como modelo.

España hizo posible el primer sistema monetario y comercial planetario. La Monarquía española creó el entramado más complejo y eficaz de su época en cuanto a la política monetaria: controles contables, fundiciones en dos continentes, registros oficiales, compradores de oro y plata y un dispositivo de transporte y protección que abarcaba desde mulas y galeones a almacenes y pesas. La captura de una flota de Indias, catástrofe que fue excepcional durante el Imperio español, o su hundimiento por una tormenta, ocasionaba una crisis económica que afectaba a toda Europa. La Corona española perdía el dinero para abonar sueldos de sus empleados y, sobre todo, préstamos; los prestamistas no podían cumplir sus compromisos; y entonces comenzaban a producirse las quiebras.

La Ruta de la Plata duró menos que la Ruta de la Seda, pero fue más compleja y más extensa, pues abarcó los cinco continentes y, como la nao *Victoria*, dio la vuelta al mundo. El centro de ella se encontraba en la ciudad de Sevilla, que por dos siglos fue la capital del mundo.

2.8 La Universidad de Salamanca: matemáticos, astrónomos y economistas

Con un imperio y una moneda planetarios, no debería sorprender que la primera escuela de economistas naciera en España. Se trató de la Escuela de Salamanca, cuya ignorancia responde, por un lado, al interés de los británicos y franceses por reclamar para ellos la gloria de tener los primeros economistas y, por otro, a la indolencia de los universitarios españoles, más pendientes de traducir a autores foráneos y de viajar al extranjero, que de revisar los excelentes archivos españoles.

El dominico fray Tomás de Mercado y el sacerdote regular Martín de Azpilcueta explicaron la revolución de los precios del siglo XVI por la catarata de oro y plata venida de las Indias. Antes que el francés Jean Bodin, asociaron el nivel de los precios —inflación— con la oferta monetaria disponible. Este fenómeno no se producía solo en España, sino también en América. Otros españoles observaron que si los bienes eran más caros en Potosí que en Lima se debía a la abundancia de dinero en la ciudad minera. Este conocimiento recibe en la actualidad el nombre de teoría cuantitativa del dinero. El justo precio —que solo Dios conoce— depende, según Luis de Molina, de factores como la abundancia y la escasez por la cantidad de las cosechas; a mayor abundancia, menor será el precio justo; y viceversa.

Azpilcueta, llamado Doctor Navarrus, justificó el cobro de interés por el dinero prestado mediante el pago por tiempo. Pedro de Valencia enunció que existen leyes fatales que no pueden ser derogadas por reales cédulas —hoy diríamos decretos— y entre ellas citó el provecho propio; un precedente del concepto de la mano invisible de Adam Smith. El diplomático italiano Alberto Struzzi, al servicio de España, puso como ejemplo de ello a la colonia de comerciantes flamencos establecida en Sevilla que había formado la Compañía de Ámsterdam. Aunque fueran herejes y súbditos rebeldes, con su conducta se convertían en defensores de la Monarquía Católica.

La Escuela de Salamanca criticó a los soberanos que degradaban el valor de la moneda por el daño a sus súbditos en sus modestos patrimonios. Estos teólogos y juristas de la España de los Austrias y la Inquisición, se atrevieron a enfrentarse con la Corona y sus ministros, mientras que hoy muchos economistas aconsejan a los políticos causar inflación para reducir el coste de la deuda pública o bien devaluar la moneda. Igualmente, Mercado criticó a los banqueros que especulaban con los depósitos de los clientes y propuso para asegurar la solvencia de los bancos un coeficiente de caja del 100 %.

En la Universidad de Salamanca se elaboró también el actual calendario para subsanar los errores que tenía el juliano y cumplir el mandato del Concilio de Nicea (325) de que la Pascua de Resurrección se celebrase el domingo siguiente al plenilunio posterior al equinoccio de primavera (en el hemisferio norte, entonces el único conocido por el mundo romano). El desfase que desde entonces se acumuló en el calendario era ya superior a diez días en el siglo XVI, y en la Universidad española se propuso por dos veces su modificación, en 1517 y en 1578. Felipe II persuadió al papa Gregorio XIII de que aceptase el cambio. El pontífice nombró una comisión presidida por un español, el matemático Pedro Chacón, que provenía de Salamanca. Contra el tópico de la lentitud española, italiana y eclesiástica, los trabajos concluyeron en septiembre de 1580. Una bula papal estableció como fecha para el adelanto del calendario el mes de octubre de 1582, el que tiene menos festividades católicas: del jueves 4 se pasó al viernes 15[10].

El salto se aplicó en Italia, Francia y la Monarquía Hispánica, que entonces comprendía, aparte de a España, sus Indias, Flandes y Filipinas, a Portugal, Brasil y los territorios dependientes de Lisboa, desde la India al golfo de Guinea. Antes de concluir la década, el calendario gregoriano se introdujo en Austria, Baviera, Polonia, Hungría, los cantones suizos católicos, Bohemia y Moravia. Chacón no pudo asistir a una de las primeras medidas científicas aplicadas en los cinco continentes porque falleció en 1581.

Esa Inglaterra de la que tantas lecciones debemos aprender, según los anglófilos, adoptó el calendario elaborado en Salamanca en 1752, casi tres siglos después de que entrase en vigor en el Imperio español; al año siguiente, lo hizo la luterana Suecia; en 1875, Egipto; en 1918, la Rusia soviética; después, China, Grecia y Turquía. ¿Cuántos europeos saben que cuentan los días y celebran sus cumpleaños en unas fechas concretas, porque así lo calcularon científicos españoles y lo mandó un papa?

Los españoles del siglo XXI tenemos dos taras que nos igualan a los españoles del Siglo de Oro: dificultad por aprender idiomas y matemáticas. La Monarquía Hispánica necesitaba matemáticos e

---

[10] Quien mejor ha estudiado este avance científico ha sido la profesora Ana María Carabias Torres, autora de *Salamanca y la medida del tiempo*, Universidad de Salamanca, 2012.

ingenieros, para construir fortificaciones y puentes, trazar mapas, llevar la contabilidad del Estado, preparar emisiones de deuda, guiar a las naves en los mares o elaborar cifras para las comunicaciones. Los italianos constituían la mayoría de los ingenieros militares y hasta de los cifradores.

Cuando Felipe II fue proclamado como Felipe I de Portugal trató de reproducir en España el Estudio de Náutica y Arquitectura fundado por el rey Sebastián. En 1582 estableció mediante real cédula la fundación de la Academia de Matemáticas, para que «en nuestros reynos aya hombres expertos y que entiendan bien las matemáticas y el arte de la architectura y las otras ciencias y facultades a ellas anejas»; otra de las obligaciones del nuevo organismo fue la traducción y edición de libros y manuales. Felipe nombró como director al arquitecto Juan de Herrera y como uno de los principales profesores al matemático portugués Juan Bautista de Labaña, sabio de solo treinta años. Entre sus alumnos estuvo Lope de Vega. A pesar del apoyo real y de contar entre sus profesores a matemáticos prestigiosos como Andrés García de Céspedes, la academia, establecida en Madrid, no fructificó. En seguida, la Corona exigió que la enseñanza se centrase en la navegación y la cosmografía, saberes de aplicación inmediata. A finales del siglo XVIII la disolvió Carlos III; aunque reconoció la necesidad de una institución similar, no la reemplazó con ninguna otra. Las principales cátedras de matemáticas fueron las de las academias militares.

2.9 El traje de buzo

Es tan larga la lista de personajes del Siglo de Oro, desde santos como Teresa de Jesús a marineros como Andrés de Urdaneta, que cuesta hacer sitio a quienes no conquistaron, no navegaron, no gobernaron, no rezaron, no escribieron, no bautizaron o no pintaron. En naciones más modestas, alguien como Jerónimo de Ayanz y Beaumont (1553-1613) se hallaría entre sus más ilustres hijos: militar, comendador, empresario, compositor de música, cantante, pintor y, lo más destacado para nosotros, inventor.

Este navarro, cuyo cuerpo está enterrado en la catedral de Murcia, poseyó una de las mentes más inquietas de la historia española. El Consejo de Castilla le concedió a principios del siglo XVII patentes y privilegio de explotación de más de cincuenta inventos. El más célebre es el primer traje de buceo, que probó en Valladolid delante de la corte en 1602 sumergiéndose durante un largo rato en el Pisuerga. El traje se usó en la isla Margarita para recoger perlas. Otros inventos suyos fueron un horno para destilar agua de mar y hacerla potable; bombas de achique; balanzas de precisión; la estructura en arco para las presas, que reduce la presión del agua; una brújula para determinar la longitud de los barcos en alta mar; molinos hidráulicos y eólicos; sifones; procesos metalúrgicos para depurar los minerales, etc. Fue el primero en usar la fuerza del vapor de agua en un mecanismo para expulsar agua del interior de las minas inundadas —que aplicó en una mina en Sevilla— y en otro para renovar el aire contaminado, con lo que inventó el aire acondicionado. En la línea de la Escuela de Salamanca, propuso la liberalización de la explotación de minas por particulares y, también, la apertura de una escuela de ingenieros.

¿Por qué inventos como los de Ayanz no dieron lugar a grandes empresas y hasta se perdieron con el tiempo, como el Artificio de Juanelo, una máquina hidráulica que subía agua del Tajo a Toledo por un desnivel de más de cien metros? Sin duda, por el agotamiento de la nación, exhausta de gobernar y explorar medio mundo; además, porque el comercio, los estancos —concesiones— y las finanzas ya rentaban suficiente para los ambiciosos de entonces, igual que sucede hoy; y desde luego por la falta de un ambiente y unas leyes que, como ocurría en la Holanda del siglo XVII y la Inglaterra del siglo XVIII, fomentaban ya el capitalismo y la actividad empresarial.

2.10 La botánica, la «ciencia española»

No exageramos si decimos que la botánica es una ciencia española. Los botánicos españoles, tanto sacerdotes como laicos, investigaron y catalogaron la flora de América, el Pacífico y parte de Asia, no solo por curiosidad científica, sino también para su empleo en la medicina y la alimentación. Algunos de ellos fueron Bernardo de Cienfuegos, Francisco Ximenez, Antonio Robles Cornejo, Francisco Acosta, José Celestino Mutis, Pedro Echeandía y Jiménez, José Arcadio de Ortega y José de Viera y Clavijo.

El precedente de la botánica española fue el jardín plantado en torno al palacio real de Aranjuez, construido a costa de Felipe II gracias a la petición de su médico, farmacólogo y botánico, Andrés Laguna. El Real Jardín Botánico, sin duda el mejor del mundo hasta que lo arrasaron los franceses, lo fundó Fernando VI (1746-1759) en 1755. En su primer establecimiento, en la huerta de Migas Calientes, a orillas del río Manzanares, ya contaba con una colección que superaba las 2000 plantas, formada por el botánico José Quer en sus viajes por España, y conseguidas por intercambio con otros botánicos europeos. A partir de entonces, el botánico creció gracias a las expediciones enviadas a los dominios de la Corona española. Carlos III lo trasladó a su emplazamiento actual, en el centro de Madrid. El edificio, inaugurado en 1781, lo diseñaron los arquitectos Francesco Sabatini, urbanista del rey, y Juan de Villanueva, autor del Museo del Prado y del Observatorio Astronómico. Las plantas se ordenaron según el método de Carl Linneo. Los herbarios y los pliegos de plantas conservados en el Real Jardín Botánico son elementos fundamentales de la historia de esta ciencia.

Tanta importancia se dio a la botánica en la España de la Ilustración que Carlos III ordenó la construcción de un jardín de aclimatación en La Orotava antes de trasladar las plantas al botánico de Madrid. Hasta finales del siglo XIX, cuando los europeos penetran en África y aparece la medicina moderna, ningún otro país dedicó tanto interés y dinero a la botánica.

En el Real Jardín Botánico se guarda el primer ejemplar de la planta del árbol de la cinchona recogido en Perú, estudiado y catalogado para su conservación. Gracias a su corteza, se cura la malaria, una enfermedad que todavía en nuestros días mata a unos tres millones de personas al año. Su descubrimiento lo realizaron los españoles, que en el siglo XVII empezaron a incorporar las plantas americanas a su farmacopea, después de haber estudiado en las décadas anteriores sus propiedades curativas y haber aprendido sus usos de los nativos. Para muchos historiadores de la medicina, la quinina merece la consideración del más jubiloso hallazgo del XVII, pero, a pesar de su importancia, se desconoce cómo y quiénes descubrieron que la corteza de ese árbol la curaba. Las anécdotas y fábulas son abundantes, pero todas falsas, incluso la que afirma que Ana Osorio, condesa de Chinchón, esposa del virrey del Perú, sanó del mal gracias a la quinina y la trajo a España.

Los médicos Nicolás Monardes y Juan Fragoso, cirujano de Felipe II, mencionaron la corteza de la quina en sus obras, en la segunda mitad del siglo XVI, pero solo como una especie de curalotodo o calmante empleado por los habitantes del sur de Ecuador, sin dar más detalles. Tengamos en cuenta que en América se desconocía la malaria, por lo que los nativos no podían disponer de un remedio para ella. Ya en el siglo XVII, los jesuitas en Lima experimentaron con ella y descubrieron que curaba las fiebres tercianas y cuartanas. En consecuencia, el boticario Agustín Salumbrino la envió a sus hermanos de religión en Roma, donde la malaria era endémica debido a las lagunas pontinas. Allí la dieron a conocer, enfrentándose a la resistencia de la doctrina médica dominante. Las teorías de Hipócrates, Galeno y Avicena dividían la etiología de las enfermedades en función de los humores del cuerpo: frías, húmedas, cálidas y secas; y para cada una de ellas administraban una cura de naturaleza opuesta, a fin de restaurar el equilibrio interno. ¿Iba a curar la malaria, verdugo hasta de papas y reyes, la corteza triturada de un árbol desconocido de las lejanas Indias? ¡Cosas de curas, que encima no han estudiado medicina!

El francés Jean-Jacques Chifflet, nombrado por Felipe IV médico de la corte de Bruselas, combatió los beneficios de la quinina en un famoso panfleto titulado *Pulvis Febrifugus Orbis Americani*, publicado en 1653. Pero la corteza funcionaba. Está registrado su empleo en Roma en la década de 1640. La quinina se difundió por España, el Mediterráneo y llegó hasta China.

Sin embargo, a la quinina le levantaron más obstáculos, no solo por la avaricia de algunos médicos que veían peligrar sus honorarios por recetas que no curaban, sino también por motivos religiosos. Como recibió el apodo de la «corteza jesuita», muchos protestantes se negaron a tomarla, al considerarla un veneno papista o una pócima diabólica. Uno de estos fanáticos anticatólicos, según otra de las anécdotas vinculadas a la quinina y que quizás no pase de novela, fue Oliver Cromwell. El dictador inglés enfermó de malaria en 1658; se le ofreció como remedio, pero se negó a tomarla y falleció.

2.11 La encuesta sobre el terremoto de Lisboa

Una de las catástrofes naturales que mayor impacto moral ha causado ha sido el terremoto de Lisboa, producido el primer sábado de noviembre de 1755, día de Todos los Santos. La mayor mortandad, muy superior a la del maremoto posterior, la produjeron los incendios causados; por ejemplo, los cientos de pacientes del Hospital Real de Todos los Santos, el mayor de la ciudad, murieron quemados. Los fallecidos en Portugal, España y Marruecos, los países más afectados, debieron rondar entre 20 000 y 25 000. El carácter catastrófico del movimiento sísmico se debió no solo a su magnitud, en torno a 8,5 puntos en la escala de Richter, sino también a su duración: entre siete y diez minutos, repartidos en varias pausas.

España también padeció sus consecuencias. Fernando VI se encontraba en San Lorenzo de El Escorial y en cuanto cesaron las sacudidas regresó a Madrid. El maremoto llegó a Canarias, aunque apenas les afectó, y a las costas vascas; las sacudidas se sintieron incluso en Palma de Mallorca. En el interior peninsular, desde Huelva a Cataluña, los temblores derribaron edificios y puentes, enloquecieron a los animales y agrietaron caserones. La zona más perjudicada fue la costa de Cádiz y Huelva. De los 1275 muertos atribuidos allí a la catástrofe, 1214 lo fueron por el maremoto. De estos, 400 en Ayamonte, 200 en Cádiz, 276 en La Redondela, 203 en Lepe, 66 en Huelva y 24 en Conil de la Frontera. El lugar del interior donde más gente murió fue Coria, que registró 21 fallecidos debido a la caída de cascotes. El río Guadalquivir se desbordó y el Tinto cambió de cauce. La destrucción en su ermita obligó a la Virgen del Rocío a mudarse a Almonte entre 1755 y 1757. En Salamanca, la gente corrió a refugiarse en el interior de la catedral nueva, acabada de construir en 1733. Su torre se inclinó ligeramente y desde entonces ha tenido que ser apuntalada varias veces. El cabildo catedralicio decidió que la víspera de Todos los Santos subiese alguien a tocar las campanas para dar gracias a Dios por la protección dispensada a la ciudad y a sus habitantes. Así nació la tradición del Mariquelo. Las olas del maremoto tardaron unos cincuenta minutos en alcanzar el golfo de Cádiz, mientras que a Corcubión, La Coruña, llegaron a las dos horas y cuarto, ya debilitadas.

El 8 de noviembre, a la semana de haberse producido la catástrofe, Fernando VI, casado con Bárbara de Braganza, una infanta portuguesa, ordenó al gobernador supremo del Consejo de Castilla, el obispo de Cartagena, la realización de una encuesta sobre los daños producidos. Contestaron a ella 1216 ayuntamientos de todas las provincias peninsulares. Se trata de la primera encuesta científica sobre una catástrofe natural realizada en Europa. Los originales se encuentran en el Archivo Histórico Nacional[11]. El Consejo presentó a los alcaldes el siguiente cuestionario:

1. ¿Se sintió el terremoto?
2. ¿A qué hora?
3. ¿Cuánto tiempo duró?
4. ¿Qué movimientos se observaron en los suelos, paredes, edificios, fuentes y ríos?
5. ¿Qué ruinas o perjuicios se han ocasionado en las fábricas?
6. ¿Han resultado muertas o heridas personas y animales?
7. ¿Ocurrió otra cosa notable?
8. ¿Hubo señales que lo anunciasen?

En Portugal, Sebastián de Melo, futuro marqués de Pombal, primer ministro de José I, también organizó una encuesta

---

[11]   Martínez Solares, José Manuel: *Los efectos en España del terremoto de Lisboa*, Dirección General del Instituto Geográfico Nacional, Ministerio de Transporte, Movilidad y Agenda Urbana, Madrid, 2001.

similar tres años más tarde y dirigida a los obispos para que la contestasen los párrocos.

La encuesta de Fernando VI ayudó a los sismólogos del siglo XX a calcular la magnitud, la duración y el epicentro del terremoto —en el Atlántico, a unos 250 kilómetros al suroeste del cabo de San Vicente—. En otra prueba de la decadencia general española a partir de la invasión francesa y las luchas políticas posteriores, entre realistas y liberales —y luego entre liberales y republicanos— la encuesta y su documentación se olvidaron. Al menos se guardaron en archivos y no desaparecieron, como ocurrió con los diarios de Malaspina y el doctor Balmis.

2.12 El ingeniero español admirado en Rusia

Si es inadmisible que los españoles de la actualidad cometan la ingratitud de olvidar a sus grandes compatriotas, peor es que a estos se les recuerde más en el extranjero que en la propia España. Ha ocurrido con el genial compositor Tomás Luis de Victoria (1548-1611), reivindicado antes por coros y orquestas británicos que por españoles. El jurista y político Juan Donoso Cortés (1809-1853) pronosticó en un discurso en el Congreso español, después del ciclo revolucionario europeo de 1848, abortado en parte con tropas del zar, una revolución antes en Rusia que en Inglaterra. Pero cayó en el olvido por su condición de reaccionario en sus últimos años de vida[12]; ni la confirmación de su anuncio en 1917 desempolvó sus discursos. Le recuperó en el siglo XX el jurista alemán Carl Schmitt, admirador de España, y cuya hija casó con un catedrático de la Universidad de Santiago.

El ingeniero Agustín de Betancourt y Molina (1758-1824), del que nos vamos a ocupar a continuación, ha sido honrado en Rusia a lo largo de tres siglos: por los zares, por la Unión Soviética

---

[12]   «Yo creo más fácil una revolución en San Petersburgo que en Londres», discurso pronunciado el 30 de enero de 1850. Durante todo el siglo XIX, Rusia fue la ciudadela contrarrevolucionaria en Europa.

y por la nueva Rusia. En 1978, la astrónoma Tamara Smirnova bautizó como *Bentankur* un asteroide descubierto por ella en el cinturón entre Marte y Júpiter, y en 2018 el Ayuntamiento de San Petersburgo dio su nombre a un nuevo puente de la ciudad que une las islas Petrovski, Serni y Dekabrístov. En España tiene una calle en Madrid, detrás de los Nuevos Ministerios, y solo es conocido en Canarias, donde nació en una familia de militares e ingenieros descendientes del francés Jean de Bethencourt, que comenzó la conquista del archipiélago. Tampoco muchos españoles conocen la proeza canaria denominada «Gesta del 25 de Julio». Ese día de 1797, las fuerzas militares y locales de Santa Cruz de Tenerife, mandadas por el general burgalés Antonio Gutiérrez de Otero, rechazaron el desembarco de una flota británica mandada por Horacio Nelson, al que hirieron en el brazo derecho, que le fue amputado.

El conde de Floridablanca le encargó una inspección de las minas de Almadén. Tanto el informe como los dibujos que realizó en 1783 constituyen una fuente de conocimiento imprescindible sobre la minería en el siglo XVIII. Ese mismo año elevó un globo aerostático en Aranjuez, delante del infante Gabriel y de varios ministros, solo meses después de que lo hicieran los hermanos Montgolfier en Versalles. Las aptitudes de Betancourt eran tales que el gobierno español le mandó a Inglaterra y París para que recogiese información sobre las primeras máquinas a vapor de la Revolución Industrial y las demás innovaciones tecnológicas. Sus bocetos y memorias se hallan en el Real Gabinete de Máquinas. Elaboró, junto con el relojero Abraham Louis Breguet, un telégrafo óptico de mejor calidad que el de Claude Chappe. Se construyó un tramo de Madrid a Aranjuez y funcionó a total satisfacción. El plan original era extenderlo hasta Cádiz, el principal puerto comercial del país, pero, como tantas cosas en España, no se culminó por falta de capital. En 1801, la Corona le nombró inspector general de Caminos y Canales, puesto en el que mejoró y abarató la construcción de carreteras y estableció una escuela de formación.

El poderoso ministro Manuel Godoy le encargó en 1803 un plan para evitar las inundaciones en una finca de cultivo en la orilla del río Genil que le había regalado Carlos IV. Betancourt propuso actuar sobre el cauce alto, con obras y plantaciones de árboles en las laderas que retuvieran la tierra. Godoy rechazó la propuesta por parecerle demasiado lenta y cara. Ante la pérdida de apoyos en el Gobierno y el deterioro del ambiente político —España era aliada de la Francia revolucionaria, que en 1805 se convirtió en monarquía imperial—, Betancourt vendió su patrimonio, incluida la fábrica de algodón que poseía en Ávila, y en 1807 se instaló con su familia en París, donde rechazó ofrecimientos de Napoleón, para pasar después al servicio del zar Alejandro I.

En 1808 se mudó a San Petersburgo, y fue Rusia la que se benefició de su ciencia y de su experiencia, que contribuyeron a la derrota de Napoleón. Fundó una escuela de ingenieros de caminos, fue nombrado inspector general de caminos, recibió el grado militar de teniente general, mejoró el rendimiento de una fábrica de cañones, acondicionó los grandes ríos rusos para que sirvieran como vías de comunicación rápidas y baratas... Entre sus principales logros destacan una fábrica de papel moneda con máquinas accionadas por vapor, los primeros barcos de palas a vapor que navegaron por el Volga (1821) y una draga, también a vapor, empleada en la limpieza del puerto de Kronstadt. Como contaba con el apoyo del zar, atrajo a Rusia a otras mentes privilegiadas de la ingeniería, españolas y francesas.

2.13 Los marinos inventores

El siglo XIX es el de las desgracias para España. El año 1808 comienza con un golpe de Estado palaciego del príncipe Fernando contra su padre, Carlos IV, y sigue con la invasión napoleónica. A partir de entonces, se suceden los desastres: guerra atroz en la España peninsular, que acarrea la destrucción de la pequeña industria, de iglesias, de la flota, de carreteras, viviendas y puentes; la pérdida de población; el saqueo del patrimonio artístico; el surgimiento de las dos Españas y el estallido de rebeliones separatistas en los virreinatos de América. España, antes una nación pacífica en comparación con el resto de Europa, se convierte en el país de las guerras civiles, igual que les ocurre a las repúblicas hispanoamericanas, que se enzarzarán en conflictos internos y entre sí. Entre 1713 y 1808 no hubo ninguna guerra o rebelión militar en España, mientras que la dinastía de Hannover y sus partidarios *whigs* se enfrentaron a varios levantamientos de los jacobitas, el último de los cuales, de 1745 a 1746, estuvo cerca de conquistar Londres. Sin embargo, en el triste siglo xix español, continuaron los destellos de voluntad, investigación y modernidad.

Los marinos españoles se encontraban entre los mejores del mundo, pues desde hacía siglos conocían perfectamente las rutas de los principales mares. Aún no se habían construido los canales de Suez (1869) y Panamá (1914) y los barcos tenían que contornear el cabo de Buena Esperanza y el cabo de Hornos. La Marina, cuando había Gobiernos «largos» y fondos públicos, realizaba proezas. Durante uno de esos Gobiernos, el de la Unión Liberal (1858-1863), el general Leopoldo O'Donnell impulsó la política exterior y la renovación de la Armada con la compra de nuevos y modernos buques, a fin de volver a colocar a España entre las grandes potencias navales.

Entre los nuevos barcos, destacó la *Numancia*, la segunda de las fragatas de casco blindado movidas por vapor, aunque con velamen. Se construyó en el astillero de La Seyne, en la ciudad francesa de Tolón, entre 1862 y 1863. Tenía 96,8 metros de eslora y 17,3 de manga. Las planchas de hierro, colocadas sobre un almohadillado de teca, cubrían su casco desde la línea de flotación hasta la cubierta. Su artillería consistía en treinta y cuatro cañones. Se levantaron, además, dos torres de madera reforzadas con planchas de hierro, una a proa y otra a popa, para el timonel y el comandante. Desplazaba en carga 7500 toneladas con una máquina de vapor de 3700 caballos de potencia. Su tripulación se acercaba a los 600 hombres.

En febrero de 1865, el Gobierno puso la *Numancia* bajo el mando del capitán Casto Méndez Núñez y la envió al Pacífico para unirse a la escuadra española que protegía Filipinas. Durante ese viaje, participó en la inesperada Guerra del Pacífico (1865-1866), que enfrentó a España con Ecuador, Perú, Bolivia y Chile, e intervino en el bombardeo de los puertos de Valparaíso y Callao. Después, prosiguió su viaje a Filipinas, y en seguida retornó a España a través del Índico y el Atlántico. Arribó a Cádiz en septiembre de 1867 y se convirtió así en el primer buque blindado en circunnavegar el globo, en lo que se adelantó a las armadas británica, francesa y rusa. La *Numancia* trajo a España al rey Amadeo de Saboya y participó en la guerra cantonal. Méndez Núñez, fallecido en 1869, ha sido honrado por la Armada española dando su nombre a cuatro buques.

La Armada fue cantera de investigadores e inventores. El más conocido, Isaac Peral y Caballero (1851-1895), teniente de navío. Inventó el sumergible, aunque no tuvo éxito. Debido a la crisis con Alemania por el archipiélago de Las Carolinas (1885), Peral presentó su proyecto al ministro de Marina. Los planos y memorias elaborados por el marino cartagenero contaban con el apoyo de diversas instituciones técnicas. Desde el principio, el sumergible —concebido como un torpedero-submarino capaz de atacar grandes buques de superficie— recibió ataques vehementes por sectores de la prensa, de la política y de la Armada.

Aunque el Ministerio de Marina financió la construcción de un prototipo en San Fernando (Cádiz), se produjeron sabotajes y tampoco hubo la mínima discreción exigible a un novísimo proyecto militar. Las autoridades navales permitieron al fabricante de armamento Basil Zaharoff que entrase en el arsenal de La Carraca y examinase el prototipo, e incluso dentro del propio ministerio el propietario de un astillero británico le ofreció a Peral la compra de sus planos.

Las pruebas, realizadas entre 1888 y 1890, constituyeron sendos éxitos. El sumergible, bautizado con el apellido de su diseñador, tenía veintidós metros de eslora y casi tres de manga; alcanzaba una velocidad de ocho nudos, gracias a dos motores eléctricos que movían sus hélices, y desplazaba ochenta y cinco toneladas sumergido. El *Peral* disparó el primer torpedo sumergido, ya que los demás se habían lanzado hasta entonces en superficie. El inventor recibió felicitaciones de la reina regente, las Cortes, el público y numerosas instituciones, pero el Gobierno liberal rechazó el proyecto. En consecuencia, Peral pidió la licencia de la Armada para desarrollar su invento libre de las ataduras militares. Se la concedió en enero de 1891 ya un Gobierno conservador. La prensa, incluso la que le había apoyado, se negó a publicar el manifiesto en el que exponía su postura y se quejaba del trato recibido por la junta evaluadora, el Gobierno y la Armada.

Peral, casado y con cinco hijos, tuvo que buscar empleo para alimentar a su familia y fundó varias empresas. Un cáncer le mató en Berlín, adonde había ido a operarse. Los homenajes populares y extranjeros no conmovieron a los ministros y almirantes españoles, que durante años dejaron pudrirse el casco del *Peral* en La Carraca. Su viuda sobrevivió gracias a una pensión extraordinaria concedida por las Cortes.

Los motivos por los que el Gobierno y la Armada rechazaron el sumergible todavía no se han aclarado. Se citan entre aquellos los sobornos repartidos por los propietarios de astilleros a los políticos y almirantes españoles para así mantener los pedidos de buques de superficie o para aprovechar la patente del invento una vez desechada.

Otro marino inventor, contemporáneo de Isaac Peral, fue el asturiano Fernando Villaamil y Fernández Cueto (1845-1898). Mandó el primer buque-escuela que dio la vuelta al mundo, la corbeta *Nautilus*, para conmemorar el IV centenario del descubrimiento de América, entre 1862 y 1894. Y fue el inventor de un buque armado pequeño y rápido dedicado a la persecución de los torpederos, la amenaza de los grandes barcos. Villaamil llamó al primero de estos buques que se construyó siguiendo sus instrucciones *Destructor*. Con ese nombre se conoció desde entonces a esa clase de naves. Villaamil, que era diputado desde 1896, renunció a su escaño en el Congreso para participar en la guerra contra Estados Unidos. Mientras el jefe de la escuadra, el almirante Pascual Cervera, un derrotista, sobrevivió y fue honrado por los norteamericanos, Villaamil murió a bordo del destructor *Furor*.

2.14 Un *made in Spain* en las cataratas del Niágara

En todo documental y película sobre las cataratas del Niágara aparece un transbordador que lleva a los pasajeros sobre un enorme remolino. Se llama el *Spanish Aerocar*, lo construyó Gonzalo Torres-Quevedo, se inauguró en 1916 y ha cumplido más de un siglo sin un solo accidente. Cuando la «memoria histórica» en España destruye monumentos y manipula el pasado, una placa en el acceso recuerda al creador de la máquina, Leonardo Torres Quevedo, padre de Gonzalo.

Leonardo Torres Quevedo (1852-1936) fue un inventor e ingeniero que permaneció en España en circunstancias mejores que las de Betancourt. Ejerció su profesión en el sector ferroviario, pero lo abandonó, según dijo, «para pensar en sus cosas». Se lo podía permitir, porque disponía de rentas familiares. Volvió a su pueblo natal, Santa Cruz de Iguña, en Santander, contrajo matrimonio con Luz Polanco Navarro —falleció en 1889— y se puso a pensar y a emborronar hojas.

En su aislamiento, el ingeniero santanderino inventó el «transbordador», que fue el nombre que dio a su tipo de teleférico aéreo, pensado para el transporte de personas. Su patente fue tan avanzada para la tecnología y la mentalidad de la época que lo rechazaron en Suiza en 1890, y el primero no se construyó hasta pasados veinte años. Su diseño liberaba uno de los cables, lo hacía pasar por unas poleas y le colgaba del final un contrapeso, de modo que la tensión que soportaba el cable era siempre la misma, sin importar el peso de la barquilla. Así, el sistema se auto-equilibraba. Las primeras pruebas las hizo en su tierra en 1887. Lo patentó en Francia, Inglaterra, Suiza y Estados Unidos. La aceptación a su invento llegó en 1907, cuando en San Sebastián, Torres Quevedo construyó el tranvía aéreo del monte Ulía. Desapareció en 1912, cuando se inauguró el parque de atracciones del monte Igueldo, pero se había dado a conocer. Todos los teleféricos construidos desde entonces, se basan en su patente de 1887.

En la década de 1890 se dedicó a investigar las máquinas de calcular, a las que denominó «algebraicas». Presentó una memoria con sus investigaciones y proyectos en 1893 en la Real Academia de Ciencias de Madrid, que dejó pasmados a todos los ingenieros que la leyeron.

A partir de 1902 su campo de investigación consistió en los dirigibles, los artefactos que se esperaba sirviesen para el transporte de personas y mercancías por el aire. Cuando todos los demás se centraban en la propulsión, él lo hizo en la estabilidad. Introdujo una especie de viga en el interior del globo y también unos triángulos metálicos de los que colgaba, más segura, la barquilla. En 1904, con la colaboración del ejército español, en concreto del capitán Alfredo Kindelán, empezó a construir un dirigible. Pero el Estado se desinteresó y la patente se la compró la Casa Astra de París con efectos en todo el mundo, salvo en España.

Torres Quevedo también inventó el concepto y la máquina de lo que llamamos mando a distancia y él denominó «telekino». Pretendía dirigir el vuelo de los dirigibles desde tierra sin piloto, mediante ondas hertzianas. Lo presentó en París y lo patentó en 1903. Hizo varias demostraciones, que consistían en dirigir a distancia barcas y triciclos, en San Sebastián, Bilbao y Madrid. Bilbao, entonces la capital de la industria pesada española, fue la sede de su empresa, Sociedad de Estudios y Obras de Ingeniería.

En 1910 viajó en la comitiva española que participó en Argentina en los actos del primer centenario de la independencia de esa república. Allí propuso la elaboración de un diccionario tecnológico de la lengua española. Como destaca su biógrafo Francisco González de Posada, la obra se publicó en 1983.

El primer dirigible construido según su patente salió de la fábrica en 1911. Alcanzó los 80 kilómetros por hora; un modelo posterior llegó a los 100. Torres Quevedo diseñó más elementos complementarios —postes de amarre y cobertizos giratorios, entre otros—. La desaparición de esta industria debido a los aviones convirtió sus inventos en papel mojado.

En 1914 publicó un ensayo sobre la ciencia de los autómatas, de la que creó hasta el nombre. Aparte del telekino, inventó «el ajedrecista», la primera máquina para jugar al ajedrez, y el «aritmómetro electromecánico», la primera calculadora digital, que presentó al público en 1920, cuando se acercaba a los 70 años de edad. Maurice d'Ocagne, presidente de la Sociedad Matemática Francesa, le calificó en 1930 en el periódico *Le Figaro*, como «el más prodigioso inventor de nuestro tiempo».

Inventor, católico devoto, ingeniero, académico de la Lengua, doctor *honoris causa* por la Universidad de París, Leonardo Torres Quevedo falleció en Madrid en diciembre de 1936. De muerte natural. Aunque una de sus hijas fue detenida por las milicias. El mismo Frente Popular que había comenzado en agosto de 1936 la depuración de los cuerpos de catedráticos de universidad y de instituto, que había quemado bibliotecas y se había incautado de la Residencia de Estudiantes, no le prestó atención. Un obituario apareció en el *ABC* de Sevilla ya en enero. Hoy es un modelo para los ingenieros españoles.

2.15 Novedades militares: el puente aéreo y el «cóctel molotov»

La Guerra Civil española no destacó en el arte militar por sus innovaciones; más bien repitió las técnicas de la Gran Guerra y de otras anteriores. Fue un período de transición, en que se usaron los aviones y los carros de combate, pero no en las cantidades ni con la doctrina innovadora de la Segunda Guerra Mundial. Sin embargo, en ella se produjeron técnicas militares, propagandísticas y hasta palabras que aún se emplean. Igual que francotirador tiene su origen en la Guerra Franco-Prusiana. La expresión «quinta columna», para definir a un grupo camuflado que actúa a favor del enemigo, se empleó por primera vez en España en 1936.

También «puente aéreo», es decir, el uso de aviones para el transporte de tropas. La aviación estaba en mantillas, aunque avanzaba a toda velocidad. En 1926, cuatro militares españoles, el comandante Ramón Franco, el capitán Julio Ruiz de Alda, el teniente de navío Juan Manuel Durán y el mecánico Pablo Rada, volaron en un hidroavión Dornier bautizado *Plus Ultra* entre Palos de la Frontera y Buenos Aires. Fue un periplo más largo que el realizado en 1922 por los portugueses Gago Coutinho y Sacadura Cabral, que viajaron entre Lisboa y Río de Janeiro. Y en 1927, Charles Lindbergh atravesó el Atlántico en el primer vuelo sin escalas entre Nueva York y París.

Los militares sublevados en el norte de Marruecos el 17 de julio de 1936 contra el Gobierno del Frente Popular, quedaron bloqueados, pues la mayor parte de la flota se mantuvo leal a Madrid después de que la marinería de la base de Cartagena apresase y matase a docenas de oficiales, la mayoría de los cuales no sabía nada de los planes de alzamiento. Los barcos atracados en Cartagena patrullaron el estrecho de Gibraltar y bombardearon varias de las ciudades españolas en las dos orillas.

En una reunión de los mandos superiores en el aeródromo de Tetuán, la capital del protectorado español en Marruecos, presidida por el general Franco, se decidió el empleo de aviones para trasladar tropas a la Península. El 20 de julio tres trimotores Fokker F.VII del Ejército empezaron a volar entre los aeropuertos de Sania Ramel (Tetuán) y Tablada (Sevilla). Dos Dornier Wal —hidroaviones— de la Aeronáutica Naval realizaron vuelos más cortos, entre Ceuta y Algeciras. Y por último, a partir del 25 de julio, lo hizo un bimotor Douglas DC-2, de las Líneas Aéreas Postales Españolas. Estos aparatos, todos pilotados por españoles, formaron el primer «puente aéreo». Aunque eran pocos aviones y pequeños, solo entre el 20 y el 28 de julio transportaron a Sevilla unos 120 legionarios de media diaria. El 29 de julio se habilitó un aeródromo en Jerez de la Frontera, con lo que se redujeron el tiempo y el gasto de combustible, y también se unió a los vuelos el primer avión enviado desde Alemania, un trimotor Junkers Ju 52, pilotado por españoles.

El día 30 se trasladaron a la Península 241 soldados, más de una compañía. En poco más de dos semanas, entre el 19 de julio y el 4 de agosto, los rebeldes transportaron ocho batallones de legionarios y regulares, de los que seis lo fueron por el aire. El 10 de agosto se unieron a los vuelos una decena de Junkers Ju 52 con tripulación alemana. Aunque el Gobierno del Frente Popular fue avisado por los jefes militares de Málaga de lo que ocurría, los cazas republicanos no intervinieron.

Como este método era insuficiente y lento, Franco organizó el que luego se llamó Convoy de la Victoria. Zarpó de Ceuta el 5 de agosto y llevó a Algeciras 1600 soldados, cien toneladas de munición y varios cañones. Fue una operación arriesgada, pues la Armada republicana estuvo a punto de interceptarlo. Con esas tropas y ese armamento, Franco se dirigió al norte desde Sevilla para unirse con la zona controlada por el general Emilio Mola, además corta de municiones.

El «puente aéreo» se usó numerosas veces durante la Segunda Guerra Mundial, tanto por los aliados como por los alemanes. El más conocido es el que abasteció Berlín Occidental entre junio de 1948 y mayo de 1949, cuando Stalin bloqueó a sus antiguos aliados el acceso a la ciudad.

La incipiente aviación del bando nacional aplicó desde 1937 el «bombardeo en cadena», cuyo nombre técnico es bombardeo táctico al suelo. Cuando faltaban los bombarderos, los cazas, más pequeños y maniobrables, picaban sobre una posición y dejaban caer las pocas bombas que llevaban —una de 250 kilos o cuatro de 50 kilos—. La maniobra se realizaba de uno en uno, en una especie de martilleo. Los aviones soltaban una de las bombas, tomaban altura y se colocaban detrás del último avión para reiniciar el bombardeo. De ahí el apelativo «en cadena», aunque también se usaba el de «pescadilla», que recibió cuando se empleó en la guerra de Marruecos.

Fue una de las maniobras más arriesgadas de la guerra aérea, porque exigía acercarse mucho a la artillería enemiga y, a la vez, la supervivencia del piloto dependía del comportamiento de sus compañeros. A pesar de que la conocían los aviadores españoles desde hacía más de diez años, solo recurrió a ella el bando nacional, con aviones biplano monoplaza alemanes, los Hs 123, apodados «angelitos».

El «bombardeo en cadena» también lo usó brevemente en la Unión Soviética la Escuadrilla Azul, ya en la Segunda Guerra Mundial. El piloto español más experto en «pescadillas» fue el teniente coronel José Muñoz Jiménez-Milla, abatido por la artillería soviética cerca de Moscú en noviembre de 1941.

Desde su aparición en el frente occidental en la Gran Guerra, el carro de combate se convirtió en la pesadilla de los Estados Mayores. ¿Cómo detener un vehículo capaz de desplazarse fuera de las carreteras y los caminos, armado y resistente a balas y explosivos? Un grupo de legionarios españoles encontró la manera durante la batalla de Seseña, en octubre de 1936. Allí aparecieron los primeros carros soviéticos, los T-26, mucho mejores que los enviados por Italia y Alemania a los rebeldes.

Pese a disponer de este armamento y de unas líneas de abastecimiento más cortas, el Ejército Popular no pudo detener la columna del general Varela, que se acercaba a Madrid. Además, para sorpresa de todos, la infantería nacional recurrió a un arma de oportunidad que detuvo a los tanques: botellas llenas de gasolina arrojadas contra los vehículos y, a continuación, granadas de mano para incendiar el combustible. Lo más seguro es que la argucia se hubiera probado antes. El arma se simplificó hasta reducirse a una botella con gasolina y un trapo encendido que hacía de detonante. También se usó en la guerra entre Finlandia y la Unión Soviética (1939-1940), donde los finlandeses le dieron el nombre con el que se conoce: «cóctel Molotov». El poeta Agustín de Foxá fue el primero en dedicar un poema a tan original arma contracarro:

Venid, carros de Rusia, difícil mecanismo
animales sin sangre, sin hembra, sin sudores
con un poco de fuego, como quien quema un árbol
sobre los rectos surcos, os quedaréis inmóviles.

2.16 El bombardeo que asombró a Alemania

Entre los asesores de los dos bandos de la guerra civil no solo había militares, también expertos en propaganda y comunicaciones, enviados por Moscú y Berlín. Sin embargo, los españoles les dieron una lección con los bombardeos de pan blanco.

En la zona republicana se estableció oficialmente la cartilla de racionamiento en marzo de 1937, aunque en Madrid las restricciones se aplicaban desde el otoño anterior. Por el contrario, la zona nacional no sufrió el racionamiento; solo había limitaciones como el día del plato único y el día sin postre. Las lentejas recibieron el apodo humorístico de «Píldoras para la Victoria del doctor Negrín», quien, en cambio, disfrutaba de comida y prostitutas de sobra, tal como contó su compañero socialista Indalecio Prieto, que consiguió su expulsión del PSOE en 1948. Elena Fortún también describe en *Celia en la revolución* que se comían gatos, perros y ratas.

En marzo de 1938, la dieta de los madrileños solo cubría el 50 % del mínimo necesario y en diciembre cayó al 36 %, aunque luego se recuperó algo. La Comisión Internacional para la Ayuda a Niños Refugiados declaró en París, a mediados de marzo de 1939, que el índice de mortandad infantil en Madrid era doce veces superior a la media anterior a la guerra. Los niños se desmayaban en las colas para conseguir pan y la población no recibía más de 800 calorías diarias. Esta situación era conocida en la zona nacional y la usaban en su propaganda de guerra. En Radio Nacional se leían las listas de prisioneros y heridos, lo que desmoralizaba a los rojos, a la vez que tranquilizaba a los familiares de los soldados; y también los menús diarios de restaurantes y cuarteles. En el otoño de 1938, la campaña de propaganda alcanzó su clímax con una operación sorprendente.

El 3 de octubre, dos días después del segundo aniversario de la elección de Franco como jefe del Estado y generalísimo, doce aviones bombardearon Madrid con pan blanco. Los panecillos estaban envueltos en bolsas de papel cruzadas con los colores rojigualdos y con los siguientes mensajes: «No nos importa lo que penséis, nos basta saber que sufrís y sois españoles»; «En la España Nacional, Una, Grande y Libre, no hay un hogar sin lumbre ni una familia sin pan»; «Mientras vuestros jefes exportan las cosechas y malgastan el oro en propagandas calumniosas o en comprar armas con que prolongar vuestra agonía, la España Nacional siente la angustia que padecéis, y os envía esta muestra de su recuerdo, para los niños, las mujeres y los enfermos».

El general José Miaja, incapaz de alimentar a la población bajo su responsabilidad, advirtió a los hambrientos que no comieran el pan del enemigo, porque podía tener microbios (*ABC*, 4-X-1938): «No probéis ninguna clase de víveres que os arrojen esos traidores, que pueden estar llenos de microbios capaces de producir graves trastornos y el peligro de vuestras vidas».

El mando nacional repitió el bombardeo a mediados de mes y luego lo trasladó a otras ciudades, como Alicante y Barcelona. Al parecer, los bombardeos de pan blanco asombraron a Joseph Goebbels, uno de los maestros de la propaganda política del siglo xx. El hecho fue también aprovechado de manera peculiar por la dictadura soviética. Al comienzo de la guerra de agresión a Finlandia, el 30 de noviembre de 1939, los soviéticos bombardearon Helsinki. El ministro de Asuntos Exteriores de Stalin, Vacheslav Mólotov, afirmó ante la prensa internacional que el Gobierno soviético empleó su aviación para arrojar pan a los finlandeses, que pasaban hambre bajo el régimen capitalista. Los atacados pusieron a las bombas el mote de «cestas de pan de Mólotov».

2.17 Leyes y tradiciones a favor de las mujeres

Quien escuche a las ninfas que reclaman para sí el nombre de feministas todas sus consignas, sus quejas y sus llantos, pensará que España es un infierno para las mujeres, donde estas temen salir a la calle porque machos libidinosos les espetarán groserías, las sobarán y hasta las violarán y matarán sin que los policías y los jueces las defiendan.

La verdad es que España es uno de los países más seguros del mundo, tanto para varones como para mujeres: en 2017, la tasa de homicidios por 100 000 habitantes fue de solo 0,48, mientras que en Gran Bretaña subió a 0,85, en Alemania a 0,91 y en Francia a 1,74. Las violaciones en España fueron seis casos por cada 100 000 habitantes, a una enorme distancia respecto a los 180 que padecieron Inglaterra y Gales, los 137 de Suecia o los 73 de Noruega.

España tiene una historia de respeto a las mujeres muy superior a la de la inmensa mayoría de civilizaciones y países. Veamos unos ejemplos que lo confirman.

La peregrina cristiana más antigua que se conoce es la hispana Egeria, que además de viajar sola a Tierra Santa, lo contó en un libro que ha llegado hasta nuestros días. El documento más antiguo que se custodia en el Archivo Histórico Nacional español es un pergamino datado en el 857 que recoge la venta de propiedades por una mujer llamada Nunila a su hermana, en Piascas, antigua Liébana. Hasta que los mozárabes desaparecieron de al-Ándalus, las cristianas se distinguían de las musulmanas en que las primeras llevaban la cara descubierta, lo que irritaba a muchos varones musulmanes, porque suponía un mal ejemplo. Mediante la pragmática de 1567 para integrar a los moriscos, Felipe II prohibió algunas costumbres de esta comunidad, como la vestimenta, el festivo del viernes y, también el velo. El monarca ordenó que las mujeres mostrasen su rostro, con lo que se adelantó cuatro siglos a gobernantes musulmanes, como el turco Mustafá Kemal Ataturk y el tunecino Habib Burguiba, y a los europeos que ahora introducen esa prohibición, como Francia, Austria y Bélgica.

En la Edad Media, sobre todo a partir del llamado «renacimiento del siglo XII», abundaron las empresarias, con todo tipo de negocios, desde panaderías y carnicerías a empresas de transporte y joyería. Es decir, las mujeres cristianas europeas tenían plena capacidad de obrar[13], una facultad inconcebible en otros lugares. Como consecuencia de esa capacidad de obrar, hubo numerosas reinas españolas. La primera soberana por derecho, no por matrimonio, fue Urraca I de León, que reinó de 1109 a 1126. Se ganó el apodo de La Temeraria. Llegó a plantar a su marido, Alfonso I, rey de Aragón y de Pamplona. Su hijo fue Alfonso VII el Emperador.

Berenguela I de Castilla reinó solo unas semanas, en 1217, después de la muerte de su hermano Enrique I, y abdicó en su hijo Fernando III, unificador de Castilla y León y reconquistador de Córdoba y Sevilla. A continuación, ejerció como gobernadora del reino y, después de la mayoría de edad del infante, como consejera.

---

[13]   PERNOUD, Regine: *Para acabar con la Edad Media*, José J. de Olañeta Editor, Palma de Mallorca, 3.ª ed., 2003, pp. 87 y ss.

Navarra tuvo las siguientes soberanas desde el siglo XIII: Juana I (1274-1305), Juana II (1328-1349), Blanca I (1421-1445), Leonor I (1479) y Catalina I (1483-1513). En Aragón se aplicó una ley semisálica, que excluía a las mujeres de la corona, aunque les permitía transmitir derechos, a diferencia de la aplicada en Francia.

Castilla fue el primer reino europeo donde se sucedieron dos soberanas, Isabel I (1474-1504), que se opuso a que la casasen por conveniencia, y Juana I (1504-1555). Dada la incapacidad de esta por su enfermedad, desempeñaron el gobierno, en su nombre, su marido Felipe I, el cardenal Cisneros, su padre Fernando el Católico y su hijo Carlos V. En los documentos de las Cortes y en muchas monedas aparecían los nombres de Juana y Carlos. En Holanda han reinado tres mujeres seguidas, pero en los siglos XIX, XX y XXI, entre 1890 y 2013. El monarca más viajero de la historia de España fue Carlos V, y para gobernar el reino en sus ausencias confió regencias a su esposa Isabel de Avis y a sus hijas María y Juana.

A finales del siglo XV las embajadas en Europa se convirtieron en permanentes y la primera mujer que desempeñó una de ellas fue Catalina de Aragón, última hija de los Reyes Católicos. La infanta fue enviada a Inglaterra para casarse con el príncipe de Gales, Arturo Tudor, pero su marido murió en 1502. Permaneció en Londres durante los años siguientes, mientras su padre y su suegro negociaban su futuro, hasta que casó con el hermano de Arturo, Enrique VIII. Entre 1507 y 1510, ejerció como embajadora de España.

Las Leyes de Burgos (1512), promulgadas por Fernando el Católico como gobernador de Castilla, establecían que las embarazadas de las Indias dejasen de trabajar en las minas cuando estuvieran de cuatro meses y se limitaran al trabajo doméstico. Tras dar a luz, no regresaban a las minas hasta que los hijos hubieran cumplido tres años. ¡Baja maternal y permiso de maternidad a principios el siglo XVI, y antes que en España! El encomendero que incumpliese el descanso de la embarazada pagaría la primera vez una multa de seis pesos de oro; la segunda se le quitarían la mujer y su marido; y la tercera, estos y seis indios más. No existía ninguna legislación parecida en el Imperio mexica, en Tahuantinsuyu —el Imperio inca— ni en ninguna otra parte de América, donde, entre otras costumbres horrorosas, se practicaban los sacrificios humanos y el canibalismo. ¿Algunos españoles incumplieron esas leyes? Sí, pero la mayoría las obedeció y aplicó.

En España, la violación en grupo ya se estableció como delito por las Cortes de Castilla y León en el reinado de Alfonso X, en la segunda mitad del siglo XIII. En los tercios españoles, el ejército que dominó Europa durante casi dos siglos, se castigaba con pena de muerte la violación de mujeres, aun del bando enemigo. A un reo por violación en el reinado de Felipe II, se le condenó a la exposición a la vergüenza pública, a recibir 300 azotes y a cumplir seis años de destierro, con la advertencia de que si quebrantaba estos se le enviaría a galeras[14].

El retroceso de la situación legal de las mujeres en Europa se debió al ambiente creado por muchos ilustrados, sobre todo franceses, a partir de la Revolución de 1789. Los revolucionarios no solo clausuraron todas las universidades, sino que además encerraron a las mujeres en sus casas. Un epígono de la Revolución, Napoleón Bonaparte, promulgó un Código Civil que colocaba a la mujer en total dependencia del varón. Y como todo lo que se hacía en Francia, la innovación se copió en el resto del mundo civilizado.

A medida que las naciones europeas y americanas se democratizaban y avanzaban hacia el sufragio universal, surgieron grupos de mujeres que reclamaban para sí el mismo derecho. En España, se fundó en 1918 la Asociación Nacional de Mujeres Españolas, presidida por María Espinosa de los Monteros, entre cuyos miembros estaban Clara Campoamor, María de Maeztu, Victoria Kent y Elisa Soriano. En un manifiesto, titulado *A las mujeres españolas*, sus autoras reclaman igualdad de derechos jurídicos, políticos y económicos. El mismo año, se fundó la Unión de Mujeres de España, presidida por la marquesa del Ter, Lilly Rose Schenrich. La pianista —era su

---

[14] Tuit de Almudena Serrano Mota, directora del Archivo Histórico de Cuenca, publicado el 2 de agosto de 2019. https://twitter.com/almudenasm_/status/1157387628477669377.

oficio antes de casarse— y aristócrata, gracias a su influencia con la reina Victoria Eugenia, consiguió que en 1920 se crease el Consejo Nacional de Mujeres, también presidido por ella.

Antes se habían dado importantes disposiciones. El 8 de marzo de 1910, la Real Orden de Instrucción Pública firmada por Alfonso XIII, y con Canalejas como presidente del Gobierno, autorizó la matriculación de las mujeres en las aulas universitarias. Hasta entonces, podían hacerlo solo como «oyentes». Las primeras leyes de accidentes de trabajo y descanso dominical dedicaron atención especial a los niños y las mujeres. Para estas, el Gobierno del liberal José Canalejas aprobó en 1912 la Ley de la Silla. La obligación de que los empresarios pusieran medios de descanso a sus empleados se extendió a los hombres en 1918.

El *ABC* tuvo la primera mujer corresponsal de guerra de un periódico español: Sofía Casanova. Entre sus méritos, consta una entrevista a León Trotski. A los contrarios al ascenso de las mujeres Casanova les llamó «conservadores amojamados», «masculinistas acérrimos» y «devotos de Mahoma».

Cuando en junio de 2018, Arabia Saudí, uno de los países más represivos del mundo, concedió diez permisos de conducir automóviles a otras tantas mujeres, hubo medios de comunicación españoles que celebraron tal noticia como un «simbólico gesto a favor de la igualdad». En España, las mujeres podían acceder al permiso de conducir desde que en 1900 entró en vigor el reglamento de servicio de coches automóviles por carretera, promulgado por otra mujer, la reina María Cristina de Habsburgo. En el reglamento de 1918, la única diferencia respecto a los varones era que a las mujeres se les exigía una autorización paternal o marital, tuvieran la edad que tuvieran.

La primera española que obtuvo el permiso fue la leonesa Catalina García González, en 1925. Cuando se presentó al examen, tenía 37 años. Era hija de un guardia civil y de un ama de casa. Con su marido, estableció un servicio regular de transporte en el norte de la provincia. La primera taxista fue otra leonesa, Piedad Álvarez Rubio, graduada en magisterio, que se sacó la licencia en 1932 para ayudar a su madre y sus hermanos. Aprendió a manejar sin acudir a ninguna academia, sacando coches del garaje familiar. La revista *Mundo Gráfico* le dedicó un reportaje en 1935. Se retiró en 1974.

El reconocimiento de derechos políticos a las españolas lo realizó la dictadura del general Primo de Rivera. El Estatuto Municipal, elaborado por José Calvo Sotelo y promulgado el 8 de marzo de 1924, otorgó el voto a las mujeres, aunque dependiente de su estado civil. Tenían que ser cabezas de familia. En el censo electoral siguiente, de los 6 783 629 votantes, 1 729 793 eran mujeres.

Aunque el dictador dimitió antes de ponerlo en marcha, en su régimen se nombraron las primeras alcaldesas de la España moderna: Concepción Pérez Iglesias, en Portas, Pontevedra; Petra Montoro Romero, en Sorihuela de Cuadalimar, Jaén; Candelas Herrero del Coral, en Castromocho, Palencia; Benita Mendiola, en Bolaño de Campos, Valladolid; Amparo Mata, en Sotobañado, Palencia; Matilde Pérez Mollá, en Cuatretondeta, Alicante; y Dolores Codina y Amau, en Talladell, Lérida. Estos nombramientos se sucedieron a partir del año 1924 con los gobernadores civiles de las provincias. En Noruega, la primera alcaldesa fue elegida en 1926. En Francia y en Alemania esa novedad ocurrió en 1945, y en el caso alemán, por nombramiento del mando militar estadounidense. En los Países Bajos y en Italia se nombraron las primeras alcaldesas en 1946; en Austria, en 1948.

Primo de Rivera también nombró a trece mujeres para la Asamblea Nacional Consultiva (1927), que elaboró un proyecto de Constitución (1929) donde se reconocía la igualdad de voto entre los sexos, ya aprobada en unos pocos países occidentales desde principios del siglo XX y, sobre todo, después de la Gran Guerra. El general dimitió de su cargo de presidente del Gobierno en enero de 1930, antes de que entrase en vigor.

Durante la Segunda República, las Cortes Constituyentes aprobaron a finales de 1931 el voto femenino en igualdad con el masculino, a instancias de la diputada Clara Campoamor. La ampliación de derechos contó con la oposición de la radical-socialista Victoria Kent y la socialista Margarita Nelken, que consideraban a las mujeres manipulables por los sacerdotes católicos —salvo ellas, claro—. El diputado galleguista Roberto Novoa Santos se negó a la concesión porque, según él, las mujeres eran propensas al histerismo y la irreflexión.

En 1934, Teresa Argemí Meliá consultó al Ministerio de Justicia sobre la posibilidad de que las mujeres pudieran presentarse a las oposiciones de juez, fiscal y secretario judicial. El Gobierno pidió informes al Tribunal Supremo y al Consejo de Estado, que respondieron negativamente.

La primera ministra española fue la anarquista Federica Montseny, ministra de Sanidad en el Gobierno formado en noviembre de 1936 por el socialista Francisco Largo Caballero. Otras mujeres habían presidido Consejos de Ministros, institución que se formó en 1823: Isabel II y María Cristina de Habsburgo.

En Francia el voto para las mujeres se concedió en 1945, cuando la Asamblea republicana lo había rechazado dos veces inmediatamente después de la Primera Guerra Mundial. En Italia fue en 1946; en Argentina, en 1947; en México, en 1953…

2.18 La jornada de ocho horas

Entre las novedades legislativas, también merece la pena mencionar que España fue la primera nación que estableció por ley la jornada laboral máxima de ocho horas diarias, de lunes a sábado, una vieja reclamación obrera desde los comienzos de la Revolución industrial: ocho horas para trabajar, ocho horas para dormir y ocho horas para descansar. Sorprenderá a quienes creen que nuestros tiempos son una época de paz, racionalidad y progreso, en contraste con el oscurantismo y el atraso de las anteriores. Felipe II, un verdadero estadista y padre de su pueblo, estableció en 1593 las ocho horas, divididas en cuatro por la mañana y cuatro por la tarde, para los obreros de las fortificaciones y las fábricas.

En cambio, en las fábricas y minas británicas del siglo XVIII, a pesar de la introducción de las máquinas de vapor, las jornadas laborales podían superar las diez horas y alcanzar las doce. Se obligaba a trabajar a niños y mujeres embarazadas y era muy frecuente que los obreros durmiesen en las mismas instalaciones.

El desprecio a las clases bajas en Inglaterra comenzó en el siglo XVI, con la Reforma, que eliminó los monasterios, donde los pobres recibían comida y educación y los viajeros hospedaje. También acabó con las tierras eclesiásticas, en las que los aldeanos ponían a pastar a sus ganados, obtenían agua o sacaban leña. Los cortesanos y burgueses que compraron las fincas que dependían de conventos y obispados católicos lo primero que hicieron fue cerrarlas —*enclosure*—. Esto provocó la desaparición de pueblos y la emigración forzada de miles de campesinos a las ciudades, que se convirtieron en mano de obra barata. A España llegó este desastre social con las desamortizaciones liberales del siglo XIX.

Después de eliminar los gremios y cofradías, las legislaciones liberales europeas del siglo XIX prohibieron la sindicación de los obreros, que también se aplicaba en América. El mercado libre debía extenderse no solo a la fabricación, la distribución y el precio de todo tipo de mercancías, sino también a las relaciones laborales. Esta filosofía económica produjo, sí, un aumento del bienestar, pero también una conflictividad insospechada: huelgas, motines, destrucción de fábricas y sabotajes. Los patronos recurrieron a los gobiernos y estos a los soldados para restablecer el orden.

El Gobierno liberal presidido por el conde de Romanones aprobó en abril de 1919 un real decreto que estableció la jornada de ocho horas después de una huelga de cuarenta y cuatro días que comenzó en la empresa eléctrica de La Canadiense, en Barcelona, y que, impulsada por la CNT y la torpeza del propio Gobierno, se extendió a toda Cataluña. Una de las medidas para ponerle fin consistió en conceder esa reivindicación histórica. El decreto se publicó en *La Gaceta de Madrid* el 4 de abril y entró en vigor el 1 de octubre de 1919.

2.19 Todos juntos: la salida de la pobreza

Cuando en los años 60 del siglo XX irrumpió el «buenismo» en la política occidental, se puso de moda en la historiografía española, sobre todo la de orientación democristiana y clerical, culpar de la guerra civil a los jóvenes violentos capaces de ir al frente para imponer sus ideas a punta de fusil. Desde el triunfo de la «memoria histórica» en la primera década del siglo XXI, la guerra se presenta como un duelo entre «fascistas», por un lado, y «demócratas» y «antifascistas» por otro. Esa generación despreciada, por cainita, por impotente o por perversa, fue la que sacó a España de la pobreza y la desilusión centenarias.

El Plan de Estabilización (1959) aplicado por el régimen franquista supuso la cancelación de la etapa de autarquía y la apertura de la economía española al exterior. Desde ese momento, impulsado por la estabilidad política, la seguridad jurídica, los bajos impuestos y salarios, la competencia de los técnicos y la honradez administrativa, comenzó el «desarrollismo».

Entre 1960 y 1969, el PIB español creció a una media anual de un 7,3 %, superior a las tasas de Francia, Italia, Alemania y Estados Unidos, y solo superado por Japón, que registró una tasa media anual de un 11 %. Y en los quince años comprendidos entre 1961 y 1974 se construyeron cuatro millones de viviendas. En los años del «milagro español». Se popularizó lo que antes solo estaba al alcance y disfrute de muy pocos: vivienda en propiedad, vacaciones pagadas, turismo y viajes y atención médica. La esperanza de vida se duplicó respecto a los treinta y cinco años de 1900.

En la realización del «milagro español» fue imprescindible el turismo, el petróleo nacional. Por un lado, aportó una cantidad enorme de divisas que contribuyeron a pagar las importaciones de bienes tecnológicos y a equilibrar la balanza de pagos y, por otro, creó empresas, empleos y ahorro. En 1951 se registró la entrada del turista un millón, cifra que en 2019 ascendió a los 83,7 millones de turistas extranjeros, lo que ha convertido a nuestra patria en el segundo destino turístico mundial.

El escritor francés Michel Houellebecq califica a Franco como «el verdadero inventor a escala mundial del turismo de lugares con encanto» —por la red de paradores— y le atribuye haber sentado «las bases de un auténtico turismo de masas»[15] en

---

[15]   HOUELLEBECQ, Michel: *Serotonina*, Anagrama, Barcelona, 2019, p. 33.

lugares como Benidorm y Torremolinos. Pedro Zaragoza Orts, alcalde de Benidorm entre 1950 y 1966, promocionó el turismo en su municipio con acciones publicitarias tan sorprendentes como llevar en invierno a Estocolmo —vía aérea— miles de ramas de almendro florecidos, pasear a un matrimonio de lapones por varias capitales europeas con un cartel en el que anunciaban que marchaban a Benidorm o vender sol embotellado.

Entre las proezas tecnológicas de esa época, destaca la cruz del Valle de los Caídos, la mayor del mundo, con sus 150 metros de altura, 23 metros de largo para cada brazo y un peso total —la cruz, que está hueca en su interior, más el basamento, más las estatuas— de 201 000 toneladas. Y también la instalación en los años 70, en la entonces provincia del Sáhara, por cuenta de una empresa del Instituto Nacional de Industria, de la cinta transportadora más larga del mundo. Casi cien kilómetros, para unir los yacimientos de fosfatos de Bucraa —descubiertos en 1947 por el geólogo español Manuel Alía— con el puerto de El Aaiún.

O la Torre de Madrid, levantada entre 1954 y 1960, que fue el edificio de hormigón más alto del mundo y, hasta 1967, el mayor rascacielos de Europa Occidental.

Al final de 1975, año de la muerte del general Francisco Franco, jefe del Estado desde 1936, el desempleo no alcanzaba el 6,6 %, cuando en febrero de 2021 ese porcentaje superó el 16 %, con más de cuatro millones de parados inscritos en los organismos públicos. La deuda pública respecto al PIB el 31 de diciembre de 1975 superaba por poco el 7 %, mientras que en 2020 supuso un 117 %, el porcentaje más alto desde la guerra de Cuba de 1898. En ese año culminante, España se encontraba por PIB global en el puesto octavo de los países industriales, entre Reino Unido y Canadá; y era el número veinticuatro en renta por habitante[16]. Toda una proeza colectiva que empezó a agotarse en los años siguientes.

En 1976 nacieron 677 456 niños según el INE, muestra de vitalidad y de confianza en el futuro. Desde entonces, la natalidad no

---

[16] VELARDE, Juan: *Cien años de economía española*, Ediciones Encuentro, Madrid, 2009, p. 268.

Tasas de crecimiento del PIB per cápita				
Años	España	Francia	Italia	Portugal
1950-1960	3,86	3,78	5,58	3,92
1960-1975	6,13	4,11	4,55	4,62
1975-1985	0,82	1,98	2,84	2,24
1985-1996	2,66	1,76	2,07	3,55
1996-2007	2,63	1,75	1,16	2,03
2007-2013	-1,97	-0,18	-1,98	-0,95

Fuente: IEE - Jordi Maluquer

ha parado de descender hasta hallarse por debajo del mínimo necesario para el reemplazo generacional[17]. En 2019, solo nacieron 359 770 niños. ¿Cómo se pagarán las pensiones públicas?, ¿cómo sobrevivirá España?

A principios de los años 70, el peso de la industria en el PIB nacional se acercó al 30 %, pero la crisis provocada por el crack petrolífero de 1973 marcó un retroceso. En los años siguientes, la mala dirección política, las exigencias para el ingreso de España en las Comunidades Económicas Europeas y la opción, tanto política como empresarial, por el sector servicios, convirtieron ese retroceso en caída constante, de modo que ahora el porcentaje del sector industrial respecto al PIB es inferior al 15 %.

El «milagro español» no se habría conseguido sin instituciones como las Universidades Laborales, las Escuelas Técnicas y la que es la principal institución investigadora de España: el Centro Superior de Investigaciones Científicas (CSIC), fundado en noviembre de 1939, a los siete meses de concluir la guerra civil. Por

---

[17] Macarrón Larumbe, Alejandro: *El suicidio demográfico de España*, Homo Legens, Madrid, 2011.

su prestigio internacional se libró de ser desmantelado o renombrado, como tantos otros organismos, durante la Transición. Es la séptima institución pública del mundo en investigación y cuenta con 11 000 personas en nómina y con 120 centros de investigación en España. Sus investigadores publican alrededor de 14 000 artículos científicos al año y tiene unos 3500 proyectos en ejecución y 450 tecnologías protegidas. El CSIC suele ser la entidad española que más patentes solicita, por delante de empresas como Telefónica y Repsol.

Y concluyamos con varios de los inventores individuales del siglo xx.

El zaragozano Manuel Jalón Corominas (1925-2011), ingeniero aeronáutico y oficial del Ejército del Aire, inventó la fregona (1956) y también la jeringuilla hipodérmica desechable de plástico (1973), que sustituyó a la de cristal reutilizable, difundió las vacunaciones y redujo las infecciones hospitalarias. Además, fue empresario y constituyó una sociedad para comercializar su producto, Manufacturas Rodex, mediante la que vendió sesenta millones de fregonas en todo el mundo.

El barcelonés Enric Bernat (1923-2003) revolucionó el mercado de los dulces con un caramelo colocado en la punta de un palo. La venta empezó en 1959 y en los años siguientes, impulsado por el éxito, dio con el nombre que lo ha hecho célebre: *Chupa Chups*. El diseño del logotipo se lo encargó al artista Salvador Dalí.

El ingeniero militar vizcaíno Alejandro Goicoechea Omar (1895-1984) elaboró un sistema de rodadura para reducir el traqueteo y bamboleo de los vagones de tren, así como para aumentar su velocidad y reducir su desgaste. Consistía en un tren articulado de estructura triangular, en la que cada vértice se apoyaba sobre la base del siguiente. Sus ruedas no seguían un eje lateral, lo que le daba mayor maniobrabilidad. Además, el metal elegido para construirlo era aluminio, más ligero. Como lo financiaba el empresario alavés José María Oriol, el invento se bautizó como TALGO: Tren Articulado Goicoechea Oriol. Este magnífico convoy aún corre por las vías españolas y las de otras muchas naciones.

* * *

No, los españoles no somos un pueblo negado para la ciencia, la inventiva, el esfuerzo, el trabajo duro y el sacrificio. Nada nos impide ser lo que fuimos... salvo nosotros mismos.

3
La expulsión de los judíos.
Los europeos que mejor los tratamos

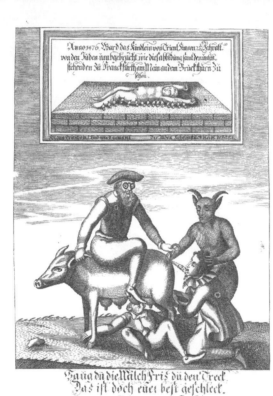

Grabado anónimo con contenido antisemita publicado en Alemania en 1618. Arriba, una plataforma en forma de altar con un niño asesinado, debajo un Judensau, un cerdo en el que un judío cabalga hacia atrás.

Las expulsiones de los judíos de Francia y de Inglaterra no dejaron en la memoria colectiva del pueblo judío la misma marca traumática que la expulsión de España. Este último evento tiene una primordial importancia en la historia judía... Los judíos españoles, a diferencia de los de otras comunidades de la diáspora, se sentían españoles, y consideraban a España realmente como su patria y no como un lugar temporáneo.

Ron Barkai (*ABC*, 31 de marzo de 1992)

3.1. ¿Por qué?

La EXPULSIÓN DE LOS JUDÍOS EN TIEMPOS de los Reyes Católicos supone, sin duda, una de las mayores lacras que pesan sobre la historia de España. Después de cinco siglos todavía parece una dura carga que nos fatiga y que no dejan de echarnos en cara otras naciones, y —lo que es más triste— nosotros mismos.

Antes de comenzar a analizar por qué los Reyes Católicos llevaron a cabo una actuación que hoy día se viene en calificar —al menos— de deplorable, como fue la de expulsar de sus territorios a los judíos, conviene situar dicha medida en su contexto, y con referencia a las peculiares circunstancias que originaron tal decisión. En este sentido es de justicia aclarar que España lo único que hizo fue obrar en sintonía con el resto de los países y la cultura de su entorno, y al igual que ocurriera con la Inquisición, no fue un hecho aislado de la historia española, sino un fenómeno generalizado en toda Europa entre los siglos XIV y XV. No sería, por tanto, justo criticar sin más la actuación de España sin considerar el entorno sociopolítico de la época, y, sobre todo, las otras expulsiones de judíos habidas en Europa, que precedieron a la española, pero de las que no se habla.

Una vez más se hace necesario un esfuerzo mental con criterios objetivos para poder comprender algo que hoy día no nos entraría en la cabeza ni por asomo. No es nuestra intención justificar las expulsiones, ni tampoco censurarlas, pero sí explicar qué circunstancias llevaron a nuestros antepasados, hace ya muchos años, a creer que era lo más conveniente. Después, cada uno que piense o juzgue conforme mejor crea oportuno, si bien es cierto que ya es hora de dejar de escuchar por parte de gente que «sabe mucho» que la España de los Reyes Católicos era un régimen intolerante y racista, «como prueba la expulsión de los judíos», sin pararse a considerar lo más mínimo las circunstancias históricas.

En este sentido, resulta chocante que, por término general, las mismas personas que suelen catalogar a Isabel y Fernando poco menos que de «fascistas», rechacen las críticas más evidentes que merece la Revolución francesa, como la matanza de más

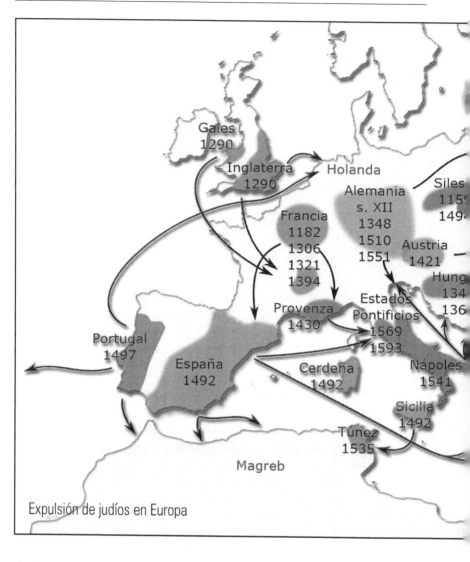

Expulsión de judíos en Europa

de 300 000 franceses campesinos de la región de La Vendée o Tolón, guillotinados por negarse a adorar a la Diosa Razón, diosa oficial de la Revolución. Son también los mismos que no quieren reconocer aún que la única nación europea que se preocupó denodadamente por salvar del Holocausto nazi a los judíos fue España, tanto a través de sus fronteras —especialmente los Pirineos— como con pasaportes expedidos por sus diplomáticos —como ángel Sanz Briz—, mientras los países aliados cerraban

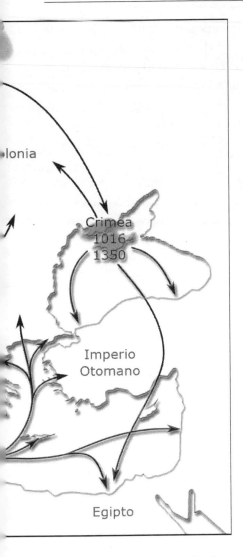

sus fronteras a los judíos que escapaban de la persecución, o directamente colaboraban con el III Reich, al mandar a sus propios ciudadanos judíos a los campos de concentración nazis, como fue el caso de Francia. Setenta y seis mil judíos franceses fueron enviados a los campos de concentración alemanes, pero no por alemanes, sino por sus propios compatriotas quienes, ya de camino, se apropiaron de sus inmuebles y negocios.

Conviene recalcar que las expulsiones de judíos no fueron un monopolio español, sino un pecado común de los europeos al que España se apuntó la última. La decisión de expulsar a los judíos fue tomada, de forma sucesiva, por los grandes reinos de la Baja Edad Media y el Renacimiento. Los Estados pontificios, las pequeñas repúblicas o las naciones periféricas fueron los pocos países que no aprobaron una ley para obligar a nuestros «hermanos mayores en la fe» a abandonar su territorio. Por tanto, la gran pregunta sería: ¿cuáles fueron las razones y los motivos que llevaron a aquellos europeos a cometer una injusticia de este tipo? La respuesta, aunque pueda parecer ingenua, creo que es bastante fácil de responder, y, al igual que ha ocurrido en casi todos los conflictos humanos, la razón última reside en la ignorancia voluntaria —también conocida como intolerancia— de ambas partes. Ignorancia por parte de los cristianos europeos porque deberían saber que Jesucristo, la Virgen y los apóstoles eran judíos, y que el mensaje que ellos les legaron fue el de predicar con la palabra, con el ejemplo, y con un profundo respeto a la libertad íntima de las personas. Ignorancia, por parte de los judíos, quienes parecían desconocer que el cumplimiento de la ley de Moisés y la lectura sabatina de la Torá, no les convertía en el ombligo del mundo, ni les eximía de la humana obligación de integrarse en las diferentes sociedades que les habían recibido.

En efecto, una parte pequeña, pero representativa por su alto rango social, de la sociedad europea de la Baja Edad Media había desvirtuado la cultura cristiana imperante en la época, en un instrumento de ascenso social y de perpetuación de poder. Esto no equivale a definir como corrupta aquella Iglesia de los siglos XIII y XIV, sino más bien que algunos de sus miembros se valían injustamente de ella para sus intereses personales, tal como ha ocurrido y seguirá ocurriendo en cualquier otro tipo de instituciones y en cualquier otro tiempo de la historia. De hecho, estos mismos siglos coinciden con la creación, por parte de la Iglesia, de todo un nutrido elenco de órdenes como cistercienses, franciscanos o dominicos.

Congregaciones que en poquísimo tiempo se expandieron por todo el mundo, volcándose por completo en la predicación a través de la enseñanza y la caridad. Especialmente entre las clases más desprotegidas, y con una más que elogiable ejemplaridad de vida, lo que evidenciaba un profundo vitalismo en el mensaje de la Iglesia.

Pues bien, aquella poderosa y corrompida porción de la sociedad, en la que desgraciadamente a veces no faltaron ni papas, se caracterizó por unos individuos carentes por completo de cualquier tipo de escrúpulos, que usaron la religión para valerse de aquello que les venía en gana, como de hecho fueron las expropiaciones de los bienes de los judíos. A estos hechos contribuyeron circunstancias que de por sí nada tenían que ver, como, por ejemplo, el fervor religioso que inflamó Europa a raíz de su completa evangelización, o el éxito de las cruzadas cuando liberaron Jerusalén de la tiranía de los turcos selyúcidas.

En estas circunstancias de lógico y sano fervor popular, fue fácil insuflar al vulgo con poca formación un sentimiento de animadversión hacia aquellas comunidades que se negaban a aceptar la divinidad de Jesucristo. Pronto, algunos señores feudales y reyes comenzaron a dictar injustas disposiciones discriminatorias, como la obligatoriedad para los judíos de llevar distintivos en su vestimenta, prohibirles portar armas —algo habitual para el resto de los mortales en la época—, e incluso conminarles a vivir en lugares auténticamente insalubres y alejados de la ciudad. De estas disposiciones, a la expulsión, ya casi no mediaba nada, solo la suficiente ambición para robarles los bienes, justificándolo con un decreto de expulsión para «defender la fe».

Los europeos del Medioevo cometieron un lamentable error con las expulsiones de los judíos, pero conviene indicar que las comunidades judías de la Europa de la Edad Media funcionaban de una manera endogámica que, casi de forma inevitable, provocaba rechazo entre los cristianos. A las penosas discriminaciones de que a veces eran objeto, los judíos solían responder encerrándose más en sí mismos. Cuando entre ellos surgía alguna corriente de identificación con la cultura europea, como sucedió en la Italia del Renacimiento, los rabinos reaccionaban con duras condenas, mostrando su horror ante lo que consideraban contaminación y relajación de su fe. Fieles a las leyes recogidas en el Levítico y el Deuteronomio, los judíos obedecían un esquema rígido que ordenaba toda su vida, con la consecuencia de evitar el contacto con los gentiles. De este modo, el hebreo no debía entrar en casa de un pagano, ni comer con él, ni casarse con él, pues debía alejarse de todo aquello que fuera impuro. El judío tenía la obligación de guardar la alianza de Dios con Abraham, y por ello había de andarse vigilante ante cualquier riesgo para su pureza.

En bastantes casos los rabinos de la Edad Media no se replantearon sus recelos hacia el cristiano, el hombre con el que podían compartir aspectos de su religión, en especial la creencia monoteísta y el similar interés en aplicar la razón a la teología. Aquel conjunto de costumbres religiosas y culturales de los judíos, llevado a sus últimas consecuencias, creaba una configuración de sus relaciones sociales muy opacas y herméticas, lo que constituía el mayor impedimento para su integración, y el mejor argumento para despertar todo tipo de sentimientos y políticas segregacionistas. Los judíos vivían aislados en sus propios barrios, comunidades, e incluso poblaciones compuestas por completo por judíos. Acuñaban su moneda al margen de la autoridad, se dedicaban a oficios «liberales» bastante rentables, y ello en medio de sociedades eminentemente agrícolas y pobres. A esto habría que añadir un no menor desprecio hacia el cristianismo, del que los cristianos tenían hacia el judaísmo.

Como botón de muestra, un documento del año 1300, encontrado por Américo Castro, nos presenta a un rabino de Barcelona presumiendo de que los miembros de su comunidad eran de «descendencia pura», no contaminados de «mezcla impura cristiana».

3.2 Antecedentes históricos en el resto de Europa

Después de la muerte del rey Salomón —por todos conocido como el que juzgó la causa de las dos madres que se disputaban un mismo bebé—, su reino se dividió en dos, el del norte o Israel —nombre puesto a Jacob por el ángel—, y el del sur o Judea, con capital en Jerusalén. Pues bien, resulta que, tras la invasión de los asirios, acaecida en el año 722 a. C., los del norte o israelitas fueron deportados, lo que dio lugar a la dispersión de este pueblo por todas las naciones del orbe, a lo largo de los siglos y hasta nuestros días. Es lo que se conoce como «diáspora». Desde entonces y hasta hace relativamente poco, como ocurrió en la Alemania nazi o la extinta Unión Soviética de Stalin, este pueblo se ha tenido que acostumbrar, por desgracia, a hacer las maletas con relativa frecuencia. Aunque, en muchos casos, literalmente, ni siquiera pudieron hacerlas.

Desde entonces, no conocemos, ni, sinceramente, tampoco creemos que lo sepa nadie, el arcano motivo por el cual los pobres judíos llevan casi tres mil años errantes por la faz de la Tierra como almas en pena que vagan sin descanso. Pero lo cierto es que es así. Incluso en los mismos Evangelios se lee cómo Jesucristo predice la destrucción del templo de Jerusalén —símbolo de la unidad religiosa y territorial del pueblo judío—. Este hecho se materializó en el año 70 con el saqueo romano de Jerusalén, y desde entonces y hasta el día de hoy, no queda del templo más que el Muro de las Lamentaciones. Si bien en el siglo IV el emperador Juliano el Apóstata, conocido por su hostilidad al cristianismo, mandó levantar de nuevo el templo, nada más concluirse las obras un terremoto lo devastó otra vez. Desde entonces, nadie, ni los mismos judíos, se ha atrevido a intentar erigirlo.

Sea ficción o realidad esta historia, lo cierto es que el misterio milenario de la diáspora es tan inexplicable como la valentía y el coraje del pueblo judío por conservar su religión y su cultura en su peregrinar por el espacio y el tiempo.

Las primeras expulsiones de judíos datan ya de época romana; Tiberio los expulsó en el año 19 y en el 49 Claudio hará lo mismo. Aunque las expulsiones más destacadas, y por ello las que aquí nos van a ocupar, son las que tuvieron lugar en la Europa del Medioevo, entre los siglos XIV y XV. Las más relevantes son las que se llevaron a efecto en lo que hoy día es Alemania, Austria, Francia, Inglaterra y España, que por ser esta última la que nos interesa, nos ocupará más extensamente.

3.2.1 Las expulsiones en Alemania

En orden cronológico da la casualidad de que no ha sido solo la nación alemana la última en llevar a cabo una persecución antisemita, la acontecida con ocasión del nacional-socialismo, sino también la primera de toda la Europa moderna, como fueron las matanzas del 1145. Ese año y coincidiendo con el entusiasmo y fervor que desató la segunda cruzada, un loco vagabundo alemán llamado Rodolfo consiguió encolerizar a parte del campesinado al acusar a los judíos de poco menos que ser los causantes de todos los males del mundo. Las revueltas pronto se extendieron y dieron origen a matanzas cada vez más masivas de comunidades enteras. Solo la pronta intervención de san Bernardo, que hubo de desplazarse expresamente a Alemania, consiguió cortar la sangría.

Dos siglos más tarde, entre los años 1336 y 1338, se repitió la dramática experiencia. En un principio, la intención era únicamente expulsarlos, al igual que ya habían hecho Inglaterra o Francia, pero en Alemania se daba la peculiar circunstancia de que no existía, al igual que en esos países, un poder central que se encargase de legislar al respecto, solo algunas ciudades relativamente organizadas llegaron a redactar un decreto de expulsión, en el que si bien les garantizaban la vida a los judíos que se marcharan, perdían todos sus bienes, derechos sobre propiedades y deudas pendientes. En el resto de las ciudades, por desgracia la mayoría, acabaron por formarse algarabías que se lanzaron furibundamente a la aniquilación de todo judío de su entorno. Matanzas que acabaron por contagiarse a la otra nación germana: Austria. Los austríacos llevaron a cabo una masacre en 1421 que literalmente extinguió a la totalidad de la población judía. Sin duda, esta fue la más cruel de las actuaciones dirigidas contra el pueblo de Moisés, y, paradójicamente, la menos conocida. Quizá debido a que no quedó ni uno solo para poderlo contar.

Con posterioridad, los diferentes Estados alemanes volverían a remarcar una actitud antisemita que ha prevalecido durante siglos. De esta manera, Martín Lutero publicó en 1543 uno de sus tantos ensayos de carácter polémico: *Acerca de los judíos y sus mentiras*. En este escrito Lutero calificaba a los judíos como «guarida de demonios», y los acusaba de «provocar más y más la ira de Dios». Por ello, aconsejaba «incendiar las sinagogas, expulsar a los judíos de sus casas y destruirlas, quitarles sus libros de oraciones y prohibirles por completo el tránsito por los caminos». Tras «vedar a los judíos sus negocios de usura y arrancarles su dinero, su oro y su plata», como medida condescendiente, Lutero proponía «dar aperos de labranza a los judíos jóvenes y lozanos, y útiles de costura a las judías sanas, y que así ganen el pan con el sudor de su frente, porque podrían seguir perjudicándonos si los mantuviéramos como siervos nuestros». En opinión de Lutero los estados protestantes alemanes debían actuar con «la misma sensatez que Francia y España, al expulsarlos para siempre del país».

En 1572 los seguidores de Lutero saquearon Berlín, y al año siguiente los judíos fueron proscritos en todo el país. Después hubo disturbios contra los judíos a lo largo de toda la década de 1580, que acabaron con su expulsión de varios estados alemanes luteranos.

Los tratados de Lutero contra los judíos se reimprimieron con el fin de fomentar el odio contra los judíos, hasta que en 1614 los disturbios en Frankfurt dieron lugar a la muerte de 3000 de ellos y a la expulsión del resto de la comarca.

No olvidemos que Lutero no fue solo el padre del protestantismo, sino también la primera y más destacada figura de la conciencia nacional alemana y del antisemitismo como parte esencial de la misma. Hitler no inventó nada nuevo, simplemente hizo lo que Lutero no pudo en su momento por falta de medios.

3.2.2 Las expulsiones de Francia

Más suerte tuvieron las aljamas francesas, pues el pueblo galo en lugar de acabar cruelmente con la vida de los desdichados judíos, se percató sobre la conveniencia de limitarse a expulsarlos y apropiarse de sus bienes. La experiencia les fue tan bien, que con gran delectación la repitieron hasta en tres ocasiones diferentes. El proceso no podía ser más exquisito; los echaban y les confiscaban sus bienes, para más tarde volverlos a dejar entrar. Les daban unas décadas de margen para que pudiesen rehacer un suculento patrimonio y volvían a expropiárselo. El inventor de este novedoso sistema financiero fue el rey Felipe Augusto, quien en 1181 mandó detener en pleno sábado, día festivo para el hebreo, a todos los judíos de sus territorios. Una vez a buen recaudo y cargados de grilletes, les exigió una fuerte cantidad de dinero a cambio de su liberación. Una vez entregada la gabela, el rey en lugar de cumplir su palabra los expulsó y se apoderó de los bienes que les quedaban. Era el 24 de junio de 1182.

Unos años más tarde, en 1198, el mismo rey les pidió a los judíos que regresaran, por supuesto sin derecho a restitución alguna. Un siglo después, en 1306, el soberano Felipe IV el Hermoso, siguiendo el ejemplo de su antecesor, los encarceló de nuevo, mientras sus lacayos se lanzaban al saqueo y expolio de casas y todo tipo de propiedades. Una vez que los bienes quedaron a buen recaudo del monarca, y sin peligro de ocultación, los expulsó de nuevo. Se calcula que unas 100 000 personas tuvieron que abandonar el país en esta ocasión, tal y como los trajo su madre al mundo. Este rey también ha pasado a la historia como el gran responsable de la disolución de la Orden del Temple.

Existe un notable consenso entre los investigadores, al considerar que el principal motivo de Felipe IV para acabar con los templarios no era otro que hacerse con la riqueza de esta institución. A principios del siglo XIV el Temple poseía un gran capital financiero e inmobiliario repartido por toda Europa, en especial Francia. El monarca francés, decidido a dotar a su reino de suficiente solvencia económica, resolvió incautarse de todo cuanto poseía la Orden. Felipe el Hermoso fue, por otro lado, uno de los responsables del traslado de los papas a Aviñón, tutelados por Francia, lo que acabó de consumar el Cisma de Occidente.

En 1315 Luis X autoriza otro regreso de judíos, pues la presencia de esta comunidad se mostraba esencial para el sostenimiento de numerosos artes y oficios, así como por las extraordinarias aportaciones al erario público con que estaban especialmente gravados. Pero eso se olvidó una vez más, cuando en 1323 una nueva crisis financiera se solventó con el ya acostumbrado recurso de acusarlos de crucificar a Cristo, para poder robarles lo que habían conseguido amasar entre expulsión y expulsión. En definitiva, durante la Edad Media los judíos franceses fueron expulsados y desposeídos de sus bienes hasta en tres ocasiones distintas. Seis siglos más tarde, las autoridades francesas participaron, sin demasiados problemas, en el traslado de docenas de miles de judíos a los campos de exterminio —o a zonas de explotación industrial o minera en condiciones de esclavitud— del III Reich. Entre 1995 y 2009 la República francesa reconoció, de manera oficial, que la deportación había afectado al menos a 76 000 personas. Casi todas murieron en cámaras de gas o a causa de las inhumanas e insalubres condiciones de los campos; la cifra de supervivientes oscila entre 850 y 2500. Al comenzar la II Guerra Mundial, había en Francia cerca de 350 000 judíos, la mitad de los cuales había llegado en los años recientes en busca de refugio. Pensaban que la democrática y laica Francia sería un país de acogida. Se equivocaron; Francia contaba con una densa red de campos de concentración en los que recalaron, antes de su deportación al este de Europa. Todo lo contrario sucedió en otras naciones. Durante la guerra, el rey de Dinamarca Christian X impulsó una política que permitió aislar a los judíos del país de la amenaza que suponía la ocupación del ejército alemán. Por su parte, Miguel Ángel de Muguiro y Ángel Sanz Briz en Hungría, y Juan Manuel de Arístegui en Bélgica fueron algunos de los diplomáticos españoles que —con las directrices del Gobierno español— lograron salvar a miles de judíos que iban a ser llevados en trenes a los campos de la muerte. Sin embargo, tras la derrota del nazismo, Francia quedó integrada en el Consejo de Seguridad de la ONU como miembro permanente, como baluarte de la defensa de la democracia y los derechos humanos. Mientras que España, después de salvar a casi 80 000 judíos de los campos de exterminio, quedaba excluida de la comunidad internacional, en gran medida por la oposición de Francia.

3.2.3 Las expulsiones de Inglaterra

El destierro de los judíos en Inglaterra comenzó cuando el rey Juan, también necesitado de dinero, no tuvo mejor ocurrencia que detener a un acaudalado miembro de esa comunidad en Bristol y venderle su libertad a cambio de 10 000 marcos. La negativa inicial de este pobre hombre a pagar la inicua extorsión duró tanto como la valoración que tenía de su propia dentadura, pues el rey comenzó a arrancarle un diente por cada día que se retrasase en la «compra de su libertad». Ni que decir tiene que a la sexta mañana la cantidad ya estaba abonada.

Tengamos en cuenta que este monarca es recordado en Inglaterra con admiración, y que incluso en las facultades de Derecho del mundo entero se lo estudia como adalid de las libertades, por ser el que redactó la Carta Magna; pero en lo que respecta a sus abyectos sistemas de tesorería apenas se dice algo.

Vistos los resultados, las sucesivas necesidades de liquidez de la Corona fueron provistas de fondos con el mismo sistema, hasta que en 1290 —el Día de Todos los Santos— Eduardo I acabó por expulsar a cuantos judíos quedaban en Inglaterra, unos 16 000; por supuesto, habiéndoles quitado previamente cuanto tenían. Les prometió hacerse cargo de su traslado hasta Jerusalén, hecho que les debió tranquilizar e ilusionar bastante, aunque por poco tiempo, pues nada más salir las naves a alta mar, fueron echados por la borda entre las risotadas de la marinería que les gritaba: «¡Llamad a Moisés para que venga a recogeros!».

3.3 La expulsión en España

Aunque algunos autores afirman que la primera colonia de hebreos llegada a Hispania lo fue en tiempos de Nabucodonosor, no faltan incluso quienes sostienen que ya en época fenicia los hubo entre nosotros. Lo que históricamente sí que está verificado es que la primera gran oleada de judíos llegados a nuestro suelo coincide con la destrucción de Jerusalén por el emperador Tito, como consecuencia del éxodo a que entonces se vieron obligados. Años más tarde llegó otro segundo contingente de judíos, cuando Adriano, de origen español, decretó hacia el año 135 de nuestra era una nueva leva en masa, que despobló Palestina y empujó hacia el destierro a la mayoría de sus hombres.

La primera gran tribulación de los judíos, ya en nuestro suelo, sucedió en época de los reyes visigodos. Durante el siglo VI se aprobaron varias leyes contra ellos, si bien san Isidoro criticó que el rey Sisebuto intentara convertirlos por la fuerza al cristianismo. A partir del inicio de la Reconquista, y los largos siglos que duró, se acrecentó un odio mutuo en los sectores más extremistas de las comunidades cristiana y hebrea. Los cristianos tendrían siempre en mente que fueron los judíos quienes negociaron con el moro Tarik, en nombre de los witizianos, la vergonzosa venta de España al islam, con tal de desbancar del trono a don Rodrigo. Así visto, se acusaba a los judíos de ser los únicos que sacaban provecho en la guerra de reconquista, al prestar dinero sin escrúpulo alguno tanto a moros como a cristianos, para financiar sus respectivas algarabías. Por otro lado, los judíos, celosos guardianes de unas tradiciones que les impedían mezclarse con quienes no las observasen, despreciaban a los cristianos con la misma intolerancia religiosa de la que ellos eran objeto. Baste poner como ejemplo de la falta de ánimo para la integración de esta comunidad el vocablo que ha perdurado hasta nuestros días de marrano, como sinónimo de cerdo. La palabra provenía a su vez del hebreo *maranatha*, que traducido literalmente significa «anatema sobre ti», y lo empleaban los hebreos como apelativo denigrante para aquellos que se convertían al cristianismo, y se decidían a integrarse como ciudadanos de los reinos cristianos.

Hechas ya estas primeras exposiciones del contexto, conviene recordar que España no fue la única, ni muchísimo menos la peor, sino simplemente la última nación europea en expulsar a los judíos de su territorio, y fue la única que respetó en todo momento sus bienes personales e integridad física. A España, en todo caso, se le podría acusar de expulsar a los mismos judíos que previamente habían expulsado ya sus vecinos franceses, ingleses y alemanes. Como diferencia, nosotros les respetamos sus propiedades.

La expulsión en España se diferencia de las del resto de Europa en que en esta no hubo intereses de índole económico, como ya hemos visto ocurrió en el resto del entorno europeo. Las razones españolas fueron de carácter espiritual y social, estrechamente vinculadas a las circunstancias que rodearon el fin de la Reconquista y la posterior reunificación del Estado. Prueba de lo dicho en referencia a la ausencia de intereses materiales o envidias económicas lo supone el hecho de que los judíos que abandonaron España lo hicieron conservando bienes y derechos, sin que la Corona, ni nadie, se embolsase u obtuviese beneficio económico alguno por ello.

Paradójicamente esta singular diferenciación es la causa última de que los judíos sefardíes y el mundo en general todavía no hayan olvidado la expulsión de España y sí las del resto de Europa, y se explica por una razón muy sencilla: que es más doloroso sentirse discriminado y tener que abandonar la patria por las creencias personales, que, simplemente, sentirse robado. A ello hay que añadir que la convivencia del pueblo judío en España no solo fue más duradera que en el resto de Europa —dos siglos más—, sino, y lo que es más importante, fue una convivencia más intensa, en un marco de cierta tolerancia religiosa. En este contexto los judíos en vez de considerarse miembros de una comunidad foránea más o menos tolerada, se sentían «españoles». Cito —a modo de ejemplo— el epitafio que reza en la tumba de Fernando III el Santo —quien reconquistó media España y unificó los reinos de Castilla y León— escrita en hebreo por los judíos españoles del siglo XIII: «Aquí yace el recto, el piadoso, el generoso, el heroico, el modesto, el temeroso de Dios, que le sirvió con todos sus días, que rompió y destruyó todos sus enemigos, y alzó a todos los que le amaban y conquistó la ciudad de Sevilla, que es cabeza de toda España, y murió en la noche del viernes 22 del mes de Sivan del año 5112 de la creación del mundo». Evidentemente, quienes hubiesen escrito tan fogoso y apasionado epitafio, de seguro se consideraban tan españoles como el que más.

La expulsión de los judíos en España podría considerarse, parafraseando a Julián Marías, como un «lamentable error histórico», pues de hecho supone una ruptura con lo que hasta ese momento era una tradición en España de un mínimo de tolerancia y respeto hacia otras religiones, si bien no siempre exenta de esporádicos brotes de violencia. Este «error histórico» solo se explica por la absoluta necesidad tras acabar la Reconquista de crear un ambiente de paz y estabilidad social en el que poder hacer crecer una nueva conciencia de nación que englobase como iguales y en un mismo destino a castellanos, aragoneses y catalanes. Los fuertes conflictos dentro de la misma comunidad judía entre conversos y practicantes, saldados a veces con miles de víctimas, unido a una sociedad hastiada de conflictos, explica el recurso a la expulsión como una solución rápida y expeditiva con la que dar fin a una vieja fuente de problemas de convivencia. En todo caso, cuando hablamos de cierta tolerancia religiosa en la Edad Media española, nos gustaría aclarar que es en la zona cristiana, pues en la ocupada por los mahometanos brilló por su ausencia cualquier tipo de tolerancia que excediese mínimamente a los intereses financieros. De hecho, cuando Granada fue liberada en 1492, hacía ya varios siglos que habían decapitado al último judío.

No obstante, tampoco sería justo concluir con que ese «error histórico» del que hablamos fuese culpa de los Reyes Católicos. Muchas veces la inercia de la vida moderna nos hace tender a buscar culpables o a distinguir entre buenos y malos, pero ni la vida, ni la historia, se pueden reducir a este tipo de simplismos. Sería caer en el mismo error que pretendemos juzgar. Los Reyes Católicos no odiaban a los judíos, ni era su intención dejar de contar con ellos como súbditos, o como fieles colaboradores como era su costumbre en multitud de cargos de alta responsabilidad, pero una serie de circunstancias les llevaron a creer que su deber, aun en contra de su voluntad, era el de expulsar a los judíos, y así lo hicieron.

Como hemos visto anteriormente, entre los siglos XIII y XIV se suceden en todo el entorno europeo las expulsiones y matanzas de judíos, mientras que España en esta época se mantuvo al margen de las mismas, gracias a la oposición de los reyes de la época. Muchas fueron las presiones y acusaciones de connivencia con infieles que se vertieron sobre los monarcas de los dos grandes reinos españoles, Femando III de Castilla y León y Jaime I de Aragón, pero ambos entendían que la línea a seguir era la marcada por el papa Inocencio III en su *Constitutio pro iudaeis* del año 1199, en la cual se apuntaba que el camino a emplear con los judíos había de pasar por la tolerancia con los mismos, en la esperanza de su conversión, antes que con el fácil recurso de su expulsión. De hecho, ambos soberanos se negaron a aceptar un decreto del IV Concilio de Letrán de 1215 por el cual se encomiaba a la separación entre judíos y cristianos, y a estos últimos se los obligaba incluso a llevar signos exteriores distintivos de su religión bordados en la vestimenta.

Los dos reyes entendían, de acuerdo con la doctrina de san Agustín y del humanista mallorquín Raimundo Lulio —Ramón Llull—, que, si bien su obligación como príncipes cristianos era la de procurar la conversión de los judíos, esta había de hacerse desde el respeto a su libertad y con el ejemplo como base de predicación. Esta política cosechó multitud de conversiones de judíos y fue seguida en 1413 por el papa Benedicto XIII, quien convocó una magna conferencia catequética en Tortosa predicada por el judío converso Jerónimo de Santa Fe, que sirvió para que multitud de rabinos se bautizasen. Pero desgraciadamente en esos años no todo fue tan ejemplar, por cuanto que en el verano de 1391 el arcediano de Nebrija, Ferrán Martínez, organizó una persecución contra los judíos que pronto llegó a extenderse por todo el país, y causó el asesinato de cerca de 5000. La matanza la cortó tanto la autoridad civil, que supo oponerse enérgicamente a la barbarie, y que, por ello, por intentar defenderlos, le costó la vida al mismo condestable Iranza, como por la propia Iglesia, con hombres de la talla de santo Tomás de Villanueva —un siglo antes de san Vicente Ferrer—, quien mereció por ello el honroso título de «Apóstol de los Judíos».

En España predominó un clima bastante generalizado de convivencia, si bien no faltaron problemas entre ambas religiones, principalmente en aquellas poblaciones en las que la comunidad judía contaba con un importante peso demográfico y económico. En dichas poblaciones los judíos monopolizaban, entre otras profesiones de élite, la de recaudadores de impuestos, o las finanzas, cobrando intereses ordinarios del 33 %, que en multitud de ocasiones se tornaban muy superiores. La situación se agravaba con mutuas acusaciones —que nunca podremos saber hasta qué punto pudieron ser ciertas— relativas a cruentos sacrificios y un sinfín de historias similares. Todo ello incubaba un ambiente de recelos y odios mutuos que, en ocasiones, degeneraron en estallidos de violencia como los acaecidos en Aragón en 1341 y Toledo en 1449, que se cerraron con multitud de víctimas. A finales del siglo XV estos recelos no solo todavía persistían, sino que se habían visto incrementados por la desconfianza generada por la periódica y masiva afluencia de nuevos judíos llegados como consecuencia de las expulsiones en el resto de Europa.

Es en estas circunstancias donde concurre la refundación del Estado español, tras la reunificación de los reinos de Castilla y Aragón, y la reconquista de Granada. Este nuevo Estado inauguró el concepto moderno de nación y canceló los poderes y privilegios particulares de los señores feudales y la aristocracia, para reunirlo en un único poder central al servicio común de todos los ciudadanos. Fue algo auténticamente revolucionario para la época; la justicia pasó de estar en mano de la parcialidad de los diversos aristócratas en sus diferentes jurisdicciones territoriales, a organizarse en una administración central de justicia, con base en las audiencias y chancillerías, común a todos los súbditos. Igualmente, el Estado monopolizó por primera vez la seguridad nacional interna mediante un cuerpo de «policía» —la Santa Hermandad—, y para la defensa exterior organizó un ejército permanente. También el nuevo Estado recabó para sí las facultades de hacienda y económicas. Todo ello fue posible gracias a la enorme influencia de la nueva cultura renacentista que se respiraba en la corte de los Reyes Católicos. No es casualidad que fuesen ellos los únicos monarcas que respaldaran el proyecto de un ya casi desilusionado Cristóbal Colón, tras fracasar en el resto de las cortes europeas. Eran reyes modernos, muy por delante de su época, abiertos a nuevas ideas y a mundos por descubrir. Los Reyes Católicos no solo unificaron España sino, que, a su vez, sentaron las bases de una revolución política y cultural todavía más importante, aunque evidentemente menos reconocida, que la propia Revolución francesa, con la diferencia de que esta última se saldó con 300 000 cabezas caídas en el cesto de la guillotina y la de los primeros con 100 000 judíos expulsados.

La «necesidad» de expulsar a los judíos no fue una idea de la que se mostraran partícipes, en un principio, los Reyes Católicos. De hecho, Fernando no solo era descendiente, por parte de madre, de judíos, sino que también los tenía a su servicio en cargos de alta responsabilidad; es el caso de Pérez de Almazán, López de Cochinillos o Santángel. Por su parte, la misma reina Isabel tenía por médico a un judío. Y es también ella quien deroga la ley del Concejo de Bilbao, por la que se les prohibía entrar en dicha ciudad a los judíos. Igualmente concedió protección real a las aljamas de Sevilla y Ávila.

Ambos reyes no solo mantuvieron vigente y respetaron toda la legislación antigua que protegía a los judíos, sino que además dictaron nuevas disposiciones para dotarlos de una mayor protección e igualdad:

- Prohibición de hacer preso a un judío, salvo por el supuesto de deudas reales.

- Dispensa para trabajar los domingos y demás fiestas cristianas, a fin de poder compensar las suyas propias.

- Exención del pago de impuestos, derramas o tributos para el sostenimiento de la Santa Hermandad de las ciudades, dado que ya pagaban sus propias contribuciones en concepto de seguridad a la Corona.

- Privilegio de negarse a dar alojamiento, ropa u otros servicios a corregidores y oficiales de la Corona.

- Dependencia directa de las aljamas —216 en Castilla y 12 en Aragón— de la Corona, pues se les considera propiedad de la misma.

Pero ni el ánimo de los reyes, ni estas últimas disposiciones, consiguieron apaciguar las posturas de una opinión pública que por días se tornaba más enconada hacia la población judía, que por su parte también se encontraba cada vez más recelosa ante la reunificación política y religiosa del nuevo Estado. Eso hizo que se caldeara un ambiente propicio a la expulsión. En ese contexto dos hechos terminarían por romper el difícil equilibrio en el que a duras penas convivían ambas comunidades. El primero tuvo lugar en 1485, cuando un grupo de judíos aprovechó que el inquisidor don Pedro Arbués celebraba misa en la catedral de Zaragoza, para asesinarlo en plena ceremonia. El propio rey Fernando tuvo que hacer gala de su diplomacia para impedir una matanza que vengara a Arbués, a quien el pueblo respetaba como a un santo.

Cinco años más tarde, en 1490, se produjo un segundo hecho desgraciado. Tuvo lugar cuando un judío reputado, Yucé —Ioseph— Franco, fue acusado, en compañía de otros cómplices, de asesinar a un niño de apenas cuatro años de edad del pueblo de La Guardia. Se afirmó que, en medio de una cruel y blasfema ceremonia, que en pleno Viernes Santo suponía una burla de la crucifixión de Jesucristo, se había mutilado y clavado en una cruz a quien a partir de entonces será conocido como el Niño de la Guardia. Yucé Franco y sus cómplices fueron juzgados, encontrados culpables, y condenados a muerte. No faltaron quienes afirmaron que tanto el brutal asesinato, como el posterior juicio, no fue más que un burdo montaje con el propósito de aumentar aún más el odio del pueblo hacia los judíos. Nunca sabremos hasta qué punto pudieron ser reales estas acusaciones. Lo tristemente cierto es que el asesinato —real o ficticio— del Niño de la Guardia, provocó un estupor y un miedo en la población como no se había conocido hasta entonces, y que dio al traste, definitivamente, con cualquier posibilidad de entendimiento y convivencia pacífica.

En este ambiente a finales del siglo XV de fuerte divorcio social entre judíos y cristianos, se da la circunstancia de que más de la mitad de la población judía había abandonado la fe de sus padres, y a lo largo de los dos últimos siglos había reconocido a Jesucristo como a su Mesías. A esta parte mayoritaria de la familia judía se la reconocía como conversos, y destacaba notablemente por su prestigio y poder en las diversas esferas profesionales, políticas e incluso eclesiásticas del nuevo Estado. Será precisamente esta situación privilegiada de los judíos cristianos la que les anime a querer diferenciarse, con la intención de no ser confundidos con el resto de los judíos practicantes que no solo se niegan a adaptarse como ciudadanos normales, sino que, por el contrario, no dejan de fustigar a sus hermanos para que abandonen el cristianismo.

Con estos últimos acontecimientos, de Arbués y el Niño de la Guardia todavía frescos en la memoria, la insistencia por la expulsión de la influyente comunidad de judíos conversos, así como la acuciante necesidad de paz social tras la guerra de Granada, se sumó a la exhortación nada menos que del papa para que España siguiera el ejemplo de las demás naciones cristianas que en su día expulsaron a los judíos. Razones todas ellas, especialmente la última, que terminaron por mudar el parecer de unos Reyes Católicos que ya veían imposible una convivencia pacífica.

El 2 de enero de 1492 cayó por fin Granada, el último bastión mahometano de España, y con el propósito de asegurar la tan ansiada paz social, después de siglos de eternos conflictos, se firmó apenas tres meses más tarde —el 30 de marzo— el decreto de expulsión de los judíos. No es una febril obsesión de uniformidad religiosa, pues de hecho los mismos moros vencidos en Granada no solo no son expulsados, sino que se les reconoce como súbditos de la Corona en igualdad de derechos, e incluso se les permite —durante un tiempo— practicar su religión y costumbres, pues se han comprometido por escrito en el acuerdo de rendición a vivir en paz y evitar todo recurso al conflicto armado. Al final, décadas más tarde, el incumplimiento de sus promesas en forma de continuos levantamientos sangrientos, hará que los moros no convertidos al cristianismo sean definitivamente expulsados a África.

En todo caso, los judíos todavía intentaron a la desesperada un último recurso para evitar la expulsión, cuando su comunidad, encabezada por Abarbanel, y conocedora de la tesitura económica, ofrecieron a la Corona una fortísima cantidad de dinero —300 000 ducados de oro— a cambio de dar marcha atrás al proyecto de expulsión. Ciertamente esa suma bien habría podido dar desahogo a la precaria situación pecuniaria en la que se encontraba la Corona tras la larga y costosa guerra. Sin embargo, los monarcas declinaron aceptar la propuesta y renunciaron a un dinero que les habría solucionado buena parte de sus acuciantes problemas. Según la mentalidad de Isabel y Fernando, la anulación del Decreto de Expulsión habría hipotecado la futura pacificación del reino.

La toma de Granada no solo supuso una simple victoria militar con la que recuperar los territorios perdidos siglos atrás. El acontecimiento significó un auténtico fenómeno de entusiasmo colectivo, a medio camino entre el fervor religioso y la exaltación patriótica, mediante el que castellanos y aragoneses pronto empezaron a olvidar sus viejas diferencias y a proyectar nuevos e ilusionantes proyectos en común. Desgraciadamente, en ese nuevo horizonte donde se había alejado el fantasma de las luchas internas, y que solo prometía prosperidad, ya no había sitio para los judíos. Se consideraba que eran una fuente de conflicto social, y esa, y no otra, será la causa última de su expulsión. Algo injusto —sin duda—, pero no por ello más achacable a los reyes que a la opinión pública y la intelectualidad de entonces, tan favorable a que se hiciera. De hecho, una vez expulsados los judíos de España, la Universidad de París se apresuró a felicitar a los Reyes Católicos por tan «sabia decisión».

No obstante, los judíos españoles serán expulsados con unos derechos y garantías dignos, algo que siempre se les negó en el resto de expulsiones europeas. El decreto de expulsión comienza de la forma siguiente:

> Sabedes o devedes saber que porque nos fuemos ynformados que en estos nuestros reynos avia algunos malos chistianos que judayzaran e apostatavan de nuestra Santa Fe Católica...

El resto del texto contiene las cláusulas relativas a condiciones, plazos y garantías relativas a la expulsión:

- Plazo de cuatro meses para poder convertirse voluntariamente al catolicismo.
- Reconocimiento de la entera disponibilidad tanto de bienes muebles, como inmuebles.
- Prohibición de sacar de España oro o armas.
- Las mercancías o bienes que se lleven consigo estarán completamente exentas de pagar portazgos, roda o cualquier otro tipo de impuesto mercantil.
- Para impedir que hubiesen de malvender de forma precipitada sus inmuebles, se nombra administradores que gestionen en su nombre la venta de dichas posesiones en las mejores condiciones.
- La salida del país quedaba salvaguardada por seguro real.

Condiciones y garantías que se cumplieron a rajatabla. Tenemos constancia de que el capitán castellano de uno de los barcos que transportó judíos a Marruecos se aprovechó de la situación para desembarcarlos con lo puesto, tras robarles sus pertenencias, y creyó que por tratarse de judíos desterrados no tendría que responder jamás ante la justicia. Enteradas las autoridades, se siguieron las pesquisas oportunas hasta que los judíos recuperaron lo robado, y se les indemnizó con cargo a los bienes del capitán, quien fue ejecutado en la horca.

Muchas son las cifras que se han barajado acerca de la posible cantidad de judíos que hubieron de abandonar su patria. Elliott habla de una población de 200 000, de los cuales 120 000 prefirieron abandonar España a renunciar a sus principios, mientras que Luis Suárez reduce ambas cifras a la mitad.

La expulsión de España, a diferencia de la de cualquier otro país, produjo un tipo específico de judíos que desde entonces y hasta nuestros días ha traspasado todas las barreras del tiempo y el espacio; los sefardíes, quienes, viviendo en Marruecos, Salónica, Constantinopla, Jerusalén, o cualquier otra parte del mundo por recóndita que sea, han conservado sus rasgos hispanos, tanto en su liturgia distintiva, como en su lengua, muy similar al castellano antiguo. Aunque algo legendaria y exagerada, se ha hecho proverbial aquella afirmación del sefardí que guarda como preciado tesoro la llave de la casa que sus antepasados tenían en España antes de la expulsión.

En todo caso, una llave que ha permitido una ejemplar reconciliación con la católica madre España. Primero, con la ley aprobada por la dictadura de Primo de Rivera que concedía la nacionalidad española a todos los descendientes de sefardíes, repartidos especialmente por el Mediterráneo. Y, más tarde, con la tan heroica como ignorada labor humanitaria mediante la que el Gobierno español durante la Segunda Guerra Mundial, a través de su red de embajadas y legaciones diplomáticas en toda Europa, otorgó pasaporte y visado nacional a todos los judíos —sefardíes y no sefardíes— que pudo. La orden dada por el general Franco fue, literalmente: «Salvar a todos los judíos posibles, utilizando todos los medios posibles». El profesor Haim Avni, nada menos que de la Universidad Hebrea, cifra en unos 40 000 los salvados por España a través de sus embajadas en países ocupados por el III Reich; y otro tanto al abrirles el paso a través de nuestras fronteras. En total, cerca de 80 000 judíos salvados por España de la barbarie nazi.

De hecho, es en el tempranísimo 1941 cuando Franco crea en Madrid y Barcelona el Instituto de Estudios Judíos Benito Arias Montano. Su erudita publicación *SEFARAT* fue, y sigue siendo, una de las mejores publicaciones judías del mundo, y en todo caso la única plenamente subvencionada por un gobierno nacional fuera de Israel. En la actualidad depende del CSIC.

Recordemos que son los mismos años en los que Gran Bretaña cerró sus fronteras a los judíos que escapaban del Holocausto; en los que la tolerante Suiza entregaba a las autoridades alemanas los miles de judíos que habían traspasado sus fronteras, o en los que la colaboracionista Francia enviaba a sus judíos deportados a los campos de concentración nazis.

A principios de 1945 todavía tenían vetada la entrada a Palestina, colonia inglesa por aquel entonces, los judíos europeos que habían escapado del Holocausto, por lo que la Agencia Judía hubo de acudir al general Franco, quien le dio todo tipo de facilidades para que desde territorio español emigrasen ilegalmente a aquella región.

En el otoño de 1953, el general Franco autorizó también por primera vez desde su expulsión en 1492 servicios religiosos judíos, y años más tarde, en 1968, se inauguró en Madrid la primera sinagoga desde 1492. Para conmemorar el acontecimiento, el Ministerio de Justicia, por mandato expreso del regente, confirmó la derogación del Edicto de Expulsión.

Así que, quien puso punto final a la expulsión de los judíos de 1492, no fue la progresista Segunda República, ni la «ejemplarísima» Transición a la democracia, ni los gobiernos del «cambio» socialista… sino el tan denostado dictador.

Desde la sinagoga de Madrid hasta las de Nueva York, se elevaron el 20 de noviembre de 1975 oraciones al Cielo por el benefactor del judaísmo, Francisco Franco, reconocido de manera explícita por numerosas personalidades del mundo judío, como Shlomo Ben Ami, exministro de Asuntos Exteriores de Israel; Golda Meir, primera ministra de Israel (1969-1974), o Israel Singer, presidente del Congreso Mundial Judío (2001-2007).

4
La Inquisición.
Los europeos que menos herejes quemamos

El doctor Farrar, obispo de Saint Davids, quemado por la represión protestante inglesa en Carmarthen, Gales, el 30 de marzo de 1555.

La leyenda negra sobre la Inquisición española tiene algo de fundamento y bastante de falsedad... si se denomina «leyenda» a una realidad pasada y se la califica con un oscuro adjetivo, se debe a que entre sus ingredientes hay parcialidad, prejuicios e incluso falsedades, aunque se base en hechos concretos. Criticar a la Iglesia siempre queda bien.

Beatriz Comella, *La Inquisición española.*

4.1 ¿Qué fue la Inquisición?

U NO DE LOS PERSONAJES MÁS CONOCIDOS de la historia universal, comentó en relación con la Inquisición española:

> En Madrid, el olor nauseabundo de la hoguera de los herejes se mezcló durante más de dos siglos con el aire que se respiraba. Si en España vuelve a estallar una revolución, habrá que ver en ella la reacción natural a una interminable serie de atrocidades. No se puede llegar a concebir cuánta crueldad, ignominia y mendacidad ha supuesto la intromisión del cristianismo en nuestro mundo.

Era la noche del 20 de febrero de 1942 cuando Hitler pronunciaba esas palabras. El mismo criminal que ordenó gasear e incinerar a más de seis millones de judíos, resulta que se escandalizaba por las atrocidades de la Inquisición en España... Y no hablamos de un discurso pronunciado ante gentes a las que el genocida tuviese especial interés en hacer creer que tenía un corazón humano, sino declaraciones de una confidencia íntima ante sus más allegados colaboradores, sus mismos cómplices del Holocausto.

Tampoco fue un desvarío momentáneo, o un lapsus, pues son múltiples las manifestaciones en repulsa de los crímenes y la barbarie de la Inquisición española que hizo a lo largo de los años, especialmente en referencia a la quema en hogueras.

Hitler, simplemente, era heredero cultural de toda una forma de pensamiento gestada a lo largo de los cuatro siglos anteriores, y que había modelado las convicciones europeas de tal forma, que la misma noche en la que planeaba con sus secuaces la Solución Final para los judíos, criticaba de corazón a la cruel Inquisición española, con el mismo apasionamiento, vehemencia, y sensiblería prefabricada de cualquier otro progre nada sospechoso.

Y de Alemania, pasamos a España, donde al pasear por multitud de librerías, mientras buscábamos bibliografía acerca de la Inquisición española, nos hemos encontrado con que existe una coincidencia tremendamente generalizada entre la mayoría de los libros que se han escrito acerca de este tema; resulta que, con independencia del autor o la editorial que lo publique, el común denominador de la gran mayoría de estos títulos es el compartir una ilustración de portada que reproduce un cuadro de Berruguete, conocido como *Auto de Fe*, presidido por santo Domingo de Guzmán. Desde luego, es verdaderamente conmovedor. Enmarcado en unas clarísimas líneas góticas, ricas en colorido, reproduce una quema de herejes, en la que dos pobres desgraciados arden vivos, desnudos y con sus vergüenzas apenas cubiertas por unos exiguos lienzos blancos, mientras desde una tribuna ricamente engalanada, multitud de clérigos e invitados contemplan el espectáculo. Pero lo más gracioso no es que estos libros sobre la Inquisición tengan la poca originalidad de copiarse portadas, sino el hecho de que la ilustración lo que representa son unas ejecuciones de albigenses llevadas a cabo por la Inquisición francesa en el siglo XIII, y por tanto sobran en libros que teóricamente hablan sobre la española.

Esta aparente dicotomía entre una cubierta y un título solo puede tener dos posibles explicaciones: la primera, que los escritores de esos libros desconocen que la Inquisición española no se creó hasta el siglo XV, y que jamás envió a la hoguera a ningún albigense —en cuyo caso dichos libros carecen de toda credibilidad intelectual y científica—; la segunda, que dichos autores, aunque sí son plenamente conscientes de que la imagen principal con la que ilustran sus libros es incorrecta, asumen que cumple una función de mensaje subliminal en aras de dar mayor credibilidad al resto del contenido falso y tendencioso de sus narraciones.

A tal punto ha llegado la imagen parcial y sesgada que de la Inquisición española nos han querido transmitir, que estamos convencido de que, de convocar un concurso, no ya solo en España, sino a nivel internacional, sobre la página más deplorable de nuestra historia, sin duda alguna sería esa, la de la Inquisición, la que se llevase la palma. La versión que nos daría cualquier persona de la calle a la que preguntásemos al azar su opinión respecto de lo que fue, sería algo así: un contubernio de fanáticos e integristas religiosos que, en la Edad Media, no tenían otra cosa mejor que hacer que dedicarse a torturar y quemar, de forma brutal y sádica, a todo vecino que no se dejase doblegar por la actitud intransigente del catolicismo español.

La verdad histórica demuestra que la Inquisición poco tuvo que ver, al menos en España, con estas estólidas afirmaciones. Ni fue tan cruel, ni fue un fenómeno puramente español, sino que, antes bien, estuvo presente en todas las grandes naciones europeas. De hecho, España, al igual que ocurriera con la escabrosa cuestión de la expulsión de los judíos, fue la última hija de Europa en apuntarse a lo que por aquel entonces parecía ser la tendencia *cool* en el mundo civilizado. No solo fue la última, sino también el país donde se produjeron menos ejecuciones, donde fue más benigna, y lo que es más destacable, donde estuvo siempre sujeta al principio de legalidad, al margen de intereses políticos.

La Inquisición —obviando múltiples matices, más propios de un estudio en profundidad— era un órgano judicial con competencias sobre cuestiones religiosas, al igual que hoy día existen otros con jurisdicción penal, civil, laboral, administrativa, mercantil, en asuntos de familia o «de género», etc. A este respecto, puede parecernos injusto, absurdo y un gravísimo atentado contra las libertades individuales pensar que haya existido una época en la que las personas podían ser juzgadas por su integridad religiosa. Pero pensemos que también sería injusto juzgar las cosas que ocurrieron en otro tiempo con los criterios de hoy día y no con los de aquella época. No se trata de que antes las personas o las cosas fuesen mejores o peores que en nuestros tiempos, sino que las circunstancias eran simplemente diferentes, y es precisamente desde ese entorno de donde tenemos que partir para comprender hoy lo que sucedió en otro tiempo.

Vivimos inmersos en una cultura, la denominada Occidental, donde existe un único plano horizontal de valores que giran en torno a las libertades individuales, el bienestar económico y la democracia como sistema político, pero tengamos en cuenta que hubo otro tiempo en el que por encima de estos valores estaba el de la religión. No solo llenaba de contenido y daba sentido a la vida de los europeos de hace 500 años, sino que también era el elemento catalizador de sus respectivas comunidades sociales. Por supuesto que había libertades individuales y públicas, más o menos como hoy día —la tendencia del hombre por la libertad es la esencia de su propia naturaleza—, pero a diferencia de los derechos y libertades del hombre moderno, no emanaban directamente del derecho positivo —de la ley escrita—, como puedan ser nuestros actuales ordenamientos jurídicos, sino que se le reconocían al hombre por el mero hecho de ser hombre.

Por poner un ejemplo, en cualquier estado occidental se reconoce el derecho a la propiedad privada, pero existe en tanto que lo recogen nuestras constituciones y demás leyes nacionales; de esta forma, si en un Estado no hubiera normas positivas que reconociesen dicho derecho —caso de las antiguas repúblicas comunistas—, simplemente dejaría de existir. En la época en la que se desarrolló la Inquisición el planteamiento era diametralmente opuesto; los Estados se limitaban a reconocer el derecho a la propiedad privada, porque se sobreentendía que era un derecho natural e inalienable de la persona. Todas las naciones de la vieja Europa inspiraban su legislación en estas creencias religiosas, y las disputas entre países eran dirimidas en Roma por el papa, al igual que hoy día puedan ser elevadas al Consejo de la ONU.

Solo en este contexto se entiende que existiese un tribunal cuya misión fuera defender aquello en lo que todo el mundo creía; de hecho, la Inquisición no tenía competencia en delitos de carácter personal, sino en los de índole social. Es decir: la Inquisición no tenía potestad, por ejemplo, para juzgar a alguien por mandar a paseo a su mujer y liarse con otra, pero sí a la hora de que ese alguien defendiese públicamente el divorcio, pues se entendía que el matrimonio era indisoluble y un puntal de la sociedad. Desde esta perspectiva es como podemos entender lo que fue la Inquisición, un instrumento no al servicio de la religión como tal, sino al servicio de la dimensión social de la religión, al servicio de la religión como referente de los valores culturales de otra época, que fue también, no lo olvidemos, la de nuestros antepasados.

Dos formas enteramente opuestas de entender la vida. Pero si queremos comprender lo que realmente fue la Inquisición, debemos evitar todo prejuicio moderno. Sin duda, la Iglesia se extralimitó —y así lo ha reconocido el papa san Juan Pablo II en múltiples ocasiones—, y confundió lo que es la libertad religiosa con lo que es el orden social, pero en todo caso desterremos la idea de que la Inquisición y el resto de la cultura de aquellos tiempos fue más cruel o salvaje que la nuestra. No olvidemos que en cualquier década de los escasos doscientos años que llevamos de «Cultura Occidental», hemos cometido más crímenes y aberraciones en nombre de la libertad, de los que se le achacan a la Inquisición en toda su vida. De hecho, las mayores persecuciones religiosas de la historia de la humanidad no han sido protagonizadas por la Inquisición de la Edad Media, sino realizadas en la misma Revolución francesa, o en cualquier régimen comunista. Sin duda, la Inquisición cometió injusticias, pero también es verdad que evitó otras mucho peores.

4.2 Orígenes y evolución de la Inquisición

En esa época de la historia que sin ningún sentido se ha conocido como oscura Edad Media, Europa era un conglomerado de pequeños reinos, dominios feudales, señoríos, ducados, condados y un sinfín de villorrios que, aunque parezca increíble, se hallaban perfectamente cohesionados gracias a un idioma que todavía se encontraba perfectamente vivo —el latín— y a la cultura cristiano-romana que empapaba cada nota de la vida. Era el momento de un gótico y un románico que nos ha perdurado reflejado de manera inmortal en las catedrales de Worms, Spira, Pisa, Palermo, Santiago, Estrasburgo, León, Burgos... Obras que hacen palidecer de envidia a la ingeniería moderna.

Fue también la época en la que se fundaron lo que son, a día de hoy, nuestras mejores universidades: Oxford, Cambridge, la Sorbona, Bolonia, Colonia, Salamanca... En ellas Alberto Magno enseñaba ciencias naturales, Roger Bacon ciencias experimentales, Tomás de Aquino solucionaba el problema metafísico del «mal», y de camino bautizaba a Aristóteles, y Francisco de Vitoria —nacido en el siglo XV— elaboraba los primeros postulados de los actuales derechos humanos y del derecho internacional. Era un tiempo en el que no tenían televisión ni internet, pero sí juglares, trovadores y peregrinos. No creamos que la Comunidad Europea que intenta-mos construir como proyecto de futuro es algo que nos acabemos de inventar, es un volver a lo que fue una realidad común: la de una Europa unida por unos mismos principios, más importantes que las meras demarcaciones políticas.

Este es el marco en el que irrumpe en la historia la Inquisi-ción. En ese momento existían en Europa dos grandes poderes, de una parte, el espiritual, radicado en Roma con su correspondiente papa, y de otra, el terrenal, personificado en Federico II de Ho-henstaufen, emperador del Sacro Imperio Romano Germánico. A la sazón, era por aquel entonces quien ostentaba la principal sobe-ranía desde Hamburgo a Nápoles. Pues resulta que en parte de los dominios de este señor y parte del reino de Francia surgió en esos tiempos la herejía albigense, en la zona comprendida entre el norte de Italia y el sur de Francia. Mantenía unas creencias que choca-ban directamente con la cultura establecida, y suponía por ello un grave peligro desestabilizador que transcendía de lo meramente religioso al mismo orden social.

No hablamos de cosas raras de la Edad Media; creo que todos tenemos todavía presentes tristes episodios protagonizados por sectas fanáticas, como los acaecidos por los davidianos en Waco, el atentado en 2001 contra las Torres Gemelas de Nueva York, o todos los que le han seguido. En ese sentido, los albi-genses eran unos individuos un tanto estrafalarios que buscaban la pureza en medio de un mundo que ellos consideraban impu-ro y demoníaco. Se alimentaban solo de frutas y verduras, por considerar impura la carne, como lo era también el matrimonio, el sexo, y otro sinfín de cosas. Pero el problema no radicaba en lo absurdo de lo que creyesen —con eso de que no les gustaba el sexo hubiesen acabado por extinguirse ellos solos—, sino en cómo lo creían, de una forma radical, fanática y violenta, que les llevó a organizarse en grupos armados a los que fue necesario combatir incluso mediante una cruzada convocada para tal fin. Aunque, en honor a la verdad, quien más colaboró para acabar con la secta no fueron las armas y mesnadas del emperador, sino la predicación y el ejemplo de un ejército de frailes a las órdenes del español santo Domingo de Guzmán, fundador de los dominicos y promotor de la revolución cultural y religiosa que puso a Europa ante las puertas del Renacimiento.

Federico II, el emperador del que hablábamos, era de carácter tiránico y arbitrario. No admitía que nadie cuestionase ni su autoridad ni sus repentinos cambios de opinión. Así, igual proponía organizar una cruzada en nombre de la cristiandad para liberar el peregrinaje a Tierra Santa, como confraternizaba con los pachás del islam y mataba unos cuantos curas para, al día siguiente, autoerigirse en paladín de la Iglesia. En una de esas ocasiones, en la que por cierto, le convenía granjearse la amistad del nuevo papa Honorio III a fin de mantener la corona de emperador, se le ocurrió solicitarle autorización para la apertura de un tribunal con competencias en materia religiosa destinado a frenar la expansión de los albigenses, a lo que el pontífice accedió —con el propósito de evitar nuevos desórdenes—, no sin antes poner una serie de condiciones para impedir que dicho tribunal se convirtiese en un mero instrumento al servicio de intereses políticos.

Tengamos en cuenta que en esos momentos en los que la Iglesia entra en la escena social y política mediante la Inquisición, el hereje era un personaje tremendamente impopular. En el siglo XIII no había delito o aberración mayor que la del hereje, a causa de lo cual la mayoría morían linchados públicamente o ejecutados de forma arbitraria y expeditiva por la autoridad civil. Es necesario hacer esta breve consideración para darse cuenta de que la Inquisición, en este sentido, supuso un considerable avance humano, aunque desde nuestra lejana perspectiva histórica no pueda parecérnoslo así a primera vista. De hecho, el término inquisición no significa otra cosa que «investigación»; por tanto, el papel de la Inquisición se dirigió a investigar el verdadero origen de dichos conflictos sociales, a ponerles remedio mediante soluciones culturales, y a castigar a los verdaderos culpables de los desórdenes. En aquellos territorios donde se instauró la Inquisición católica, se cortaron de raíz las tremendas sangrías por las que miles de personas eran enviadas injustamente a la hoguera.

Con ello no queremos decir que la Inquisición tampoco cometiese errores, o que estuviese bien lo que hacía como institución religiosa, en lugar de como institución civil.

Volvamos al tema de la fundación. El primer tribunal de la Inquisición, integrado por teólogos de las órdenes franciscana y dominica, se constituyó el año 1220 en Sicilia, con dependencia directa de Roma. Poco más tarde, en el 1223, nació la Inquisición romana, también con la intención de acabar definitivamente con la herejía albigense que tantos daños y desórdenes había provocado. Trece años después, en 1236, la Inquisición, que en principio había nacido exclusivamente para la cuestión albigense, amplió sus competencias a todo tipo de cuestiones religiosas con implicaciones sociales, la razón de este giro la tenemos que encontrar en la denuncia que hace el judío converso y dominico Nicolás Donin, quien aseguró que sus antiguos hermanos, los judíos europeos, habían desvirtuado el antiguo libro del Talmud, en el que su cultura recogía sus viejas tradiciones, doctrinas y ceremonias. En esta nueva versión tergiversada del Talmud se aseguraba que Jesús era un condenado por Dios a permanecer eternamente en un pozo de estiércol, así como que su Madre, la Virgen, era una prostituta.

Las enseñanzas de estos errores aumentaron la tensión entre las comunidades judía y cristiana, por lo que se instó a que miembros selectos del claustro de la Universidad de París investigasen la cuestión. Confirmadas las sospechas, se ordenó un saqueo de todas las sinagogas para secuestrar cuantos talmudes falsos se encontrasen; solo en París fueron necesarias más de veinte carretas para llevar a la hoguera los libros falsos.

Las quemas de libros, a pesar de ser una de las imágenes que más grabadas se nos ha quedado de la Inquisición, fueron un fenómeno muy aislado y siempre circunscrito a un libro en particular que se considerase dañino. Esta actitud contrasta con la que por aquel entonces tenía la otra parte del mundo, el mundo islámico, donde la intolerancia intelectual era absoluta. En no pocos casos el fanático mahometano entendía que todo libro, tanto cristiano o judío, como incluso musulmán, sobraba, pues todo lo que el hombre necesitaba saber se encontraba ya en el Corán. En ese sentido la actitud de los países islámicos permanece invariable. Naciones como Arabia Saudí —aliada y amiga de los países occidentales— castigan todavía con la muerte la conversión al cristianismo, o la simple posesión de libros cristianos.

De igual forma, siglos más tarde, los príncipes de la reforma protestante —Lutero, Enrique VIII o Calvino—, quemaron absolutamente todo lo que no hubiesen escrito o aprobado personalmente. Probablemente nunca lleguemos a ser conscientes del enorme tesoro, hasta entonces conservado en las bibliotecas de sus universidades y monasterios, que se perdió para siempre.

Estas primeras inquisiciones, la propugnada por Federico II y la del papa, dieron lugar a la aparición en el resto del espectro europeo de otros tribunales inquisitoriales que perduraron hasta que surgió el fenómeno protestante. Fue en ese momento, principios del siglo XVI, cuando en los países que adoptaron la Reforma desapareció la Inquisición católica y fue sustituida por un terrorífico sistema de represión religioso-política. Pocos años antes había surgido la Inquisición española, paradójicamente mucho más justa y menos violenta que cualquiera de los sistemas represivos protestantes; pero desgraciadamente es la que ha pasado a la historia como ejemplo de fanatismo e intolerancia, mientras que, de forma arbitraria, poco o nada se ha dicho de sus coetáneos europeos.

Por poner un ejemplo —en cifras redondas— en los 350 años que duró la Inquisición española, fueron ejecutadas unas 4000 personas —Geoffrey Parker las cifra en torno a las 5000, mientras que Payne afirma que no pasaron de las 3000—, mientras que en diez veces menos tiempo —solo 35 años— los ingleses acabaron con una cifra aproximadamente 50 veces superior, unas 200 000 personas. A los papas ya se les ha oído varias veces en público pedir perdón en nombre de los errores cometidos por la Iglesia católica. Sin embargo, de los reyes de Inglaterra, cabeza visible de la Iglesia anglicana, todavía esperamos alguna declaración de este estilo.

Antes de entrar de lleno en el análisis de la Inquisición española, y su comparativa con la represión protestante, cabría hacer una doble diferenciación entre ambos fenómenos. En primer lugar, la Inquisición española es una institución que se funda y desarrolla bajo el principio de legalidad, lo que conocemos como el imperio de la ley; así, los diversos tribunales españoles tienen su origen en unos decretos dictados por el gobierno, ratificados por el rey y con el permiso de Roma. Estas normas legales establecen una demarcación geográfica, un sistema de procedimiento y unas competencias. Es decir, para que un tribunal de la Inquisición española pudiese condenar a alguien, en primer lugar, tenía que ser sospechoso de un delito tipificado; y en segundo lugar, el tribunal debía de tener tanto competencia territorial, como sobre ese tipo de delito. Solo entonces se juzgaba, con derecho a una defensa y unas garantías procesales, exactamente igual que hoy en día.

Por el contrario, la represión protestante no seguía un orden preestablecido. Ni siquiera podemos denominarla «institución», sino simplemente «sistema represivo». Dependía en cada momento del albedrío del soberano de turno y sus macabros caprichos. No olvidemos que los soberanos protestantes, tras romper su relación con la Iglesia católica y con el papa, lo primero que hicieron fue expropiar en beneficio propio los bienes de la Iglesia, y después, autoerigirse en cabeza visible de una Iglesia nueva, diseñada a la medida de sus necesidades y sometida al Estado. Pasaron de ser simples reyes a semidioses, y lo que es peor, se lo creyeron.

El principio formulado por Lutero de *cuius regio eius religio* en la Dieta de Augsburgo de 1555 estableció la segunda gran diferenciación, por cuanto esta sentencia sometía a cada pueblo a la religión de su rey. De hecho, el Estado confesional es una invención de los estados protestantes. En las monarquías católicas, como la española o francesa, el rey estaba obligado —si quería ser coronado— a ser también católico, pues era la religión de su pueblo; sin embargo, en los países protestantes, la libertad religiosa que propugnó Lutero consistía en que no era el rey, sino el pueblo entero quien tenía que cambiar de religión. Es decir, que la política pasó de estar al servicio de la Iglesia, a estar la Iglesia al servicio de la política, con lo que la religión dejo de ser un referente moral para convertirse en un triste instrumento al servicio de los gobernantes de turno.

Así, por ejemplo, en el año 1598, se agotó en Francia la dinastía de los Valois, y el único gran candidato al trono fue Enrique III de Navarra, quien, para convertirse en el primer monarca de la casa de los Borbones, hubo de abjurar del protestantismo y convertirse al catolicismo. «París bien vale una misa», fue la frase con la que inmortalizó su conversión y coronación —como Enrique IV de Francia— el día de la festividad de Santiago Apóstol. De otro lado, encontramos en la Inglaterra de la reforma una Iglesia creada por el monarca Enrique VIII, con el único propósito —inicialmente— de avalarle los divorcios que estimara convenientes. Así, se modificó la naturaleza de la Carta Magna y del Parlamento, y se obligó a creer en la nueva Iglesia a todo el pueblo. El problema no quedó ahí, pues primero su sucesora, María Tudor, católica, hizo al pueblo volver a la obediencia de Roma, y después, la sucesora de María Tudor, Isabel, que era anglicana, obligó a los ingleses de nuevo a cambiarse a su religión. Más tarde fue el puritano Cromwell quien obligó a los ingleses a hacerse puritanos. En lo que sí coincidieron todos fue en darle trabajo al verdugo con aquellos que no acababan de convencerse de los repentinos cambios de religión.

4.3. La Inquisición española. Su historia

Nació al amparo de la reunificación nacional realizada por Isabel y Fernando. El matrimonio de ambos monarcas pretendía recuperar la España perdida tras la invasión mahometana, y para ellos la renovación espiritual y la unidad en la fe eran, sin duda, el primer eslabón en la consecución de sus objetivos. De hecho, la Inquisición fue la primera institución netamente española, muy anterior incluso a cualquier otro órgano político común al nuevo Estado. Al punto, que tanto Castilla como Aragón mantuvieron sus propias leyes, Cortes y moneda.

Esta idea de comenzar la unidad política a través de la unidad religiosa no debe extrañarnos; recordemos que es nada menos que Rousseau, uno de los grandes teóricos de la democracia moderna, quien afirma: «Jamás se fundó estado sin que la religión sirviese de fundamento», o que el artículo primero de la Constitución de los

Estados Unidos de América —escrita hace más de 200 años, y vigente en nuestros tiempos—, proclama categóricamente: «En el nombre de Dios nos constituimos como nación». Y si algo tenían claro, a finales del siglo xv, castellanos y catalano-aragoneses, era que llevaban nada menos que ochocientos años a garrotazo limpio para echar a los moros y recuperar su identidad como nación cristiana.

Pero a todo esto había un problema, y era que en esa época parte de los miembros de la Iglesia católica no eran precisamente un ejemplo a seguir. Empezando por algunos papas que dedicaban más esfuerzo a la política que a la Iglesia, para continuar con un clero en ocasiones inculto y cargado de vicios mundanos. Estaba claro que, si la religión había de servir de elemento unificador, tenía que empezar por arreglarse a sí misma.

En esta línea Isabel y Fernando tenían claro que solo una Iglesia segura en su fe y firme en sus valores permanentes podía servir de clave como elemento unificador del nuevo Estado. Para ello, tuvieron el acierto y la audacia —respaldados por figuras insignes como Cisneros o Mendoza— de adelantarse en España a realizar la reforma por la que clamaba toda la cristiandad. Lo hicieron mediante un ambicioso proyecto de renovación cultural y religiosa basado en la introducción del humanismo renacentista. Se puso de moda leer a Ramón Llul y a Erasmo de Rotterdam; se fundaron universidades y estudios y se reguló al mismo tiempo la vida religiosa impidiendo a los curas vivir con mujeres o prohibiéndoles ir sin hábito o dedicarse a menesteres que no fuesen los propios de su ministerio.

Gracias a este empeño, cuando cincuenta años más tarde se produjo el fenómeno protestante, apenas llegó a España. En todo caso lo hizo sin fuerza alguna, pues para entonces la ejemplaridad de vida y el nivel cultural del clero español estaban muy por encima del resto de Europa. Santa Teresa de Jesús, san Juan de la Cruz, san Ignacio de Loyola, Francisco de Vitoria y fray Luis de León son un claro ejemplo de esa rara y única combinación de ascetismo religioso y modernidad cultural, fruto de la obra emprendida por la que ha sido, sin duda, la mujer de Estado más competente que haya gobernado jamás.

En este proceso de unidad religiosa se da un fenómeno nuevo que no tenía precedentes en la historia de otras naciones europeas: las masivas conversiones al catolicismo de multitud de moros procedentes de las zonas reconquistadas, así como de judíos. Dentro de estos conversos había grupos que, bien querían evitar su expulsión de España, o bien aspiraban a medrar en la nueva potencia europea que comenzaba a surgir. Por eso fingían cambiar de religión y, en privado, practicaban sus antiguos ritos. Seguramente, la mayoría de esas conversiones eran auténticas. Sin embargo, el número de las ficticias era tal que suponía un peligro, por cuanto que las comunidades de judíos y moriscos —formadas, a veces, por decenas de miles de personas— tendían a vivir agrupadas y al margen del resto de la sociedad, con la consiguiente posibilidad de insurrección armada, o de puente para facilitar una invasión turca. Estas suposiciones no eran fruto de una imaginación enfermiza, como se vio después, por ejemplo, con la rebelión de las Alpujarras, donde 182 pueblos y más de 150 000 moriscos tardaron varios años en ser sometidos. Por cierto, que tenían un sentido del humor muy refinado; para impedirles a los cristianos que pronunciasen el nombre de Jesús, les llenaban la boca de pólvora y luego prendían una mecha.

Pues bien, la urgencia de diferenciar las conversiones auténticas de las meras farsas, así como la búsqueda de un instrumento de referencia útil en el proceso de renovación religiosa antes expuesto, hizo que surgiera en España la necesidad de establecer la Inquisición. Aunque parezca mentira, quienes más presión social hicieron para que se llevara a cabo, no fueron los cristianos viejos o facciones de integristas, sino la fuerte comunidad de judíos conversos que formaban parte del gobierno y de las altas esferas sociales. Judíos conversos eran desde el ginecólogo particular de la reina, hasta el mismísimo tesorero real Abraham Seneor; fueron ellos los que instaron a Isabel y Fernando a solicitar en 1478 de la Santa Sede permiso para establecer la Inquisición en España. Lo concedió Sixto IV en la bula *Exigit sincerae devotionis*, mediante la que se autorizaba a los reyes a seleccionar dos o tres personas de su confianza, maestros en teología y mayores de cuarenta años, para nombrarlos inquisidores.

La Inquisición española se fundó por tanto con el permiso del papa, pero no dependía de la Iglesia católica, sino del poder civil. Se estrenó en Sevilla, donde en 1481 se llevó a cabo el primer auto de fe, con la quema de seis falsos judeoconversos.

Al año siguiente, 1482, el papa nombra directamente a siete inquisidores, todos dominicos, con fray Tomás de Torquemada a la cabeza como inquisidor general —1483—. En 1492 Torquemada organizó ocho tribunales en Castilla —Ávila, Córdoba, Jaén, Medina del Campo, Segovia, Sigüenza, Toledo y Valladolid—, para después hacer lo propio en Aragón —Zaragoza, Valencia y Barcelona—. Ocupó el cargo hasta 1496, e inauguró la que sin duda fue la época más dura de la Inquisición. Durante su mandato, y según apunta el cronista oficial de la época, Hernando del Pulgar, la cifra de condenados pudo rondar las 2000 personas, si bien hemos de subrayar que la inmensa mayoría de las condenas a muerte no llegaban a ejecutarse, pues el arrepentimiento del acusado automáticamente condonaba la pena de muerte por otras menores. En todo caso, el hecho de que buena parte de estos ajusticiados perteneciesen a la comunidad de judíos conversos no guarda relación con la animadversión que Torquemada sentía hacia este colectivo —por lo demás algo común en la época—, pues siempre desempeñó su cargo con absoluto sentido de la imparcialidad. Prueba de ello son las numerosas normas y leyes que redactó para evitar abusos y asegurar el correcto funcionamiento de los tribunales.

Pasada esta primera etapa de Torquemada y de procesos mayoritariamente relacionados con falsas conversiones, se dio paso a un periodo de unos treinta años de relativa tranquilidad, interrumpido por la aparición en escena del problema protestante. Hasta entonces —sobre 1530— habían sido ejecutadas realmente un par de miles de personas, según Henry Kamen. En todo caso, al referirnos al problema protestante, no queremos decir que se considerase como un problema en sí mismo el hecho de que algunos colectivos abandonasen la fe católica para abrazar las teorías religiosas de Lutero, sino que se generaba un conflicto cuando también se adaptaban sus teorías sociales, las cuales habían originado ya varias guerras y revueltas, primero en Alemania, y después en el resto de Europa.

Estandarte de la Inquisición española, según un grabado del francés Bernard Picart realizado en 1722. Rodea el escudo la leyenda «Álzate, oh Dios, a defender tu causa, salmo 73», escrita en latín. En julio de 1834, al inicio de la Regencia de María Cristina de Borbón, se aprobó un decreto cuya disposición primera decía: «Se declara suprimido definitivamente el Tribunal de la Inquisición». Fue la cuarta y última abolición de la Inquisición en España.

Esos problemas eran consecuencia directa de la predicación religioso-política de Lutero, dirigida en un principio a las clases humildes, a quienes enfervorizaba hablándoles de libertad y en contra de la opresión de la autoridad. Sin embargo, sus arengas y sermones provocaron que, bajo la guía militar del fanático Tomás Müntzer —una especie de comunista del siglo XVI— y alentado espiritualmente por Lutero, se sublevase el campesinado en contra de los príncipes alemanes, que eran los dueños de la tierra. La Guerra de los Campesinos, como se la conoció, fue ganada por los príncipes, pero ya antes de la derrota final, cuando el futuro se veía lo suficientemente negro para los pobres destripaterrones, Lutero cambió de bando. De repente, el predicador protestante asumió un nuevo concepto en su doctrina: «Ir en contra de la autoridad es resistirse a los designios de Dios», así como «El momento es tan excepcional que un príncipe puede, derramando sangre, ganarse el cielo. Por esto, queridos señores, exterminad, matad, estrangulad, y los que tienen el poder que lo usen...».

Nuevos preceptos «cristianos» con los que parece querer congratularse con sus antiguos enemigos los príncipes, a quienes les dedica el libro *Contra las bandas asesinas y bandoleras de los campesinos*. Y así, más de cien mil labriegos fueron empalados o quemados.

A partir de ese momento Lutero modifica su estrategia y se asocia con los príncipes, quienes encuentran en la Reforma Protestante una extraordinaria excusa para zafarse de la autoridad del emperador, su enemigo político, y, de camino, recuperar sus antiguos poderes y privilegios feudales. Por supuesto, la victoria de los príncipes se salda con una represión intensa, en la que Tomás Müntzer acabó torturado y decapitado. Al mismo tiempo, los príncipes multiplicaron su patrimonio al expropiar los bienes de la Iglesia. Estas expropiaciones, lo mismo que sucederá en la Inglaterra cismática, irán acompañadas del exterminio de comunidades monacales enteras, así como la destrucción de valiosas bibliotecas en las que se guardaban manuscritos con casi toda la cultura clásica. La quema de libros en los países protestantes a lo largo del siglo XVI fue un drama cultural, solo comparable con la quema de la biblioteca de Alejandría por los mahometanos, mil años atrás.

Las revueltas protestantes pronto se extendieron a gran parte de Europa, con la salvedad de Italia, casi toda Francia y España. Se debió a la astucia con la que Lutero supo aprovechar un reciente invento alemán: la imprenta. Por eso, en España, donde ya en 1525 el tribunal de Toledo había publicado un decreto contra la herejía luterana, el inquisidor general Fernando Valdés redactó, en 1551, el *Índice de los libros prohibidos* con el propósito de impedir la entrada de libros protestantes. Es un «índice» ya netamente español, más extenso incluso que el aprobado por la Curia Romana. Sin duda, la amenaza protestante desató una frenética actividad en la Inquisición española que le llevó a un exceso de celo, como demuestran los procesos abiertos contra fray Luis de León o el mismísimo san Ignacio de Loyola, que fue detenido en dos ocasiones por enseñar en Alcalá y Salamanca sin el oportuno título de teólogo. Medidas, todas ellas, que ya resultaron tremendamente impopulares en esa época, pero que hoy podemos afirmar que sirvieron para evitar en España el baño de sangre por conflictos religiosos que inundó al resto de Europa por más de siglo y medio.

Sin embargo, y paradójicamente, las actuaciones contra protestantes fueron escasas y de poca relevancia, dado, como hemos explicado anteriormente, que este fenómeno chocó en España con un elevado nivel de conocimiento doctrinal y teológico. Con todo, cabe destacar los focos heréticos de Sevilla y Valladolid. En Sevilla se descubrieron dos barriles llenos de libros protestantes, a consecuencia de lo cual veintidós personas fueron condenadas y ejecutadas, y en Valladolid el predicador imperial Cazalla creó una Iglesia luterana, catorce de cuyos miembros acabaron en el patíbulo.

Las actuaciones contra los protestantes se dieron entre 1517 y 1648, con una cifra de unos 2700 procesados, de los que menos de 150 fueron ejecutados.

Por su parte, la brujería —tema muy recurrido para hablar de la Inquisición— tuvo en España una presencia más anecdótica que real, y quizá no se hablaría de ella de no ser por los geniales e inmortales cuadros de Goya. Famoso fue el proceso de Logroño y la quema, en 1610, de las seis brujas de Zugarramurdi, en Navarra. Pero fue poco más que eso: simple anécdota. Al menos, en comparación con el resto de Europa, donde sin existir toda la documentación necesaria, se tiene constancia de que las quemas de brujas fueron un acontecimiento frecuente en la vida social de la época, así como el empalado de homosexuales. Juan Blázquez Miguel contabiliza en sus estudios al respecto la tremenda cifra de aproximadamente 200 000 brujas quemadas en el norte de Europa.

Hasta su desaparición en el siglo XIX, la Inquisición española se estima que acumuló hasta 59 ejecuciones a causa de brujería —en más de la mitad de estos casos se consideró en realidad probado el bestialismo y no el trato con el Maligno—. Esta abismal diferencia entre España y la Europa de habla alemana e inglesa marca, en primer lugar, dónde hubo más «fanatismo represor»; y, en segundo lugar, dónde se dio más relevancia a la brujería como problema social y religioso, que como asechanza del Diablo. Además, fue precisamente la Inquisición española la que, en contra de lo que era costumbre dentro de la jurisdicción civil, y por supuesto en las inquisiciones protestantes del resto de Europa, se preocupó por cortar de raíz un problema derivado de la incultura de algunos sectores de la sociedad, que provocaba calificar de bruja a cualquier vieja demente, y sin más, enviarla a la hoguera.

De cualquier forma, no debemos caer en la visión simplista de considerar como «mujeres librepensadoras» a todas las que fueron denominadas brujas. Porque algunas de ellas eran personas que acumulaban un buen número de perversidades. El relato que nos ofrece *La Celestina*, de Fernando de Rojas, muestra de forma brillante, aunque grotesca y descarnada, el modo de vida del hampa de aquellos siglos, con bandas criminales dedicadas al fraude y la prostitución. A veces, quienes dirigían estos grupos poseían un profundo dominio de la psicología y la persuasión, lo que, añadido a su actividad delictiva inducía al vulgo a pensar que se trata de «brujos».

Gustav Henningsen en su libro *El abogado de las brujas* señala cómo la actitud tolerante de la Inquisición le hizo ganarse el apelativo del «Partido de las brujas», y revela datos tremendamente significativos. Antes de que la Inquisición tuviese competencias en Cataluña, fueron ejecutados allí más de 300 acusados de brujería por la jurisdicción civil, pero desde que las competencias en materia de brujería se transfirieron a la Inquisición, ninguna. Otro dato más significativo todavía: dentro del famoso proceso de Logroño antes referido —el proceso de Zugarramurdi—, fueron acusadas más de dos mil personas y casi seis mil sospechosos, de los cuales la Inquisición solo condenó a once, seis de ellos a morir en la hoguera. Cabe destacar que, poco antes, la Inquisición francesa había mandado a la hoguera a ochenta brujas dentro del mismo episodio, pues el proceso de Zugarramurdi se dio a ambos lados de los Pirineos. En todo caso, esas seis ejecuciones en suelo español, fueron las últimas por brujería en España, pues convencido el propio inquisidor general —don Alonso Salazar Frías— de que «no hubo brujos ni embrujados en el lugar, hasta que se comenzó a tratar y escribir de ellos», la pena de muerte quedó proscrita de tal tipo de delitos en nuestra Inquisición. España se adelantó así a Europa en más de un siglo en poner fin a una histeria colectiva que, según el historiador alemán Wolfgang Behringer, causó fuera de nuestras fronteras la muerte en la hoguera de hasta 60 000 personas acusadas de brujería. Una burrada, una bestialidad, pero, en todo caso, algo muy alejado de esos nada menos que cinco millones de brujas quemadas por la Inquisición, según *El Código da Vinci*.

Pero España, en esa época, no lo olvidemos, era esa nación «en la que no se ponía el sol» por lo que a la hora de hablar de la Inquisición española, nos referimos a una institución presente en todos los continentes, y en la mitad del mundo que se conocía por entonces, o al menos en teoría, pues la realidad es que hasta el mismísimo Torquemada se opuso a implantarla en la España del otro lado del océano, convencido que allí lo importante era convertir a los indios, y no agobiarlos con el castigo a desvíos o herejías que, sencillamente, todavía no habían tenido tiempo histórico de tener. Así que, primeramente, se dio instrucciones a los obispos de iniciar solo procesos contra peninsulares llegados a las nuevas tierras, que en su gran mayoría fueron referidos como de poligamia, por cuanto que justificaban casarse con una indita, teniendo ya otra parienta esperándoles en casa. No fue hasta 1569 —casi un siglo más tarde que en la Península— cuando por Real Cédula de Felipe II se crearon en América dos tribunales de la Inquisición, el primero en México, y el segundo en Lima. Cuarenta años más tarde —en 1610— se organizó el tercero y último, en Cartagena de Indias.

En todo caso, y según Gustav Henningsen, sin duda, el mayor experto en cifras en toda la historia de la Inquisición española en América —y Filipinas, dependiente de México—, solo fueron ejecutadas un total de 72 personas. Al fin y al cabo, no muchas más de las que ejecutaron los protestantes puritanos ingleses solo en la localidad de Salem —actual estado de Massachusetts, Estados Unidos—, cosa que, fuera de crearles «complejos históricos» a los yanquis, lo han convertido, nada menos, que motivo anual de celebración: Halloween.

De la Inquisición española se puede decir que dejó de funcionar en la práctica a partir del año 1700, coincidiendo con la llegada de la dinastía de los Borbones y una nueva mentalidad más liberal. En 1834 murió Fernando VII, y con él también, de modo oficial y definitivo, la Inquisición, después de haber formado parte de la vida de nuestro país durante 356 años.

4.3.1 Funcionamiento y métodos

La forma de actuar de la Inquisición española constituye su característica más genuina, por cuanto en todo momento estuvo sujeta a principios jurídicos revolucionarios para aquel entonces, como los de legalidad, igualdad y procedimiento. Estos rasgos suponían el gran elemento diferenciador y personal de un tribunal de justicia tan avanzado y progresista para su época, como injustamente tratado por los historiadores de aquellos países cuyas inquisiciones no supieron —ni quisieron— estar a la altura de la española.

La Inquisición en España era, ante todo, un tribunal fuertemente sujeto al principio de legalidad e igualdad. Esto es lo que hoy se denomina «imperio de la ley». Estos principios no eran un hecho aislado o exclusivo de esta institución, sino más bien consecuencia y continuación de una cultura enormemente legalista y formalista que caracterizó a los diversos reinos peninsulares, y más tarde, al reunificado Estado español. Evidentemente, no vamos a dedicarnos en estas líneas a hablar del derecho español en la Edad Media, pues, aunque no faltarían ganas, sí faltarían folios y hasta puede que paciencia al lector. Pero tampoco renunciamos a dejar claro que, cuando la Inquisición entró en la escena de nuestro derecho público, allá por los albores del siglo XVI, el derecho y la ley eran algo profundamente arraigado en nuestra cultura. Nada más alejado de la realidad que recurrir a la imagen falsa y simplista de pensar que, por aquellos tiempos, todo se reducía a unos ricos y poderosos señores feudales que hacían cuanto les venía en gana con sus pobres lacayos, a los que no se les reconocía más derecho que el de pasarse la vida destripando terrones.

Esta imagen, que ciertamente no faltó en buena parte de Europa e incluso a veces en el reino de Aragón, no tuvo nada que ver con la tónica de nuestra Edad Media, y no porque aquellos españoles fuesen mejores que el resto de europeos, sino por unas circunstancias históricas diferentes. En la Nochebuena romana del año 800, Carlomagno —rey de los francos— fue coronado por el papa como emperador, y sus dominios abarcaron casi toda la Europa occidental. Fue una extraordinaria época de unificación europea y de auge para la cultura, y todo hacía prever que el viejo Imperio romano renacería de sus cenizas para durar otros mil años. Sin embargo, todas estas expectativas duraron lo que la vida del emperador, pues, una vez muerto, las luchas por el poder disolvieron su obra, y lo que antes fuera un gran imperio, se disgregó más cada año en pequeños terruños propiedad de un señor feudal. Sin embargo, en España, por esas mismas fechas asistimos a un proceso a la inversa, un proceso de Reconquista y unificación con el objetivo de liberarse de la ocupación musulmana.

En esa Reconquista, evidentemente, también había reyes y señores, pero, sobre todo, una suerte de «conciencia nacional» que impulsaba el esfuerzo del variado pueblo hispano para expulsar a los invasores y repoblar los territorios ganados. En la colonización de las nuevas villas y de ciudades recobradas se forjó el Derecho. Los nuevos ciudadanos de estos municipios eran todos iguales entre sí, y por lo tanto tenían los mismos derechos y las mismas obligaciones. Eran también ellos los que elegían a sus alcaldes, y ellos quienes aceptaban de forma pactada el poder del rey o los señores, bajo la forma denominada «fueros», equiparables a las actuales constituciones. A su vez estas ciudades también estaban representadas ante el rey mediante un procurador que defendía los derechos de sus vecinos y votantes ante las Cortes, donde también se reunían los procuradores de las demás ciudades del reino para negociar con el monarca los presupuestos e imponer a cambio sus condiciones. Si algunos aseguran que el parlamentarismo tiene su origen en la Inglaterra del siglo XVII, entonces, ¿qué era esto que ocurría en la España de quinientos años antes? Baste como dato, que siglos antes que Inglaterra, el reino de León tuvo Cortes en 1192, Castilla y León en 1230 y Aragón en 1283.

Este contexto español de arquitectura jurídica supuso que los tribunales de la Inquisición se guiasen por el principio de legalidad y de igualdad. Además, solo podían ejercer su competencia sobre los bautizados, independientemente de cualquier otra consideración de rango social o relevancia política. Así, por ejemplo, los judíos o moros que permanecieron fieles a sus creencias y no admitieron el bautismo, estaban fuera de las competencias de la

Inquisición. Otra cosa bien distinta era que el Estado sí tuviese competencias para expulsarlos del país. El caso de Carranza —arzobispo de Toledo y primado de España— y, sobre todo, el de Antonio Pérez —secretario de Felipe II— son claro ejemplo de lo dicho, por cuanto que ni siquiera el poderosísimo Felipe II pudo valerse de su cargo para echar mano a dichos individuos mediante la Inquisición como instrumento.

En efecto, Antonio Pérez había sido denunciado como responsable del asesinato de Escobedo —secretario de don Juan de Austria—, así como por revelar importantes secretos de Estado concernientes a los asuntos de Flandes, y la justicia estaba a punto de apresarlo, cuando en una hábil maniobra consiguió huir de Madrid a Zaragoza. Allí, sede del reino de Aragón, no tenían competencia los tribunales de Castilla, pues, a pesar de llevar España unificada cerca de un siglo, la justicia de Castilla y la de Aragón todavía funcionaban de forma separada. Felipe II tenía dos opciones: o reclamar al sospechoso a la justicia de Aragón, cuestión que podía llevar meses, con el peligro de la huida de Pérez a Francia; o acusarlo de hereje ante la Inquisición —tribunal que sí era común a ambos reinos españoles—, en cuyo caso sería apresado *ipso facto*. El monarca se decidió por la segunda opción, más rápida y expeditiva, pero la Inquisición, a pesar de las imaginables presiones políticas, no halló en Antonio Pérez indicio alguno de delito de herejía. Por eso, el antiguo secretario pudo escapar.

Pero de todos los ejemplos propuestos para demostrar la efectiva separación entre Iglesia y Estado, resulta verdaderamente impresionante la postura que tuvo por norma la Inquisición de no inmiscuirse en los arduos debates que protagonizaron los intelectuales españoles en las grandes universidades, en los que hacían autocrítica sobre los fines y los medios en la conquista de América. En efecto, durante todo el siglo XVI se sucedieron en España, y por españoles, una serie de polémicas y argumentaciones de todo tipo acerca de la licitud moral y legal sobre la presencia de España en América. El tema, evidentemente, no era baladí, y hacía temblar los mismos cimientos del Imperio, pero la Inquisición —y lo que es más sorprendente, la misma monarquía— dejó libertad para escribir y opinar sobre la cuestión. Incluso permitió la publicación de los libros que hemos comentado de De las Casas. La misma libertad que dio la Inquisición española fue la que originó tanto la leyenda negra como los primeros postulados sobre derechos humanos y derecho internacional, a través de los estudios de Francisco de Vitoria y sus discípulos. Gracias a la libertad que dio la Inquisición, se puede afirmar que nunca hubo en la historia otro imperio tan preocupado por la licitud y la justicia de sus fines y actuaciones. Los intelectuales franceses del XVII y los ingleses del XVIII que probaron la misma suerte, fueron acusados de traidores y condenados a muerte.

Por cuanto se refiere a los métodos empleados en los procesos inquisitoriales, eran muy parecidos a los que existían en la jurisdicción civil, aunque bastante más atenuados. En este sentido, se puede destacar que la tortura y la pena capital eran medios frecuentes en los procesos civiles contra criminales ordinarios, mientras que resultaron excepcionales en los tribunales de la Inquisición. En los rarísimos casos en que se aplicaba algún tipo de tortura, no se rebasaban las limitaciones especificadas en el código procesal de la Inquisición. De esta forma, era obligatoria la presencia de un médico que indicara a partir de qué momento la tortura podía provocar la muerte o lesiones irreparables. En ese instante, terminaba. Sin embargo, parece que nos hemos acostumbrado a la imagen que transmiten muchas exposiciones destinadas a aterrorizarnos con el instrumental de tortura de la Edad Media o Moderna. Se pretende hacernos creer que aquellos tormentos eran monopolio de la Iglesia y, además, que se usaban de manera cotidiana. Sin embargo, casi todas esas horrorosas máquinas de suplicio que hemos visto en mil películas y documentales sensacionalistas, o han sido directamente inventados y nunca existieron, o, en el menor de los casos, provenían de antiguos tribunales civiles.

La Inquisición usaba la tortura como medio procesal, pero solo cuando el delito era lo suficientemente grave, y se pensaba que no había otra forma de poder obtener la información necesaria. En los casos normales —o sea, en la gran mayoría— el proceso se desarrollaba a través de un juicio normal y corriente, con

A. Standard of the Inquisition.
B. The Dominican Friars.
C. Criminals who have escaped y flames by making a confession after condemnation.
D. Criminals who have escaped the flames by their confession.

A. L'Etendart de l'Inquisition.
B. Les Dominicains.
C. Les Criminels qui ont evité le feu par la confession.
D. les Criminels qui ont evité le feu par la confession apres leur condemnation.

The PROCESSION the INQUISITION at G

La PROCESSION de INQUISITION à G

acusado, fiscal, abogado y testigos. Entre las garantías procesales que tenía el acusado estaba la de facilitar una lista de personas que considerara como sus enemigos, los cuales quedaban excluidos de participar en el proceso.

Y si se empleaba la tortura, había de cesar necesariamente en el momento en que el acusado declarase. Y en el supuesto de

Auto de fe del tribunal de la Inquisición en la posesión portuguesa de Goa, India, dibujado por el francés Bernard Picart en 1722. Generalmente se presenta sin la leyenda inferior como «procesión de la Inquisición española».

que, después de haber torturado al acusado, este no se hubiese declarado culpable, inmediatamente había que proceder a su puesta en libertad, no pudiéndosele volver a juzgar por dicho delito. Al no conseguir arrancarle una declaración de culpabilidad mediante la tortura, se consideraba finalizado el proceso judicial, y con ello quedaba absuelto y libre de cargos. Además, la Inquisición no contaba con funcionarios propios que realizaran la labor de torturadores, por lo que en los procesos en que se utilizaba, era necesario contratar a profesionales del tormento de los tribunales civiles. El medio de tortura más común consistía en introducir un tubo por la boca al acusado y hacerle tragar agua hasta que declarase. En algunos casos se usó el potro, pero, desde luego, nunca se llegó al extremo de los morbosos y sofisticados aparatos llenos de pinchos y garfios a los que tan acostumbrados nos tiene la refinada estética de Hollywood.

Los procesos judiciales, no obstante, eran breves, y en las raras ocasiones en las que se prescribía prisión preventiva, normalmente era de tipo domiciliario, si bien la Inquisición tenía asignados penales que se consideraban ejemplares para la Europa de aquel entonces. Una vez dictada sentencia, si era de culpabilidad, se abría un plazo de gracia, previo a la ejecución de la condena, en el que el reo tenía la posibilidad de retractarse, en cuyo caso se suspendía el castigo o conmutaba por otro más prosaica. Estas sanciones solían consistir en oraciones o limosnas penitenciales, para el caso de los delitos menores, y en multas, confiscación de bienes, y cárcel para los más graves, o incluso servir en galeras como remeros, en cuyo caso no podía ser por más de cinco años. Las condenas a muerte, según los cálculos del mayor experto —Gustav Henningsen—, supusieron el 3,5 % de las sentencias, si bien, en casos extraordinarios, solo el 1,8 % de esos condenados acabaron en la hoguera, lo que no quiere decir tampoco que muriesen allí, pues tal como afirma Pedro Insua, ninguno de los ejecutados fue quemado vivo, sino después de habérsele dado una muerte menos cruel e indolora, normalmente, el garrote vil. De hecho, en la inmensa mayoría de las ejecuciones en la hoguera, no se quemaba a nadie, aunque ya estuviese muerto, eran «quemas en efigie», en las que se prendía fuego a un monigote de trapo o madera que representaba al hereje o a objetos de culto idolátrico. Eso se debía —como hemos dicho antes— a que la inmensa mayoría de los condenados evitaban con el arrepentimiento su ejecución.

En todo caso las sentencias nunca las llevaba a cabo la Iglesia, sino el poder civil, que ostentaba el monopolio del castigo.

Con respecto a los autos de fe de la Inquisición española, ciertamente fueron grandes acontecimientos y multitudinarios actos públicos, que no se privaron de todo el boato, propio de la época. Sin embargo, siendo fieles testigos de la realidad, esas imágenes que inmortalizó la abundante iconografía del barroco, en ningún caso se trató de matanzas públicas, de la misma forma que tampoco fueron actos cuantiosos, sino un fenómeno aislado, y siempre referido a importantes causas que habían originado gran escándalo público. De hecho, al menos en España, no se ejecutaba a nadie en autos de fe; los condenados a muerte, ataviados con sus capuchas y sambenitos, eran oficialmente entregados por el Santo Oficio a la autoridad civil, responsable de darles posteriormente muerte, ya fuera de las morbosas miradas de los curiosos.

El auto de fe en el que se llevó a cabo el mayor número de ejecuciones, fue el de 1680, donde 61 personas fueron condenadas a la hoguera, 34 de las cuales ardieron en forma de muñeco o efigie.

4.4 La represión protestante

No es casual que la Inquisición española acumule en los países de cultura protestante su peor fama. Curiosamente, aunque sea inventada, la hemos llegado a creer nosotros mismos. «Peor que la Inquisición española» es una frase hecha que más de una vez habremos oído en una película o leído en algún panfleto pseudohistórico. De acuerdo con este tópico, fuera de España todos los países de cultura protestante fueron un ejemplo inmaculado de tolerancia y libertad, y, por tanto, deben darnos lecciones de civismo a nosotros los españoles, que hasta hace bien poco resulta que éramos un pueblo bárbaro. Este planteamiento supera los límites del cinismo y la hipocresía en algunos historiadores, en especial anglosajones. Al tiempo que motejan a la España imperial de fanática, cruel e inculta, se esfuerzan en ocultar la represión religiosa que se adoptó en sus países. Porque la Reforma fue tremendamente más cruel e injusta que toda la acumulación de excesos que hubo en España. En no pocos casos, la represión o discriminación religiosa de corte protestante ha durado incluso hasta nuestros días.

Antes de analizar las diferentes peculiaridades y avatares de la represión protestante en los países de la Reforma, conviene explicar que la teología de Lutero introdujo en la cultura europea un concepto completamente nuevo que cambiaría las concepciones políticas —incluso en los países católicos— durante los trescientos años siguientes. Este principio, que se reconoció legalmente en la Dieta de Augsburgo de 1555, se conoce bajo el adagio de *cuius regio eius religio*, que podría traducirse como «según sea el rey, así sea la religión», es decir, que la religión en la que han de creer los súbditos depende directamente de su monarca. En Alemania, este principio

Jan van Leiden decapita personalmente a su esposa Elisabeth Wandscherer después de que criticara públicamente el lujoso estilo de vida de su marido mientras la gente en la catedral sitiada pasaba hambre. Grabado en cobre de la obra de Hermann von Kerstenbroich La furia de los anabautistas que destruyó Münster, la famosa capital de Westfalia.

condujo a sucesivas «conversiones» forzadas de la población; a un príncipe o emperador anabaptista, sucedía otro luterano, y a uno luterano otro calvinista. Porque, entre sí, los «reformados» se comportaban con la desmesura de que acusan a la Inquisición española. De este modo, los anabaptistas, liderados por Jan van Leiden, impusieron un régimen de terror en Münster, en el que se decretó la poligamia e incluso la «comunidad de mujeres». El propio Leiden decapitó a la vista de todo el pueblo a una de sus concubinas. Sin embargo, los luteranos no tardaron en tomar la ciudad y masacrar a toda su población, empezando por el cabecilla.

Por el contrario, la Inquisición en España, como hemos visto con anterioridad, dependía en última instancia de Roma, por lo que se encontraba en un plano legal superior incluso al que alcanzara el rey, con lo que se evitaban abusos de poder. Sin embargo, en los países protestantes sus respectivos monarcas y príncipes asumían las potestades del papa y se autoerigían en cabezas de sus

Iglesias domésticas, con lo que las nuevas creencias religiosas y las intenciones políticas se mezclaban en la persona de un soberano que hacía de su capricho dogma de fe, y de su dogma de fe, ley.

En la Europa de esos años, más o menos entre el 1500 y el 1600, solo había cuatro grandes Estados, o al menos lo que hoy entenderíamos por tales: España, Francia, Portugal, e Inglaterra. Los demás territorios, si bien se agrupaban en torno a una unidad histórico-cultural, carecían de una organización y poder común. Era el caso de Alemania, donde multitud de señores feudales se peleaban por dominar la mayor cuota de poder posible, cada uno con su propio ejército y leyes. Este escenario político es imprescindible para comprender la evolución e intensidad de la represión religiosa en los países protestantes, puesto que, al ser un instrumento del soberano, se desarrollaba con más o menos fuerza en función del poder sobre el Estado que este tuviera. Eso explica que fuese la Inglaterra de Enrique VIII y sus sucesores el país en el que con más fuerza arraigó la inquisición protestante, dado que tenía un Estado independiente y fuertemente consolidado, mientras que, en otras zonas protestantes, como los Países Bajos o Alemania, este fenómeno se desarrollaría más tarde, dada la dependencia que tenían de la Corona española.

4.5 La Inquisición en Inglaterra

La historia de la Inquisición anglosajona conoce dos etapas diametralmente opuestas. La primera abarca los trescientos años transcurridos entre el siglo XIII y el XVI: es la época de la Inquisición católica. De este periodo el hecho más destacable y conocido es el vergonzoso asesinato en la hoguera de la joven francesa Juana de Arco, acusada de hereje. Aquel proceso, amparado en la religión, consiguió el objetivo político de acabar con una adolescente que carecía de noble abolengo, pero que había conseguido vencer a los ingleses en el campo de batalla. Tiempo después, el papa declararía nulo el juicio e inocente a Juana de Arco, aunque ya había sido ejecutada.

En el primer tercio del siglo XVI esta Inquisición católica inglesa se transformó prácticamente de la noche a la mañana en la

Inquisición anglicana, a partir de la ruptura con el papa y la declaración de Enrique VIII como cabeza de la Iglesia de Inglaterra.

Todo comenzó cuando en 1533 Enrique VIII se desentendió de la unidad con Roma como respuesta a la negativa papal a concederle el divorcio de Catalina de Aragón, para casarse con su concubina Ana Bolena. A esta ruptura con la Iglesia, el papa respondió con la excomunión. En esta tesitura el monarca inglés sostuvo que el papa no tenía competencia para excomulgarle, pues el verdadero papa era él mismo. Para que no quedase duda de ello, convocó al Parlamento a fin de que oficialmente lo declarase jefe supremo de la Iglesia de Inglaterra. Una vez aprobado el hecho, que contravenía la Carta Magna, se consideró como ley fundamental. Por tanto, para reforzar el rango que se concedía o reconocía al rey de Inglaterra, el Parlamento redactó el Acta de Supremacía —1534—, un documento que obligaba a que todo inglés admitiera al rey como suprema autoridad religiosa.

Tal grado de sumisión de la Iglesia al Estado y —de forma moral— de toda la sociedad al monarca, sigue como realidad constitucional en pleno siglo XXI. ¿Se imagina el lector, por ejemplo, que en la Constitución Española se dijese que el rey —a la sazón Felipe VI de Borbón y Grecia— es también el papa o patriarca de la Iglesia? Supongo que, por encima de impensable, sería ridículo. Pues esto que nos parecería ridículo, es una anacrónica realidad en un país que nadie duda en llamar moderno, y en el que su reina, a la par que jefe de Estado, es también cabeza de la Iglesia anglicana.

Una vez aprobada el Acta de Supremacía se decretó que todo el pueblo de Inglaterra la jurara, so pena de muerte. La sentencia se ejecutó sin piedad, con todos aquellos que valoraban su derecho a la libertad y dignidad por encima de su propia vida. Así, nada más redactarse el acta, el obispo John Fisher, 18 religiosos cartujos y algunos sacerdotes fueron ejecutados. Meses más tarde les siguieron 500 frailes, 12 duques y condes, 13 abades, 174 nobles, 18 obispos, 2 arzobispos, e incluso el que hasta hacía poco había sido *lord* canciller del reino: *sir* Tomas Moro. Así, decenas de miles de súbditos, que Vittorio Messori llega a cifrar en más de 72 000 víctimas. En no pocos casos, las condenas a muerte de estos primeros mártires se ejecutaron mediante descuartizamiento público, tal fue el caso en 1535 del prior de la cartuja de Londres y sus 18 monjes, en la tristemente célebre plaza de Tyburn.

En 1541 Enrique VIII, se coronó rey de Irlanda. A esta autoproclamación le siguió medio siglo de baño de sangre por la conquista de la isla, que culmina en 1602 con la batalla de Kinsale. Allí, el sacrificio de 3500 soldados españoles no pudo impedir que los irlandeses perdieran su libertad por espacio de más de tres siglos.

En un principio, la política de Enrique VIII y su hija Isabel consistió en expulsar de su propia tierra a los que se negaban a abandonar el catolicismo. A estos expatriados se les conoció despectivamente como «gansos salvajes». Muchos, acabaron en España. Sin embargo, cuando Jacobo II llega al poder, se dejó de expulsar a los católicos irlandeses, y se les empezó directamente a vender como mano de obra barata. En 1612 está documentada la primera venta de esclavos irlandeses, concretamente en la Guayana, y es apenas unos cuantos años más tarde, en 1625, cuando se legaliza la venta de católicos irlandeses en las plantaciones de las Indias Orientales.

A Enrique VIII le sucedió su hija María Tudor, nacida de su matrimonio con Catalina de Aragón —la hija de los Reyes Católicos—. Con ella volvió el catolicismo a Inglaterra y un periodo de relativa paz, aunque marcado por un grado de revanchismo contra la etapa anterior. María Tudor murió sin engendrar descendencia de su marido, Felipe II de España, quien, por cierto, fue el último rey consorte de Inglaterra —el resto de esposos de reinas inglesas no han ostentado tal categoría, como fue el caso del cónyuge de Isabel II, duque y no rey—. Sin heredero directo, a María la sucedió su hermanastra Isabel I, hija de Enrique VIII y Ana Bolena.

Isabel ha sido sin duda, la figura clave y más trascendente en la historia de Inglaterra, y al mismo tiempo la más compleja. Su importancia recae en que tuvo la determinación necesaria para iniciar la carrera que convertiría a Inglaterra, tiempo más tarde, en una de las primeras potencias mundiales. Fue también de una personalidad muy compleja, que gustaba de adornarse ante sus súbditos de un halo de ternura y sensibilidad casi mística, haciéndose verdaderamente adorable, mientras en la intimidad desataba su lujuria y crimen. A Isabel se la ha llamado «la reina virgen». Al parecer, consciente de que no podía tener hijos, pretendió mantener una imagen exterior positiva y admirable, por medio de cierto lucimiento o prestigio que conllevaba la falsa percepción de que nadie la había tocado. Dada su vida sexual, quizá debiéramos calificar lo de «reina virgen» como un ejemplo más de humor inglés.

Hay al respecto una anécdota tan graciosa como real. Uno de los favoritos de la reina, *sir* Walter Raleigh —de profesión pirata—, fue sustituido en el lecho por un joven mancebo que en esos momentos le parecía más apetecible. Para resolver la embarazosa cuestión de su «ex», lo envió a colonizar algo en las recién descubiertas tierras de América, lo que equivalía, en términos de aquel entonces, a mandarlo al quinto pino. Pues bien, nuestro amigo llegó a una playa cualquiera del nuevo continente y no tuvo mejor ocurrencia que bautizar irónicamente a las nuevas tierras con el nombre de «Virginia» en evidente alusión de quien no lo era.

Fue también Isabel la reina que concedió numerosas «patentes de corso», que eran licencias para convertir un oficio deplorable, el de la piratería, en un servicio útil al pueblo inglés. Así, contó con una armada formada por piratas «por cuenta ajena». Por tanto, asaltar los buques españoles, asesinar a su tripulación y robar su mercancía ya no era un execrable crimen, sino una forma de servir a Dios y a su sagrado pueblo anglicano, puesto que se limpiaba el mar de católicos españoles. Además, esa práctica ayudaba a sanear las finanzas de Inglaterra, que, casualmente, era también la nación predilecta de Dios según la nueva religión.

Retomando el tema de la inquisición, cabe destacar que durante el reinado de Isabel se terminó de afianzar y dar forma a la religión anglicana. Su nuevo credo, constituido por 42 artículos, se denominó Acta de Uniformidad. Estaban literalmente calcados del calvinismo y venían a condensar la esencia anglicana, por lo que se hizo obligatorio su juramento, al menos, si se querían conservar bienes y vida. También se obligó a asistir a los servicios religiosos protestantes —ni que decir tiene que la Inquisición española jamás obligó a nadie a ir a misa—, y se llegó al extremo de decretar prisión para el anglicano que no denunciase al vecino que faltaba a los oficios dominicales.

En 1585 se dio un ultimátum para que abandonaran Inglaterra los pocos sacerdotes católicos que quedaban en el país, so pena de muerte. La crueldad y la tremenda represión religiosa de este reinado queda bien patente en un extraordinario libro: *Tolerance and intolerance in the European reformation 1520-1565*. Fue editado en 1996 por la Universidad de Cambridge, y cifra en unas 150 000 las víctimas de la represión religiosa inglesa en esta etapa.

Pocos años después, muerta Isabel sin descendencia, vemos en el trono de Inglaterra a Carlos I, también anglicano, pero casado con una católica francesa, lo que sin duda influyó para crear cierto clima de menor represión. Sin embargo, andaba en marcha una profunda corriente de cambio en el país que conduciría al auge político de la burguesía. Esta clase social, cada vez más pujante, aspiraba a adjudicarse mayores cotas de protagonismo en todos los órdenes, sobre todo en los que quedaban hasta entonces reservados a la vieja aristocracia.

En primer lugar, la burguesía proponía un sistema económico librecambista frente al antiguo proteccionismo de aranceles y monopolios estatales; en segundo lugar, no concebían otro sistema político que no fuese el parlamentario, con representación directa de la propia burguesía. En tercer lugar, y como particularidad, la incipiente burguesía inglesa profesaba la religión puritana, que era una mezcolanza entre un calvinismo a la inglesa —caracterizado por una inusitada austeridad litúrgica plagada de formalismos y apariencias— y una política de cierta tendencia democrática. A este contexto se unía una concepción económica enfocada a garantizar su vocación de predominio. El líder de los puritanos era Oliver Cromwell, quien encabezó las revueltas que acabaron en la guerra civil de 1642. El conflicto se aprovechó para silenciar nuevas persecuciones contra los católicos, más duras todavía que las que habían tenido que soportar hasta entonces.

La guerra civil acabó con la victoria de Cromwell, y Carlos I se quedó primero sin corona y meses después también sin cabeza. En su lugar, Cromwell se erigió en presidente de una república un tanto singular: no había elecciones y él era presidente vitalicio. Feroz anticatólico, endureció las persecuciones contra los pocos que todavía se negaban a abrazar el protestantismo, y una vez dio por prácticamente finiquitada la cuestión religiosa en Inglaterra, se lanzó de lleno a dar una solución definitiva al «problema» en Irlanda, donde su población en masa se oponía a abandonar el catolicismo. Convencido de ser el brazo ejecutor de un castigo divino, organizó entre 1641 y 1652 lo que se conoce como «el baño de sangre de Drogheda», en el que buena parte de la población fue aniquilada. A los irlandeses que quedaron con vida se les quitó el derecho a la propiedad y a sus libertades civiles. En esos once años, Irlanda pasó de 1 466 000 habitantes, a apenas 616 000. Unos 550 000 irlandeses fueron asesinados, y los 300 000 restantes vendidos como esclavos en las colonias americanas. Todos tenemos grabada esa imagen de unos sudorosos esclavos negros que recogen el blanco algodón de los campos de Alabama. A través de películas, novelas, y series, se nos ha contado el sufrimiento de esa mercancía humana comprada en África y vendida en América, pero no hay ni una serie, ni una película, ni una mala novela, de ese medio millón de irlandeses a los que primero se despojó de sus propias tierras y después se vendió como esclavos en un lugar del que no está documentado que ninguno pudiese salir vivo. Durante el siglo XVII el mercado de esclavos católicos irlandeses, y en menor medida de escoceses, superó al de negros en un 70 % por su alta rentabilidad, ya que salían gratis. A tal punto llegó el macabro comercio que, ante la abundancia de esclavos católicos, y la subsiguiente caída de su valor en el mercado, algunos esclavistas optaban por tirarlos por la borda y declarar su pérdida al seguro en concepto de «accidentes en el mar»; fue el caso del navío *Zong*, que arrojó vivos a 132 católicos a los tiburones.

Ni que decir tiene que todas las propiedades de los irlandeses pasaron a manos de ingleses protestantes de reconocida «piedad» puritana. A los irlandeses católicos no se les reintegraron sus derechos civiles hasta 1913, poco antes de que parte de Irlanda declarara su independencia.

Muerto Cromwell, Inglaterra anhelaba la vuelta a la monarquía y la paz. Para lograr esos objetivos retornaron al trono los

Estuardo en la persona de Jaime II, legítimo sucesor del decapitado Carlos I. Pero también duró poco. Su error no fue otro que tratar de poner fin a las persecuciones contra los católicos, lo que le acarreó la corona y el destierro definitivo de los Estuardo. La nueva familia real, fiel y probada defensora de los postulados protestantes, comenzó con Guillermo de Orange, quien promulgó un nuevo y más duro código penal con especial énfasis en los delitos de carácter religioso.

La Inquisición inglesa se suavizó con el tiempo, cuando a partir de 1829 se les reconocieron derechos civiles a los católicos. Sin embargo, las trabas contra la libertad religiosa han perdurado hasta el siglo XX. Por ejemplo, para graduarse en Oxford había que jurar los artículos de fe anglicana, y en las prohibiciones y obstáculos para los no anglicanos se incluía la imposibilidad de acceso a determinados cargos públicos. Durante los últimos siglos ningún católico ha sido nombrado primer ministro, responsabilidad que depende del monarca inglés y que no requiere del voto del Parlamento.

Muchas son las grandes mansiones de la campiña inglesa que, a través de mil películas, series, y revistas *cool*, han ensalzado la nobleza y buen gusto del pueblo inglés. Bastantes tienen en común el apellidarse *abbey* —es el caso de la serie televisiva *Downton Abbey*—, que traducido al castellano es abadía. Se denominan así, porque tanto las edificaciones como los señoríos que les pertenecen, siglos atrás eran abadías en las que humildes monjes alternaban el duro trabajo de labrar la tierra para buscarse un sustento con el que llenar su barriga y la de los más necesitados, con la ocupación no menos duro de copiar libros y manuscritos con los que iluminar la cultura y civilización. Sin embargo, y a raíz de la Reforma Protestante, esas viejas abadías fueron expropiadas a la Iglesia católica, y sus monjes —en la mayoría de los casos— asesinados. Las viejas abadías y sus tierras pasaron entonces a ser propiedad de gañanes y criminales sin más mérito que el de servir fielmente a los caprichos de Enrique VIII o Isabel I, individuos a los que, junto a esas propiedades, se les recompensó también su villanía con un título de *lord*, mediante el que borrar la oscura cuna de sus apellidos.

Con el tiempo, ciertamente se refinaron, pero nada más.

4.6 Otras inquisiciones protestantes

De los países que adoptaron la reforma, Inglaterra fue, como hemos visto, la nación en que la inquisición protestante tuvo mayor desarrollo, debido a que contaba por aquel entonces con un Estado fuertemente consolidado y un gran poder central. En Suecia, Dinamarca y Noruega, el luteranismo se convirtió en religión de Estado y los católicos quedaron en la marginalidad, lo que ocasionó bastantes episodios de represión y crueldad. En Suecia, nada sospechosa de «fanatismo religioso», estuvo prohibido por ley hasta 1860 ser católico, y hasta nada menos que 1977 vedados los ascensos a funcionarios católicos. No fue hasta el año 2000 cuando el país dejó de ser un estado confesionalmente protestante; recordemos que, por aquel entonces, Franco ya llevaba enterrado un cuarto de siglo.

El resto de los países protestantes no pudo llegar a ejercer oficialmente la Inquisición, no precisamente por principios de tolerancia, sino por no disponer de un Estado que legislase y ordenase al respecto. Es el caso de Holanda, que dependía de la Corona española, o de Alemania, que en lugar de tener un poder central estaba supeditada a una infinidad de príncipes feudales que administraban sus dominios en competencia con el emperador. No obstante, estas circunstancias no consiguieron evitar la represión religiosa, que se desarrolló en forma de algarabías del populacho, embravecido por las arengas de cualquier Mesías municipal. Y, sobre todo, por dirigentes políticos, que solo precisaban de tildar de «papista» a cualquier pueblo o comunidad que no les diese la razón, para que, *ipso facto*, fuesen pasadas a fuego y cuchillo. Con este sistema fueron contados los conventos e iglesias con sus respectivos religiosos y feligreses que consiguieron huir de la quema. Los campesinos alemanes que se rebelaron en su momento, provocados y alentados directamente por Lutero, adquirieron gran experiencia y profesionalidad en la quema y destrucción de conventos, iglesias y sinagogas, así como en el asesinato indiscriminado de sus respectivos feligreses católicos y judíos.

Con el tiempo estas naciones acabaron por formar Estados propios, y fue entonces cuando pudieron ejercer la represión religiosa de forma oficial. Estas tardías «inquisiciones protestantes» aplicaron disposiciones discriminatorias y leyes contra las comunidades católicas. En Holanda la enseñanza fue obligatoriamente protestante y a los cargos públicos les quedó prohibido ser católicos, situación que favoreció la separación de la católica Bélgica —ambos territorios formaban Flandes—. Análoga situación nos encontramos en la Alemania de finales del xix y principios del xx, debido a Bismarck, el «canciller de hierro» y su *kulturkampf* o «lucha cultural». Ni que decir tiene que parte de esta lucha consistía, entre otras cosas, en vedar a los católicos el acceso al mundo de la docencia, así como el ascenso a altos cargos de la administración. Esta situación se mantuvo legalmente en vigor y operativa hasta 1918, año en que cayó el II Reich tras la derrota sufrida en la Primera Guerra Mundial.

Desde Ginebra, Calvino escribió al rey de Inglaterra: «Quien no quiere matar a los papistas es un traidor; salva al lobo y deja inermes a las ovejas». Es toda una declaración de principios: los del calvinismo, una variante integrista y fuertemente politizada del protestantismo luterano, auspiciada por Calvino y Zwinglio. El calvinismo vio la luz en lo que hoy día es Suiza, y desde allí se extendió primero a otros países como Holanda, donde en 1556, y solo en Amberes, más de 400 iglesias y monasterios fueron derruidos y sus curas asesinados en apenas dos semanas. Más tarde —a través de los colonos ingleses—, en lo que hoy día son los Estados Unidos, llegaron a prohibir en ciudades como Nueva York —denominación actual—, la presencia de curas católicos, bajo pena de muerte.

La represión calvinista se puede decir que empezó cuando Zwinglio intentó imponer esta doctrina en la Suiza de habla alemana. Para ello uso como sistema propagador de su nueva religión las revueltas y saqueos, lo que dio lugar en 1526, en la población de Badén, a la Guerra de los Cantones, conflicto que, en contra de sus expectativas, fue ganado por los católicos en la batalla de Cappel. Los ingenuos católicos, fuera de imponer duras condiciones a los vencidos calvinistas, concedieron total libertad religiosa a la región. Les sirvió a los calvinistas para reorganizarse hasta adquirir más fuerza, lo que ocurrió en 1566, y utilizaron para derogar el decreto de libertad religiosa y prohibir el catolicismo, incluso con la pena de muerte. Testigo directo de que estas amenazas eran reales fue el médico español Miguel Servet —descubridor del sistema circulatorio— quien pagó en la hoguera sus discrepancias con Calvino. Y no solo las teológicas, sino muchas otras estrictamente personales.

Curiosamente, la quema de Miguel Servet —y de otros muchos científicos— por parte de la inquisición protestante, ha pasado de forma absolutamente desapercibida a lo largo de la historia, de puntillas, sin que se note. De hecho, ya hemos comentado que la única vez que en un medio público de información se habló de la injusticia ocurrida con Servet, fue para achacárselo a la Iglesia católica. Este desconocimiento, fuera de deberse a un simple descuido, forma parte de una premeditada y parcial forma de contar el pasado por parte de los autores de la historiografía moderna.

Aparte de la ejecución de Servet, Calvino envió personalmente a la hoguera a otras 567 personas, más o menos por los mismos motivos: no pensar como él. Sin embargo, hoy se le recuerda en un país como Suiza, que se jacta de su fama de pluralista y pacífico, con multitud de monumentos, placas, calles o colegios. ¿Qué dirían si nosotros, los españoles, hiciésemos lo mismo con Torquemada?

4.7 Balance

La Inquisición española, en sus trescientos cincuenta y seis años de vigencia, ejecutó a una cifra que no debió superar las cuatro mil personas. Casi tres cuartas partes en los primeros años, en los que se persiguió con especial celo a los judaizantes, mientras que el resto de condenados lo fueron fundamentalmente por moriscos, protestantes, brujería, sodomía o bestialismo, poligamia...

Evidentemente, estas cifras poco tienen que ver con las doscientas mil brujas quemadas en el norte de Europa, los trescientos mil católicos asesinados en los países protestantes, o el medio millón de esclavos católicos vendidos por Inglaterra en sus colonias del Caribe. Estos fríos datos estadísticos pueden servir para hacernos una ligera idea del tremendo error que supone el achacar a la Inquisición española el monopolio absoluto de la barbarie o la intransigencia religiosa que pudo haber en otro tiempo. Pero también es cierto que estos datos, por pequeños que sean en proporción, no justifican la intromisión de la Iglesia, como institución religiosa, en asuntos de carácter civil. Aunque también es verdad que por aquellos tiempos los nacientes Estados europeos no disponían de la organización, los medios necesarios y la experiencia, para luchar contra los problemas sociales con los que hubo de enfrentarse la Inquisición, la cual, como institución de la Iglesia, sí disponía de ellos, lo que sin duda sirvió no solo para solucionarlos de una forma más eficaz, sino también menos cruel. Si la Inquisición española no hubiese existido, no nos quepa duda alguna de que más de uno habría acusado a su suegra de bruja para verla arder en la plaza; o al vecino judío o al protestante, para quedarse con su casa, tal como ocurrió con decenas de miles de casos fuera de nuestras fronteras. Solo en París, y en una noche, —la de san Bartolomé de 1572— murieron más judíos asesinados por la chusma —más de 3000— que en los tres siglos y medio de Inquisición Española.

Pero con todo, el gran error no es ya el creer que la Inquisición española tuvo el monopolio de la intolerancia religiosa, sino el pensar que eso son cosas de un pasado oscuro y olvidado. De hecho, los más numerosos y crueles crímenes contra la libertad religiosa se han dado en los tiempos modernos, y por supuesto siempre en nombre de la libertad. La Revolución francesa, mientras predicaba su *liberté, egalité* y *fraternité* acabó de forma espantosa con la vida de más de 200 000 católicos. Y ya en nuestros días, muchos millones de esos más de cien de víctimas sacrificadas en el altar de la nueva revolución, la del socialismo, han dado su vida por amor a los demás, como hiciese hace ya más de 2000 años el fundador de una religión, que, con todos sus errores, sin duda ha contribuido a crear un mundo más justo y humano.

5
La conquista de América
como origen de los derechos humanos

Alegoría a los territorios de las Indias. Las columnas de Hércules con el lema PLUS-ULTRA *rodean el escudo de la rama hispana de los Habsburgo y una carabela que navega en alta mar rememora el descubrimiento del continente americano El grabado se utilizó para la portada de* Recopilación de Leyes de las Indias, *publicado el año 1681, durante el reinado de Carlos II.*

El descubrimiento de América es el origen del mundo actual.

Octavio Paz

Y no consientan ni den lugar que los indios, vecinos y moradores de las dichas Indias y Tierra Firme, ganadas y por ganar, reciban agravio alguno en sus personas y sus bienes, mas manden que sean bien y justamente tratados y, si algún agravio han recibido, lo remedien y provean por manera que no se exceda en cosa alguna lo que por las letras apostólicas de la dicha concesión nos es inyungido y mandado.

Del testamento de Isabel la Católica (23 de noviembre de 1504)

No entiendo los escrúpulos sobre el uso del gas. Soy un firme partidario de usar gas venenoso contra tribus incivilizadas.

Winston Churchill,
guerra contra los pastunes, Afganistán, 1919

5.1 ¡Viva Pancho Villa, viva Zapata, y viva la revolución!

POCO SABEMOS LOS ESPAÑOLES de la Revolución mexicana de principios del siglo pasado —1910—. Si acaso, esas imágenes de las películas que se nos han quedado grabadas en la memoria; unos tipos llamados Pancho Villa y Emiliano Zapata, vestidos de charros mexicanos, con un par de cananas repletas de cartuchos cruzándoles el pecho, dos revólveres a la cintura, un bigote enorme, un rifle Winchester, y un montón de pobres harapientos mexicanos llenos de moscas a su alrededor, al grito de «¡viva Pancho Villa, viva Zapata, y viva la revolución!». Y poco más podríamos decir, si acaso que eran una especie de comunistas a la mexicana.

Pero como esto es un libro de historia, y no una película de Hollywood, vamos a intentar aclarar un poco más quienes eran estos tipos tan singulares, para lo que aportamos el primer manifiesto de sus reivindicaciones firmado no ya solo por Villa y Zapata, sino por todos los generales de la Revolución mexicana:

> Los que suscriben, en nombre de la Junta Revolucionaria del Estado de Morelos, teniendo en consideración que han presentado sus títulos correspondientes a tierras del pueblo de Ixcampila, y habiendo solicitado entrar en posesión de las mencionadas tierras que les han sido usurpadas por la fuerza bruta de los caciques, hemos tenido a bien ordenar conforme al Plan de Ayala, que entren en posesión de tierras, montes, y aguas que les pertenecen y les han pertenecido desde tiempo virreinal y que consta en títulos legítimos del gobierno virreinal de Nueva España, hoy México.
>
> Se servirán desde luego los vecinos del pueblo ya referido poner los linderos hasta donde marque el mapa respectivo, pudiendo labrar, explotar, sembrar o cualquiera otra cosa para obtener el fruto de sus mencionadas tierras.
>
> Libertad, justicia y ley.
> Campamento revolucionario
> Abril 20 de 1912

Resulta que lo que esta gente pedía era que a los pobres indios y campesinos se les devolviesen las tierras que durante siglos les habían pertenecido mientras eran súbditos españoles, y que les habían sido arrebatadas por los «libertadores» que les emanciparon del oprobioso yugo español.

El respeto de España hacía los indios no fue, ciertamente, algo exclusivo del pueblo mexicano, sino norma común en toda la América Hispana, desde California a Florida, y de allí hasta la Patagonia. Sin ir más lejos, y siguiendo —por no salirnos del guion— con los símiles de Hollywood, los indios que vemos en las películas liándose a tiros con la caballería yanqui, no eran más que pobres ingenuos que cuando vieron aparecer por primera vez a los americanos, no se les ocurrió otra cosa más que enseñarles los títulos firmados por el rey de España, que les había garantizado en los últimos tres siglos la propiedad de sus tierras... y ya se pueden ustedes imaginar la risa que les dio a esos vaqueros.

El mismo Jerónimo nació ciudadano español, con el castellano como lengua materna. Fue bautizado como católico y estudió en la Escuela del Rey, llevada por las misiones franciscanas. Pasó una juventud feliz y en paz, al igual que todos los apaches, mientras fueron españoles, hasta que un día, de la noche a la mañana, resultó que dejaban de ser españoles para ser mexicanos. Empezaron los problemas con el Gobierno, cuando Benito Juárez —masón— no dudó en masacrar mujeres y niños apaches para usurpar sus desiertos, ricos en minerales valiosos, hasta que a su vez los gringos les quitaron su territorio a los mexicanos, quienes faltos ya de cualquier tipo de escrúpulos humanitarios, exterminaron no solo a los apaches, sino a cuantas otras tribus habitaban esos vastos territorios que durante siglos había protegido la Monarquía Hispánica.

Aunque «quien ríe el último, ríe mejor», dice el refrán, y de unos años a esta parte, todos los tribunales de Justicia de Estados Unidos, dos siglos después, devuelven en sus sentencias sus tierras a tribus enteras como los navajos o pueblas, en base a los títulos de propiedad firmados por el rey de España.

El alemán Alexander von Humboldt (1769-1859), reconocido como uno de los grandes científicos universales y fundador de la geografía moderna, entre sus múltiples viajes recorrió América del Sur y del Norte a finales del siglo XVIII, cuando todavía la mayor parte de esas tierras formaban parte del magnífico Imperio español. Como centroeuropeo ilustrado y protestante de la época, no tenía la más mínima vinculación sentimental con España, sin embargo, tras sus viajes científicos por nuestras provincias de ultramar, apuntó en sus escritos:

> El agricultor indio es pobre, pero libre. Su situación es mucho mejor que la de los campesinos del norte de Europa, en especial rusos y alemanes.

> Esto debe saberse en Europa; los mineros mexicanos son los mejor pagados del mundo; reciben de seis a siete veces más salario por su labor que un minero alemán.

> Los indios están protegidos por las leyes españolas, que por lo general son sabias y humanas.

La leyenda negra de la conquista de América se ha forjado en base a dos intereses diferentes, pero complementarios entre ellos: en primer lugar, y como ya hemos visto anteriormente, desprestigiar a la religión católica, al denigrar la inmensa obra humana y misionera que allí llevó a cabo a través de España; en segundo lugar, justificar los abusos, robos, y corrupción de esos pretendidos libertadores, que en verdad no hicieron otra cosa más que hacerse dueños absolutos de la vida y hacienda de los que antes eras sus compatriotas, y que a partir de entonces convirtieron en sus súbditos. Nunca hubo más violencia, guerras y muertos en América que con ocasión del reparto del botín tras la independencia. El propio Bolívar, el «libertador», el mismo que con su nombre y busto preside el salón de honor de la Casa de América en la plaza de la Cibeles, fue un auténtico genocida que no solo prohibió hacer prisioneros, sino que asesinó a sangre fría a decenas de miles de civiles indígenas indefensos.

No ha existido en la historia de la humanidad abismo tan grande como el que hay entre lo que de verdad hizo España en América, y lo que se ha contado que hizo. Ante el triste espectáculo que ofrecen la mayoría de esos países hoy, nadie puede imaginar que un día fue el territorio más próspero, rico, pacífico y feliz del planeta, y ello gracias al desvelo con el que España lo trató.

Desde 1524 ya existían escuelas para indios en toda Hispanoamérica, y cuando se fundó Harvard, la primera universidad en lo que hoy son los Estados Unidos —en 1636—, ya existían en la América Española 13 universidades —tres de ellas centenarias—, en las que —según ordenanza de 1697— era obligatorio que un mínimo de la cuarta parte de las becas se destinase al alumnado indígena. Hasta más de un siglo después no se fundó la segunda universidad en Estados Unidos, la de Pensilvania —1765—, y solo con la facultad de Medicina. Para entonces, la América española ya contaba con 30 universidades, el doble de las que existían en la España peninsular. Otro dato: entre los siglos XVI y XVIII el mayor exponente de la pujanza económica y desarrollo tecnológico eran los grandes astilleros, algo así como las fábricas de aviones Airbus o Boeing actuales, pues bien, mientras en la Península solo había tres, en América teníamos ocho, y otro más en Filipinas. No es por todo ello de extrañar que, antes de su independencia, la economía de Nueva España duplicase a la de Estados Unidos (estudio de Maddison Proyect Database, 2018).

Desde entonces, en los dos siglos que han transcurrido, personajes como López Obrador, Maduro, Chaves, Fidel Castro, Che Guevara, Evo Morales y demás ralea, solo se han diferenciado de Bolívar o San Martín en que ahora se autodefinen como progresistas, en lugar de masones; por lo demás, coinciden plenamente en dedicarle más tiempo y esfuerzos a echarnos la culpa a los españoles de la miseria de sus países, que en preocuparse por sacarlos adelante.

5.2 Fusiles contra piedras

Ya hemos visto como desde su imprenta de Fráncfort, el grabador protestante De Bry publicaba sus sensacionalistas libros cargados de relatos e imágenes espeluznantes sobre la crueldad de los españoles. Un denominador común de estas últimas era representarlos con un arcabuz —un fusil antiguo— a hombros, como si todos los españoles que participaron en la conquista de América portasen armas de fuego, contra las que los pobres indios desarmados no pudieron hacer otra cosa sino sucumbir o resignarse a la esclavitud. Ese es el mensaje que pretendió transmitir De Bry. Y esa es, precisamente, la única explicación que saben dar hoy día la mayoría de las personas ante el hecho innegable de que la conquista de América por los españoles supuso la mayor conquista territorial de la historia, en menos tiempo y con mayor desproporción de recursos humanos. De Bry mintió, pues sabía perfectamente que la mayor parte del continente americano se conquistó con tan solo dieciséis arcabuces, de los cuales trece los portaban las tropas de Cortés, y tan solo tres los hombres de Pizarro cuando entraron en Cajamarca, capital del Imperio inca. Sin embargo, en cualquier de sus grabados aparecen más arcabuces de los que emplearon Cortés y Pizarro juntos para conquistar los grandes imperios de México y el Perú.

La creencia generalizada de que el fulgurante éxito de los españoles en América residió en su superioridad militar o en la tecnología de su armamento es un deliberado y enorme error histórico, fácilmente contrastable si, evidentemente, ciertos historiadores hubiesen tenido el más mínimo interés en hacerlo. Dice J. H. Elliott en *La España imperial 1469-1716*: «Unos pocos cañones pequeños y trece arcabuces difícilmente podían ser el factor decisivo de la destrucción de un imperio que contaba con una fuerza de más de diez millones de hombres». Si muchos de los conquistadores españoles llevaron a cabo operaciones militarmente más brillantes que las de Julio César o Napoleón juntos, se debe más a su disposición humana, que a sus arcabuces, corazas, morriones y espadas. Estas especiales disposiciones humanas fueron fruto de la conjunción entre el singular coraje de unos hombres que marchaban rumbo a lo desconocido sin nada que perder y todo por ganar, y la cultura que llevaban consigo, forjada a lo largo de ocho largos siglos de reconquista.

Tanto Elliott como Francisco Morales Padrón —especialmente este último— hacen especial hincapié no ya solo en el poco valor que los conquistadores le daban a su propia vida, sino en la profundísima convicción que tenían en el éxito. Esos ocho siglos citados de lucha no habían pasado en balde, y habían forjado toda una moral de caballero cristiano en pos de una misión trascendental, que, en todo caso, fue siempre muy superior a las exiguas motivaciones que les llevaban a los indios a defender sus principios y formas de vida. Escuchemos, por un instante, el discurso de Pizarro al arengar a sus ciento 177 harapientos soldados, poco antes de entrar en combate contra las tropas formadas por 40 000 hombres que defendían Cajamarca:

> Tened todos ánimo y valor para hacer lo que espero de vosotros y lo que deben hacer todos los buenos españoles, y no os alarméis por la multitud que dicen tiene el enemigo, ni por el número reducido en que estamos los cristianos. Que, aunque fuésemos menos y el enemigo contrario aún más numeroso, la ayuda de Dios es mayor todavía, y en la hora de la necesidad Él ayuda y favorece a los suyos para desconcertar y humillar el orgullo de los infieles y atraerlos al conocimiento de nuestra Santa Fe.

La alta moral, elemento prioritario en cualquier industria humana, sirvió para suplir la gran carencia de medios materiales con la que se encontraban los conquistadores españoles. Y, sin duda, supieron sacarle partido.

Los conquistadores fueron gente profundamente imbuida de la cultura humanista del Renacimiento, y es ahí donde reside el arcano último de su éxito; en concebir al hombre como un ser portador de valores y capaz de decidir su propio destino. Estos ideales conferían a los colonos españoles una extraordinaria confianza en sí mismos como personas, independientemente de lo que tuviesen o dejasen de tener. Es por tanto palmario, el contraste frontal con la cultura imperante en nuestra época, marcada por el baremo de que cada cual vale en función de lo que tiene y no de lo que se es como persona. A esta particularidad se sumaba el arrojo y la bizarría de gran parte de los exploradores, descubridores y conquistadores. Embarcados en naves de 20 metros de eslora, cruzaban un océano casi desconocido, para llegar a unas tierras donde la leyenda y la realidad parecían confundirse. Unas tierras, sin embargo, en las que cada paso podía suponer la muerte.

Para profundizar un poco más en la cuestión, hemos creído conveniente hacer una doble diferenciación entre los elementos materiales o armas, con los que se luchó físicamente, y aquellos otros elementos de carácter más íntimamente humano con los que los conquistadores españoles supieron inclinar las victorias a su favor.

5.3 Elementos materiales de la conquista

En el mundo del siglo XXI existe una media de desigualdad tecnológica de uno a veinte, muy diferente a la de uno a uno y medio que había en el siglo XVI. ¿Qué quiere esto decir? Pues, por ejemplo, que solo en la isla de Manhattan hay más metros de cableado eléctrico y de comunicaciones que en todo el continente africano. Que, mientras millones de personas usan a diario infinidad de veces el teléfono o el automóvil, más de la mitad de la población mundial no tiene dinero para comprar un litro de gasolina o para pagar una mensualidad de ADSL. Quiere decir también, que mientras un tercio de la población mundial vive inmersa en la era tecnológica de las telecomunicaciones, el resto lo hace en niveles de desarrollo efectivo inferiores a los del mundo rural en tiempos del Imperio romano. Queremos sacar estos datos anecdóticos a colación, simplemente para decir que lo que pasa hoy, antes no ocurría. Y que si la actual desproporción militar entre la primera potencia mundial de nuestro tiempo —los Estados Unidos— y cualquier otro país es casi infinita, en el siglo XVI esas diferencias eran perfectamente cuantificables, y no estaban tanto en la superioridad tecnológica, como en la simple cantidad de dispositivos humanos y materiales con que contase cada uno.

Los conquistadores españoles poseían armas de fuego y espadas de acero, mientras que los indios solo contaban con armas de madera con puntas de piedra. Eso es lo que nos han contado, y es cierto, pero incompleto. Esa afirmación no ha de presuponer que el conjunto de los efectivos españoles fuese superior al de los indios, por dos motivos: en primer lugar, la efectividad real de esas primeras armas de fuego apenas era superior a las flechas y lanzas indígenas. En segundo lugar, los indios no solo eran tremendamente superiores en número, sino que también formaban parte de ejércitos y sociedades con un alto nivel de organización y jerarquía, frente a los escasos efectivos humanos con que contaban los españoles.

Dentro del análisis del armamento español, lo primero que más nos sorprende es el hecho de que, mientras la presencia de armas de fuego es prácticamente circunstancial, la gran mayoría de españoles no poseía siquiera ningún tipo de arma arrojadiza. Por el contrario, portaban simplemente armas blancas de cuerpo a cuerpo, como espadas o alabardas. Los pocos que tenían armas con las que matar a distancia, contaban con ballestas que disparaban dardos. La razón por la que las mesnadas españolas carecían de armamento de calidad radica en que estaban compuestas por colonos y no por soldados profesionales. Los profesionales que se podían costear su arcabuz, coraza y armadura, tenían un sueldo fijo en Europa lo bastante bueno como para no estar tentados de embarcar a un sitio desconocido, donde no se sabía si iban a cobrar, ni, en su caso, lo que cobrarían. Los arcabuces, si bien eran armas de fuego muy rudimentarias, no podían ser fabricados siquiera por un buen herrero, sino que requerían para su manufactura de maquinaria muy compleja para la época, como era un torno industrial. Esta circunstancia disparaba enormemente su precio, lo bastante como para que un vulgar colono no pudiese comprarlo.

Por otro lado, los pocos arcabuces que llegaron a América resultaron muchas veces ser completamente ineficaces a la hora de usarlos contra los indios, pues estos atacaban por sorpresa y las armas precisaban de varios minutos antes de hacer el primer disparo. Los arcabuces españoles fueron eficaces, y muy decisivos, en las batallas europeas de la primera mitad del siglo XVI, siempre a campo abierto y entre dos ejércitos compactos y bien abigarrados, que a veces hasta quedaban en la hora a la que iban a comenzar el duelo, o determinaban quién tenía el honor de disparar primero. En esas circunstancias, en las que no importaba el tiempo que se precisaba para disparar, ni la precisión, pues entre tantos enemigos juntos ya caería alguno, el arcabuz sí era eficaz. Pero en un ataque sorpresa, llegó a usarse más como garrote que como arma de fuego.

Estos primeros ejemplares consistían, básicamente, en un largo tubo de acero con un diámetro interior o calibre de unos quince milímetros, apoyado sobre un tablón. El tubo se encontraba cerrado en el extremo que daba a la parte del tablón, que hacía las veces de culata y, casi al final, por el lado en el que estaba cerrado, tenía un pequeño agujero lateral que atravesaba su pared y sobre el cual coincidía el final de recorrido de una palanca que en su extremo sostenía una mecha de algodón. Por simple que parezca la descripción del arma, contiene todo lo que se puede decir de un arcabuz.

Su operación de carga era relativamente rápida si se disponía a mano de todos los elementos necesarios; no tenía por qué requerir de más de treinta segundos. Sin embargo, era necesario para ello no tener que limpiar la carbonilla que quedaba pegada a las paredes del cañón y que impedía introducir la bala —una operación imprescindible cada cinco o diez disparos, en función de la calidad o el nivel de humedad en la pólvora—. La carga se realizaba introduciendo por la parte abierta del tubo —la boca del cañón— la pólvora y, a continuación, una bola de estopa, papel, tela, o cualquier otra cosa que sirviese para comprimirla, mediante un palo largo de madera llamado baqueta. Después se ponía la bala —una bola de plomo más o menos redonda y del tamaño de una canica gruesa—, que también entraba por la boca del cañón a golpe de baqueta. Por último, se introducía por el agujerillo lateral del cañón pegado a la culata, pólvora en granulado fino —conocida como polvorilla— hasta que rebosaba en el orificio.

Estas operaciones, como se ha dicho, no tenían por qué durar más de treinta segundos en manos de un tirador experimentado, y solo quedaba abrir fuego. Pero para poder hacerlo, tenía que estar encendida la mecha de algodón con la que se iniciaba el proceso de disparo. Se abría fuego mediante la ignición de la polvorilla, que a través del agujerillo hacía explotar la pólvora depositada en el interior del cañón e impelía el proyectil.

En resumen, el problema esencial residía en tener la mecha encendida, pues en esa época no había todavía cerillas, ni muchísimo menos mecheros, y la única forma de hacer fuego era a base de pedernal, el mismo sistema que se empleaba en la Edad de las

Cavernas. Esta operación podía llegar a tardar bastantes minutos, y, en medio de una selva húmeda, o bajo las lluvias intensas del trópico, toda esta aparatosa mecánica servía de bien poco.

Una vez que el arcabuz estaba cargado, con la mecha encendida y se podía disparar, lo lógico era apuntar primero, otro asunto escabroso, porque el arcabuz pesaba lo suficiente como para que ni siquiera un buen zagal castellano lo pudiese sostener a pulso sin que le temblara el cañón. Para subsanar este pequeño inconveniente se apoyaba sobre un utensilio llamado horquilla, que era una vara de madera de un metro y medio aproximadamente. La horquilla contaba con una punta de hierro en el extremo inferior que servía para clavarse en tierra, y una «U» metálica en el extremo superior en la que se encajaba el arma. Cargado el arcabuz, con la mecha encendida, y apoyado en su horquilla, los buenos arcabuceros todavía se encomendaban a santa Bárbara —no es broma— para pedirle que la pólvora no estuviese húmeda, cosa habitual en las antiguas pólvoras negras con gran cantidad de sales en su composición y, sobre todo, para que el disparo saliese hacia delante, en lugar de reventar el cañón y que, literalmente, saliera el tiro por la culata.

Basándonos en pruebas reales que hemos efectuado, resulta que en el tiempo requerido para realizar todas estas engorrosas operaciones que se han descrito de manera sucinta, un indio tenía tiempo para disparar una media de hasta veinte flechas. Es evidente, que el alcance, la precisión y el poder de penetración de una bala de arcabuz era muy superior al de una flecha, pero no lo suficiente como para subsanar un déficit de carencia de tiro de uno a veinte. Más tarde, a finales del siglo XVI, el arcabuz sería sustituido por un arma de fuego más efectiva y fácil de manejar: el mosquete. Pero para entonces ya habíamos conquistado América.

Gracias a Dios, los conquistadores que portaban arcabuces eran una minoría; de lo contrario, hubiese sido impensable la conquista del Nuevo Mundo. El arma que de manera más común utilizaban los españoles para matar a distancia era, aunque parezca increíble, la ballesta, un arma inventada en tiempos del Imperio romano y bastante perfeccionada en la Edad Media. Tenía la enorme ventaja de poderse fabricar de forma completamente artesanal, y en manos de un buen profesional, aunque no llegaba a tener la precisión y alcance de un arcabuz, sí contaba a su favor con una muy superior carencia de tiro. Además, la ballesta permitía apuntar y estar siempre cargada y dispuesta para el disparo instantáneo. Estos atributos hicieron que fuera el arma más usada en las batallas libradas por España en los campos europeos de la primera mitad del XVI, pero en América, donde había una gran desventaja numérica con respecto al enemigo y los enfrentamientos, en lugar de ser en grandes distancias a campo abierto, se libraban de cerca y en forma de escaramuzas, no resultaba ser tan útil. Apenas quedaba en igualdad de condiciones con respecto a los arcos y flechas de los indios.

Otra arma utilizada por los españoles fue el falconete, una especie de cañón pequeño de bronce que normalmente estaba fijo en el castillo de popa de los buques, pero que con frecuencia se desembarcaba y se cargaba a lomos de un mulo o incluso a la espalda de un hombre. Cortés los utilizó con bastante efectividad en Tenochtitlán y Pizarro en Cajamarca. No tenían nada que ver con lo que hoy podamos imaginamos al pensar en un cañón antiguo montado sobre cureñas con grandes ruedas, pues si bien tenían más o menos la misma forma, eran bastante más pequeños. Disparaban bolas macizas de hierro de entre tres y cinco centímetros de calibre, y a más de trescientos metros raramente podían abrirle una brecha al casco de un barco de madera. Por tanto, no tenían la más mínima utilidad como piezas de artillería. Resultaban completamente inútiles para bombardear, pues sus proyectiles no eran explosivos; ni tampoco para destruir fortificaciones, dado su pequeño calibre. Sin embargo, resultaron bastante buenos, aparte de para hacer mucho ruido a la hora de disparar a bocajarro sobre grupos de indios, si se sustituía su proyectil de hierro por un buen puñado de balas de arcabuz. De esta forma, no era difícil abatir a media docena de enemigos de un disparo a menos de cien metros.

Sin embargo, las armas verdaderamente decisivas fueron la espada, la coraza y el caballo. Sin ellas, no quepa duda de que los españoles no hubiesen podido hacer nada. La técnica militar del asalto de caballería se usaba desde hacía dos mil años, desde los tiempos de Alejandro Magno. La coraza confería seguridad y confianza al soldado en el cuerpo a cuerpo. El caballo permitía entrar al galope entre el grueso de los enemigos, darles mandobles a diestro y siniestro, y causar gran número de bajas. Además, el caballo aportaba gran facilidad de maniobra y movimiento para retirarse tras la carga.

Visto en qué consistía el armamento de los españoles y su poca efectividad, sorprende todavía más la exigua escasez de los arsenales con que llevaron a cabo la conquista. Este es el inventario que realiza Cortés de sus fuerzas en Cozumel: 4 falconetes, 13 arcabuces, 16 caballos y 32 ballestas. Y, con respecto a las fuerzas de Pizarro, las crónicas hablan de 1 falconete, 3 arcabuces, 20 ballestas y 67 caballos.

Por último, no podemos olvidar el arma más mortífera que llevaron los españoles. La que fue responsable de la muerte de más de la mitad de la población indígena en algunas regiones como el Caribe, y de millones de muertos en todo el continente americano. Es lo que hoy conocemos como guerra bacteriológica. Efectivamente, los españoles que llegaron a América en los albores del siglo XVI eran los descendientes directos de los europeos que sobrevivieron a las grandes epidemias de peste y gripe que asolaron al viejo continente durante la Edad Media. Eran individuos genéticamente inmunizados contra un elenco de virus y bacterias que, sin embargo, causaron estragos en los sistemas inmunológicos de los indios americanos. Los americanos precolombinos no tenían anticuerpos frente a las enfermedades más comunes de Europa, hasta entonces desconocidas en su continente, por lo que nada pudieron hacer contra el contagio que los españoles, sin darse cuenta, les transmitieron. Asimismo, los españoles se toparon con un problema similar: enfermedades tropicales que a los indios apenas afectaban, los diezmaron como chinches. Fue el caso de la «baquía» o la «modorra», que llegaron a causar la muerte de entre el 30 % y 50 % de algunas expediciones.

Las enfermedades, y no 16 viejos e inútiles arcabuces, fueron la causa directa de la grave crisis demográfica que tanto denunció Bartolomé de las Casas.

Por su parte, los indios se encontraban tecnológicamente más atrasados que los españoles. No conocían la rueda ni las aleaciones metálicas, aunque por contra poseían buenas redes de comunicaciones y eran muy hábiles en las manufacturas líticas y de metales nobles. Si tuviésemos que compararlos con alguna civilización que nos resulte familiar, sería la del Antiguo Egipto. Sus gigantescas construcciones de piedra ─especialmente las pirámides─, una sociedad fuertemente jerarquizada y teocrática, su sistema de escritura mediante jeroglíficos, y hasta la misma apariencia misteriosa de sus divinidades labradas en piedra, nos trasladan hasta el Nilo de Tutankamón. Desde luego, lo que está claro es que los indios que encontraron nuestros antepasados cuando llegaron a América, nada tenían que ver con los de taparrabos y chabolas ─tipis─ de piel de búfalo contra los que combate el valeroso y legendario John Wayne en las películas.

Los indios de la América central y del sur, fuera de ser un puñado de nómadas en continua peregrinación en busca de que comer, vivían en grandes ciudades construidas en piedra, engalanadas con multitud de bellos y majestuosos palacios y templos, así como amplios y coloridos mercados al aire libre entre los que pululaban, vendían y compraban varias decenas de miles de habitantes. Las ciudades funcionaban políticamente a la manera de ciudades-estado, igual que lo habían hecho Roma, Esparta, Atenas, o Cartago, aunque en América no funcionasen precisamente como democracias. Desde ellas se ejercía el poder político y religioso sobre el resto de territorios y pueblos sometidos. Para ello contaban no ya solo con buenas vías de comunicación ─gracias a las cuales Moctezuma comía pescado fresco todos los días─, sino también con poderosos ejércitos permanentes capaces de garantizar la cohesión del imperio y el sometimiento de los pueblos vasallos. Contra estos ejércitos fue contra los que tuvieron que enfrentarse los conquistadores españoles, y desde luego no les resultó cosa fácil, habida cuenta de los grandes contingentes humanos de los que disponían, así como por sus mortíferas armas.

Los indios no conocían el bronce, y mucho menos el acero, pero poseían una extraordinaria habilidad para trabajar la piedra, especialmente el ágata y la obsidiana, materiales con los que fabricaban puntas de flecha y cuchillos de una extraordinaria precisión y belleza. Las flechas tenían punta de ágata y, a menos de treinta metros, eran capaces de atravesar el acero de una coraza antes de hundirse en el pecho de su desgraciado propietario. Con lascas de obsidiana y pedernal embutidas, hacían el filo de sus espadas de madera, espadas con las que, según nos cuentan las crónicas, llegaban a cortar la cabeza de un mulo de un solo tajo. Y como armas defensivas, a modo de las corazas de los españoles, se protegían con «escaupiles», que no era nada más ni nada menos, que el antecedente de los actuales chalecos antibalas. Hernando Colón los describe como «petos de algodón colchados», y venían a ser como un chaleco muy grueso compuesto de fibras de algodón enrolladas y prensadas, entre las que se quedaban embotadas las flechas sin conseguir atravesarlo. Los chalecos antibalas modernos funcionan exactamente igual, a diferencia de que, en lugar de fibras de algodón, las usan de kewlar, patentadas por la casa Dupont.

Para hacernos una idea del potencial militar de los indios, citemos las guerras contra los araucanos —en el actual Chile—, que costaron más de 30 000 bajas españolas durante el primer siglo de conquista. A mediados del siglo XVII una insurrección araucana comenzó con un ataque por sorpresa que supuso la muerte de 900 soldados españoles, el apresamiento de 3300 españoles y el saqueo de 400 000 cabezas de ganado. Compárese con la mayor masacre llevada a cabo por los pieles rojas del Norte —de la tribu pokanoket—, en la que no murieron más de 600 colonos ingleses.

No obstante, y salvo la mencionada guerra con los araucanos, el resto de América se conquistó sin apenas recurrir a las armas. La pacificación fue tan rápida y sólida, que apenas existían efectivos militares. Según nos cuentan las crónicas de fray Diego de Ocaña, en la Lima del año 1600 solo había dos compañías de soldados; una compuesta por 50 arcabuceros, y otra con 100 lanceros. Su función principal era desfilar en las procesiones. Tengamos en cuenta que, en esas fechas, Lima era la capital del virreinato del Perú, la ciudad más poblada e importante de toda la América del Sur.

5.4 Los medios humanos

Hernán Cortés conquistó con 508 hombres Tenochtitlán, una ciudad de un cuarto de millón de habitantes que era la capital del Imperio azteca; un Estado que contaba, según John H. Elliott, con una fuerza de más de diez millones de hombres. Pizarro apenas tenía 177 voluntarios cuando ganó la batalla de Cajamarca contra 40 000 indios que defendían la que a su vez era capital del Imperio inca, con dieciséis millones de habitantes. Jiménez de Quesada se hizo con Nueva Granada con menos de 700 soldados. Pedro de Valdivia comenzó la ocupación de Chile con 12 hombres, y la concluyó sin llegar a tener más de 150. Álvar Núñez Cabeza de Vaca, descubrió y sentó las bases para la conquista pacífica de todo lo que hoy día es el sur de Estados Unidos, desde Florida al Golfo de California, con solo dos compañeros...

¿Cómo pudo ser todo esto posible si, como hemos visto, su armamento no supuso ningún factor decisivo? Francisco Morales Padrón, una de las personas que más ha profundizado en estas cuestiones, destaca que las armas decisivas de la conquista fueron la espiritualidad de los españoles y el colaboracionismo de los indios.

Con relación a la espiritualidad, cabe señalar que tanto la cultura de los indios como la de los españoles, era profundamente teocéntrica. Por tanto, el que tuviesen creencias diferentes no importaba tanto como el hecho de que a las cosas y a los acontecimientos les daban el mismo valor sobre la base de su común concepción religiosa de la vida. Dicho de otra forma, tanto los indios como los españoles creían que las fuerzas divinas regían los destinos de la humanidad. Visto así, no era lo más relevante el número de soldados o armas de que dispusiera cada bando, sino la demostración o la prueba de a quién favorecía más el Cielo. Y es una realidad que los españoles supieron demostrar, o al menos hacer muy creíble, que Dios estaba de parte de ellos. Cuando los indios perdieron la fe en la fuerza de sus dioses, se derrumbó su mundo y perdieron las razones por las que mantener la lucha.

Las religiones de los indios eran tremendamente fatalistas. A los dioses no se les adoraba para que favoreciesen el bien, sino para impedir que se enfureciesen y enviaran un sinfín de desgracias. A fin de evitar tales tragedias, estos dioses indios llegaban a exigir a diario horripilantes sacrificios humanos, capaces de provocar náuseas al más sanguinario de los perturbados mentales. Baste como dato de la barbarie que solo en la ciudad de Tenochtitlán, capital del Imperio azteca —la actual Ciudad de México— se practicaban anualmente más de 20 000 sacrificios humanos. En el año de 1521, tras la conquista de la ciudad por Cortés, se contaron más de 140 000 cabezas humanas arrebujadas sobre la pila de las ofrendas. En estos sacrificios se extraía el corazón palpitante y se depositaba como ofrenda en el altar del fuego de los dioses. Asimismo, con la sangre se embadurnaban las paredes interiores del altar. El cadáver mutilado era arrojado pirámide abajo, donde la multitud congregada se agolpaba ansiosa para disputarse un buen bocado con los restos del cuerpo descuartizado.

El canibalismo religioso de los indios llegó a tales extremos que modernos estudios antropológicos han demostrado que prácticamente la totalidad de la dieta proteínica de los habitantes de Tenochtitlán provenía de engullirse a sus parientes. Aun así, lo más destacable de la crueldad de estos sacrificios no estaba tanto en cómo los hacían, sino a quiénes se lo hacían. Cuando decimos que se engullían a sus parientes, nos referimos literalmente a que buena parte de las víctimas propiciatorias formaban parte de los tributos con los que los diversos pueblos sometidos tenían que pagar sus gabelas a los emperadores indios. Suponemos que esto no debía contentar demasiado a aquellas poblaciones indias sometidas, que aparte de vivir oprimidas y contribuir con fuertes impuestos al sostenimiento de sus líderes político-religiosos, también tenían que entregar alguno de esos hijos que con tanto esmero criaban, para los fines «sagrados» de unos sádicos sacerdotes ridículamente disfrazados a base de plumas y abalorios, que adoraban a unos esperpénticos dioses de piedra, sedientos de sangre.

Según el *New York Times*, la mayor experta en el Holocausto nazi, es la australiana Inga Clendinnen, quien en su libro *Los aztecas, una interpretación*, afirma: «Lamentar la desaparición del Imperio azteca es como mostrar pesar por la derrota de los nazis en la Segunda Guerra Mundial».

Representación de sacerdotes y un cautivo español de la expedición de Hernán Cortés a punto de ser sacrificado. Está despojado de su vestimenta, lleva un maxtlatl *y sandalias y tiene pintado y adornado su cuerpo para la ceremonia. Ilustración de* History of the Conquest of México, *obra del estadounidense William Hickling Prescott publicada en 1843.*

La película *Apocalipto*, del también australiano Mel Gibson, que de manera tan dura ha sido criticada por la progresía, refleja como hasta ahora nadie había tenido valor de hacerlo, el sadismo patológico de unas civilizaciones en las que ya se nacía con el miedo a morir descuartizado en una paranoica orgía de sangre. Incluso con todo lo dura que pueda parecer la película, no llega a reflejar la crudeza de sus salvajes costumbres, pues, sin duda, el filme hubiese sido imposible de visionar sin vomitar. Las crudas imágenes de la cinta de Gibson parten del relato de la época que nos ha dejado fray Toribio de Benavente —el padre Motoliniá—, que reproducimos íntegro:

> Tenían una piedra larga, la mitad hincada en la tierra, en lo alto encima de las gradas, delante del altar de los ídolos. En esta piedra tendían a los desventurados de espaldas para los sacrificar, y el pecho muy tenso, porque los tenían atados los pies y las manos, y el principal sacerdote de los ídolos, o sus lugartenientes, con una piedra de pedernal, hecho un navajón como hierro de lanza, con mucha fuerza abrían al desventurado y de presto sacábanle el corazón, y el oficial de esta maldad daba con el corazón encima

del umbral del altar, y allí dejaba hecha una mancha de sangre y caído el corazón, estaba un poco bullendo en la tierra, y luego poníanle en una escudilla...Otras veces tomaban el corazón y levantábanle hacia el sol, y a veces untaban los labios de los ídolos con la sangre. Los corazones a veces los comían los ministros viejos, otras los enterraban, y luego tomaban el cuerpo y echábanle por las gradas abajo a rodar, y allegado abajo, si era de los presos en guerra, el que lo prendió, con sus amigos y parientes, llevábanlo, y aparejaban aquella carne humana con otras comidas, y otro día hacían fiesta y le comían, y si sacrificado era esclavo, no le echaban a rodar, sino abajábanle a brazos, y hacían la misma fiesta y convite... y nadie piense que ninguno de los que sacrificaban eran de su propia voluntad, sino por fuerza, y sintiendo muy sentida la muerte y su espantoso dolor. De aquellas que así sacrificaban, desollaban algunas y vestían aquellos cueros, y bailaban con aquel cruel y espantoso vestido. Otro día de la fiesta, sacrificaban una mujer y desollábanla, y vestiase uno el cuero de ella y bailaba con los del pueblo, aquel con el cuero de la mujer vestido, y los otros con sus plumajes.

Pero si esas eran las costumbres de los aztecas de Cortés, los incas de Pizarro, más de cuatro mil kilómetros al sur, tampoco se quedaban cortos.

Allí, las tribus más civilizadas y costeras, como los chimús, sacrificaban niños a los que sacaban vivos el corazón, para después enterrarlos momificados de cara al mar. En multitud de ocasiones se trataba de sacrificios multitudinarios en los que 100 o 200 niños eran sacrificados a la vez y enterrados juntos. De otra parte, estaban los indios del interior, como la tribu antisuyas, en el actual Perú amazónico, de la que también nos han llegado crónicas sobre sus costumbres culturales, en este caso de mano del cronista de la época, Blas de Valera:

Si cautivan a alguno en la guerra, o de cualquiera otra suerte, sabiendo que es hombre plebeyo y bajo, lo hacen cuartos, y se los dan a sus amigos y criados para que se los coman o vendan en la carnicería, pero si es hombre noble, se juntan los más principales con sus mujeres e hijos, y como ministros del diablo, le desnudan, y vivo le atan a un palo, y con cuchillos y navajas de pedernales le cortan a pedazos, no desmenbrándole, sino quitándole la carne de las partes donde hay más cantidad de ella, de las pantorrillas, muslos, asentaderas y molledas de los brazos, y con la sangre se rocían los varones, las mujeres e hijos, y entre todos comen la carne muy aprisa, sin dejar bien cocer ni asar, ni aún mascar, tragansela a bocados, de manera que el pobre paciente se ve vivo, comido de otros y enterrado en sus vientres. Las mujeres, más crueles que los varones, untan los pezones de sus pechos con la sangre del desdichado para que sus hijuelos la mamen y beban en la leche. Todo esto hacen en lugar de sacrificio con gran regocijo y alegría, hasta que el hombre acaba de morir. Entonces acaban de comer sus carnes con todo lo de dentro, ya no por vía de fiesta o deleite como hasta allí, sino por cosa de grandísima deidad, porque de allí en adelante los tienen con suma veneración, y así los comen por cosa sagrada. Si al tiempo que atormentaban al triste hizo alguna señal de sentimiento con el rostro o con el cuerpo, o dio algún gemido o suspiro, hacen pedazos sus huesos después de haberle comido las carnes, asadura y tripas, y con menosprecio los echan al campo o al río, pero si en los tormentos se mostró fuerte, constante y feroz, habiéndole comido las carnes con todo el interior, secan sus huesos con sus nervios al sol, los ponen en lo alto de los cerros, los tienen por dioses y les ofrecen sacrificios.

Por muchos siglos que pasasen esas gentes con una forma de vida tan brutal, es humanamente imposible llegar a pensar que la gran mayoría se acostumbrara a aceptar el terror y, sin duda, vieron en nuestros antepasados a unos libertadores. Pizarro, Cortés, y los demás conquistadores, no se hicieron con el Imperio inca o el azteca gracias a sus armas o escasa tropa, sino a su habilidad para granjearse el apoyo de esos pueblos hastiados de siglos de sangre.

A todo esto, hay que añadir unas misteriosas profecías muy similares y comunes a las diversas creencias de los distintos pueblos, que coincidían básicamente en el convencimiento de que un día aparecerían desde el otro lado del mar, sobre casas flotantes, hombres de piel blanca con barba. Estos blancos barbados, enviados por los dioses como castigo, acabarían con sus viejas culturas para crear una nueva y superior. Para los aztecas este mito implicaba a

Quetzalcoatl; entre los incas señalaba a Viracocha; y para los indios de Nueva Granada, se trataba de Bochica. A estas profecías se unían otra serie de suposiciones como, por ejemplo, que tanto los españoles como sus caballos eran inmortales. A principios del siglo XVI, en México, varios augurios se interpretaron con horror, porque apuntaban el regreso de Quetzalcoatl, un dios expulsado en tiempos antiguos por los aztecas. Regresaría desde Oriente con ganas de venganza y ataviado para la guerra, tocado con un casco relumbrante. El tirano Moctezuma intentó aplacar a los dioses redoblando el número de sacrificios humanos, y por tanto predisponiendo aún más en su contra al mosaico de pueblos mexicanos que ya no soportaban su opresión brutal. Moctezuma imploraba la piedad de su querido dios Huitchilipochtli —Vichilobos lo llamarán los castellanos— por medio de aquellos rituales sanguinolentos. Sin embargo, de nada le sirvió sumergirse en sangre: en 1519 arribó Quetzalcoatl, y —parafraseando a Salvador de Madariaga— ahora se llamaba Hernán Cortés.

Los españoles supieron rentabilizar su gran superioridad religiosa sobre las inhumanas creencias de los indios, para ganar una guerra que les hubiese sido imposible librar con sus escasísimos medios materiales y humanos. Fue posible a través de dos etapas. En primer lugar, mediante la guerra psicológica, al aprovecharse de estas creencias, y convencerles de que su Dios era el verdadero; que los dioses de los indios no eran más que fantoches de piedra. En segundo lugar, y una vez demostrado que su Dios era el verdadero, supieron atraerlos a su religión, y hacerlos ver que, aun con todos los fallos personales, esta nueva religión era más justa y humana. Así valía más la pena vivir como cristianos y españoles, que mantener sus bárbaras creencias.

Para ganar la guerra psicológica, los conquistadores no dudaron en exprimir su imaginación e inventar todo tipo de argucias, que, desde luego, les dieron mejor resultado que todas sus corazas y arcabuces. Uno de los trucos usado tanto por Cortés, como después por Pizarro, fue el de enterrar a escondidas a los soldados y caballos muertos, para que los indios mantuvieran la creencia de que eran inmortales.

Esos recursos, algo apoyados en la engañifa de su divinidad, requerían, de cualquier modo, de grandes dosis de valentía; Cortés se jugaba el tipo cada vez que se subía a un altar indígena con un martillo, en presencia de todos los nativos, para demostrarles que podía golpear y destruir a sus dioses de piedra sin miedo a que estos enviasen un terrorífico rayo destructor. Así acabó Cortés con todos los ídolos de las ciudades por las que avanzó, y Pizarro con el santuario de Pachacama. Muchos historiadores han criticado esta costumbre de los conquistadores extremeños, como inculta y hasta «talibán». Sin embargo, no dicen nada acerca de que la única utilidad de esos altares era la de sacrificar cruelmente cada año a decenas de millares de personas, a las que luego se engullían en una paranoica orgía caníbal. Estos historiadores tampoco añaden que los propios incas, en sus guerras de expansión, habían hecho lo mismo con los lugares sagrados de los pueblos que sometían.

Evidentemente, los indios no eran tontos, y terminaban por descubrir que todos esos trucos no eran más que ingeniosas y falsas argucias. Pero también es verdad que, para entonces, muchos ya se habían convencido por sí mismos de que era mejor una religión que predicaba el amor y tenía a Dios por padre de los hombres, que otra que solo consideraba a los hombres como víctimas propiciatorias de sus sacrificios. No todos los españoles fueron un ejemplo amoroso de cristianismo, incluso los hubo que nada tenían que envidiar en crueldad a los sacerdotes indios. Pero tampoco sería cierto ni justo generalizar, y decir que la mayoría de españoles se comportó de forma tan deshonrosa.

El descontento de las poblaciones periféricas de indios sometidos por las ciudades-estado, y la convicción de que la religión y forma de vida de los españoles era mejor de la que hasta entonces habían tenido, las predispuso a unirse a los españoles. Lo hicieron en número tan nutrido, que en muchos casos más del 90 % de las tropas y efectivos con que contaron los españoles eran indígenas americanos. Así, Cortés, para la conquista de México, contó con la ayuda de los poderosos totonacas, tlaxcaltecas, y los nativos de Cempoal. Balboa tuvo de su lado a doce grandes caciques como Dabaibe, Careta, Cheru, Nicarao, Micoya... Pedro de Heredia conquistó

Venezuela y Colombia con la ayuda del cacique Hinaldo y Pizarro sometió el Perú en colaboración con la etnia de los huancos.

Antes de la llegada de Pizarro, los incas se encontraban en guerra civil y, a causa de la opresión incaica sobre otros pueblos, la región se encontraba al borde del estallido. El Río de la Plata pasó a formar parte de la Corona gracias al colaboracionismo de los guaraníes. Sin miedo al error, se podría afirmar que los españoles, más que conquistar América, lo que hicieron fue provocar una revolución indígena que supuso el derrumbe de los grandes imperios americanos.

Desde el momento en que pisó tierra mexicana, Hernán Cortés buscó y logró el apoyo local, sobre todo gracias a su concubina Malinalli Tenépatl —doña Marina para los castellanos—, una noble nativa que lo acompañó durante toda la conquista. Pero de poco habría servido esta complicidad y su habilidad política, sin su determinación y sus arrestos. Para dejar bien clara su intención de adentrarse en México, Cortés destruyó las naves que le podrían permitir un «plan B», una huida en caso de fracasar. La marcha de Cortés acumuló momentos penosos, a través de tierras cenagosas, zonas gélidas de alta montaña o duras luchas. Coronaron, por ejemplo, el Popocatépetl, un volcán de 5500 metros de altitud con glaciares perennes.

Cuando Cortés llegó a Tenochtitlán, el emperador Moctezuma lo esperaba en lo más alto de la Pirámide del Sol, cuyo perímetro supera los 890 metros. El tirano le ofreció un grupo de sacerdotes, para que lo subieran a hombros. Cortés rehusó y ascendió con sus compañeros los 114 escalones de más de medio metro de altura. Moctezuma, sorprendido, le preguntó: «Señor, estaréis cansado, tras subir a este gran templo nuestro». El conquistador español le replicó: «Ni yo ni los que conmigo vienen nos cansamos en cosa ninguna».

La superioridad humana de nuestros antepasados, la confianza que inspiraban, queda reflejada en la *Crónica del Perú*, escrita en 1550 por un impresionado Pedro de Cieza, que relata: «Baste decir que pueblan una provincia donde hay treinta o cuarenta mil indios, cuarenta o cincuenta cristianos».

5.5 Los conquistadores anglosajones

Si en el siglo XVI los grabados de Theodore de Bry sirvieron para condenar como criminales de guerra a los descubridores y conquistadores españoles, en el siglo XX una nueva técnica de comunicación, el cine, sirvió para darles el título de héroes a los anglosajones que exterminaron a las poblaciones indias de América del Norte. Valgan aquí las palabras que Winston Churchill pronunció en 1944: «La historia será amable conmigo, porque pienso ser yo quien la escriba», premonición del Premio Nobel de Literatura que se le concedió en 1953, precisamente por eso, por escribir su propia historia, a un hombre que en 1937 había dicho también: «No admito que se les haya causado un gran agravio a los pieles rojas de América, o a los aborígenes de Australia por el hecho de que una raza más fuerte, una raza superior, haya llegado y tomado su lugar».

Cualquier paralelismo que se proponga, o cualquier alusión al recurso fácil de «todos fueron iguales» no es más que un prejuicio completamente al margen de la realidad. Los conquistadores anglosajones comenzaron su expansión en América con más de un siglo de retraso en comparación con los españoles, lo que les permitió aprovecharse, entre otras cosas, de los enormes avances tecnológicos habidos en esos cien años de diferencia: nuevas técnicas de navegación oceánica y cartas náuticas; diseños de barcos más robustos y con una capacidad de carga que permitía la alta rentabilidad de los viajes, y sobre todo, del mosquete de llave de chispa, una nueva arma de fuego, ligera, con la que era fácil apuntar y que en todo momento podía ser disparada, con solo apretar el gatillo. Nuevos inventos y descubrimientos, todos —por cierto—, españoles.

La tecnología avanzó con celeridad, y una vez cobrada su independencia, los estadounidenses aniquilaron a los indios gracias a los nuevos fusiles Winchester y los revólveres Colt, ambos de calibre 44/40. Armas tan avanzadas que todavía hoy, en pleno siglo XXI, se producen y usan. Todos los colonos americanos dispusieron de este tipo de modernas armas, con las que disparar con precisión a largas distancias un mínimo de seis tiros por minuto.

Matanza de indios durante la conquista y ocupación estadounidense de California. Ante el menor indicio de amenaza, los anglosajones desencadenaban una violencia indiscriminada. No era necesario ni que los indios atacaran. Así ocurrió en 1846, como representa el grabado, con la tribu wintus. Los estadounidenses estaban armados con rifles Hawken que podían matar desde 200 metros; los wintus solo tenían arcos.

Nada que ver con ese apenas 2 % de conquistadores españoles, que tres siglos atrás, al inicio de la conquista de los grandes imperios azteca o inca, podían permitirse el lujo de poseer un rudimentario arcabuz de mecha, que precisaba no menos de cinco minutos para poder entrar en servicio, y con el que era imposible acertar a más de cincuenta metros.

Los conquistadores anglosajones lucharon con una ventaja de dos a uno para ocupar América del Norte en doscientos años. Los españoles sometieron el triple de territorio en cuatro veces menos tiempo y con una inferioridad numérica de trescientos a uno. Los anglosajones no crearon nada, simplemente aniquilaron a los indios y sus culturas, para más tarde reocupar sus territorios, a los que trasladaron sus formas europeas de vida. Los conquistadores españoles crearon un nuevo mundo mediante la fusión de las culturas europea e indígenas, algo que no se producía —ni se ha producido— desde los tiempos del Imperio romano. Los conquistadores anglosajones usaron sus armas para destruir una forma de vida. Los españoles no necesitaron armas para crear una nueva cultura.

Las diferencias abismales que hubo entre los españoles y sus colegas anglosajones no fueron casuales, o meramente circunstanciales, se trató de dos casos conceptualmente diferentes. Ambos pueblos, ciertamente coincidieron en ser conquistadores, pero las intenciones que llevaron a cada uno de ellos a ensanchar sus fronteras marcaron profundamente la forma de hacerlo. Mientras los españoles buscaban esencialmente la expansión de unos principios religiosos y culturales, los anglosajones se centraron con auténtico acerbo en la consecución de sus proyectos mercantiles. Mucho tuvieron que ver los principios filosóficos y teológicos del protestantismo, sobre todo en su versión puritana, con estas intenciones.

La colonización anglosajona, formada por expatriados protestantes que no eran tolerados por los anglicanos en Gran Bretaña, no pretendieron formar una cultura mixta en América. Estos colonos del norte trajeron sus costumbres y sus mujeres, por lo que marcaron sus predios y posesiones para diferenciarlas de las de los nativos, a quienes luego expulsarían de sus territorios. Por el contrario, los españoles no formaron una sociedad diferenciada por la raza, puesto que desde España apenas viajaron mujeres hacia América en los primeros tiempos. Por eso, desde un primer momento, los españoles se unieron a las indias —después de bautizarlas— y engendraron un pueblo mestizo.

Para los colonos protestantes los indios no eran unas almas que esperaban recibir la fe, sino unos ingratos pecadores que no habían sabido rentabilizar las tierras y talentos que Dios les había dado. Así, Dios, dolorido por tan ingrata actitud, había decidido readjudicarlas a sus fieles hijos anglosajones. En esta línea de pensamiento el mismo Theodore Roosevelt afirmaba:

> Si se hubieran dejado a los indios, por humanitarismo, sus terrenos de caza, ello hubiera significado abandonar amplios

contingentes de tierras a disposición de los salvajes; cosa inconcebible. No quedaba otra alternativa; había que desplazarlos.

Sheridan, por su parte, se ahorró tantas explicaciones y lacónicamente sentenció: «Los únicos indios buenos son los que están muertos».

Estas creencias religiosas de los protestantes se vieron más tarde reforzadas con una visión retorcida de las teorías científicas de Darwin, según las cuales, en el reino animal existían especies superiores y otras inferiores. Las primeras estaban destinadas por ley natural a dominar sobre las segundas y, teniendo en cuenta que la ley natural la había creado Dios, eso equivalía a afirmar que los blancos protestantes tenían la divina responsabilidad de gobernar sobre especies inferiores y paganas. Estas creencias son la única razón por la que hasta mediados del siglo XX no les han sido reconocidos los derechos civiles a los indígenas de las antiguas colonias anglosajonas de América, Sudáfrica o Australia. Incluso en la actualidad se les sigue sin reconocer el derecho a sus antiguas propiedades.

Los conquistadores anglosajones consiguieron hacer realidad lo que siglos más tarde no pudo el mismísimo Hitler: exterminar, literalmente, razas enteras, como ocurrió con los indios de América del Norte, o con los de Oceanía, caso este último, bastante más desconocido.

5.5.1 Los conquistadores ingleses

La aventura conquistadora de los anglosajones no comienza hasta bien pasado un siglo de que los españoles pisásemos suelo americano, si exceptuamos el intento fallido en 1584 de fundar una colonia, la de Roanoke, en la actual Carolina del Norte. Por lo demás, durante el reinado de Isabel I (1558-1603), todo el interés de la Corona inglesa se volcó en el negocio del robo, secuestro y saqueo de ciudades españolas, como Panamá, Puerto Rico, Santo Domingo o Cartagena de Indias... a cargo de piratas como Drake, Hawkins y William Parker.

Fue Jacobo I, sucesor de Isabel, quien planeó los primeros asentamientos ingleses, concediéndoles las tierras comprendidas entre la actual Carolina del Sur hasta Canadá, a la Compañía de Virginia, a cambio de que sus colonos pagasen como arrendatarios. Para ello redactó un documento conocido como *Virginia Charter*, una especie de marco legal de la futura colonización inglesa de América, en la que los indios —los originarios propietarios de esas tierras— apenas se mencionaban, salvo para dejar bien clara su condición de «infieles y salvajes». Nada de respetar sus propiedades, ni sus vidas, ni de impedir que se les esclavizara. Y ya ni hablar de abrirles escuelas, universidades u hospitales, cosas todas ellas perfectamente reguladas desde hacía décadas en la América española.

Durante los dos siglos siguientes, Inglaterra afianzó su presencia en la costa atlántica de los actuales Estados Unidos. Para ello no se empleó en grandes guerras contra los indios, entre otras cosas porque allí no existían imperios como el inca o el azteca. Eran tribus que vivían en la Edad de Piedra, pero que en conjunto les superaban en número y preservaban con celo sus ancestrales territorios de caza, ahora codiciados por los nuevos colonos ingleses que esperaban ansiosos poder desbrozar esos bosques salvajes para convertirlos en las grandes parcelas de tierra con las que habían soñado desde su partida de la vieja Inglaterra.

Por aquel entonces los españoles llevaban ya más de siglo y medio en América, y los nuevos colonos habían aprendido de sus enemigos los españoles que el arma más infalible contra los indios eran las enfermedades. Pero a diferencia de los papistas, no esperaron de brazos cruzados la actuación de la naturaleza, sino que se sirvieron de ella para llevar a cabo por primera vez en la historia el aniquilamiento por medio de armas biológicas. En esas latitudes de la América septentrional, los inviernos son duros y largos, por lo que los indios pronto se prestaron a intercambiar con sus nuevos vecinos blancos toda suerte de mercaderías, a cambio de mantas de lana con las que combatir los rigores del frío. Los ingleses ganaron dinero con ese tráfico mercantil, pero sobre todo se aseguraron la futura propiedad de esas tierras indias, heredadas después de que los que les compraran las mantas murieran como chinches de viruela, enfermedad con la que envenenaban sistemáticamente las mantas que cínicamente les vendían, y ante la cual el aislamiento biológico de los indios no había desarrollado ningún tipo de defensa. Las diezmadas poblaciones que sobrevivieron a la enfermedad, ya eran presa fácil.

Mientras los ingleses se enriquecieron con la viruela, los españoles perdieron cantidades ingentes de dinero en llevar a cabo la primera y mayor campaña mundial de vacunación que ha habido en la historia, con tal de evitar que sus indios contrajeran la enfermedad.

La viruela había sido una de las más temidas plagas que desde tiempo inmemorial azotaban a la humanidad. Cada vez que se desataba una epidemia, hasta el 60 % de la población afectada terminaba por infectarse, de los que a su vez no menos del 20 % moría. Sin embargo, y gracias a la extraordinaria evolución de la ciencia en Inglaterra, en 1796 Edward Jenner, tras años de investigación, descubrió la vacuna que desterró desde entonces tan terrible sufrimiento. Mentira. Eso es lo que nos han enseñado los últimos doscientos años, pero al igual que otros tantísimos *fakes* históricos, es mentira. El propio Jenner fue vacunado contra la viruela cuando contaba apenas ocho años por el médico de su pueblo, Berkeley, dado que la vacuna de la viruela —en su modalidad de «variolización»— ya era relativamente conocida. Había sido una mujer, *lady* Mary Wortley Montage, esposa del embajador inglés en Constantinopla, quien llevó dicho remedio a la Inglaterra de mediados del XVIII, pues los turcos ya conocían la técnica, que a su vez habían aprendido de médicos como el griego Jacobus Pylarinus o el italiano Enmanuele Pimonis, por no decir que el mismo Voltaire —nada sospechoso de apologeta— en su *Enciclopedia*, ya describe el remedio a la enfermedad, que, según asegura, lo descubrieron los cristianos en tiempos de Roma. Y tampoco fue Jenner quien descubrió el paso de la peligrosa técnica de la variolización a la nueva y más segura de la vacuna propiamente dicha, consistente en inocular la linfa de las pústulas de las ubres de las vacas —que contenían una variante debilitada del virus—, sino un conjunto de científicos europeos. El mérito de Jenner fue dar el último paso en la mejora de la técnica, al inocular la linfa de las pústulas de un humano ya vacunado y no de una vaca. Y si contamos todo este rollo médico en un libro de historia, aparte de para desmontar bulos, es para dejar bien claras las diferencias que hubo entre los conquistadores españoles y los ingleses. Estos en 1796 ya conocían los últimos avances en la técnica de la vacuna, y ¿qué hicieron? Nada. De hecho, Jenner, en toda su vida, no vacunó más que a un total de 24 personas. Sin embargo, la Corona española no perdió un minuto en organizar una expedición con la intención de vacunar a todo el planeta, empezando, como es lógico, por sus propios súbditos.

La Real Expedición de la Vacuna, como así se conoció, partió en 1803 del puerto de La Coruña a bordo del buque *María Pita*. Lo mandaba don Francisco Javier Balmis —médico de cámara del rey, nada menos—, y su principal cargamento eran 23 niños, y miles de ejemplares impresos en los que se explicaba detalladamente la técnica de vacunación. Tras pasar por Canarias, arribó a las islas del Caribe, donde la expedición se dividió; un grupo partió hacia Nueva España y el otro hacia Centroamérica y Sudamérica. Se había establecido un protocolo médico, consistente en pasar la vacuna —mediante inoculación— de unos niños a otros, y de un pueblo a otro, hasta completar la totalidad de todos los habitantes, así como establecer unas Juntas de Vacunación en todos los municipios con la responsabilidad de conservar el fluido de la vacuna.

Acabada la misión en el continente americano, la expedición partió de nuevo desde Acapulco, atravesó el Pacífico —que por entonces era nuestro— y repitió la operación con todos los habitantes de Filipinas. Vacunados todos los súbditos españoles de Asia, la operación no se dio por terminada, pues las órdenes eran el mundo entero; siguieron por China, Macao... hasta regresar a la Península, tras haber dado la vuelta al mundo y vacunar a todo el que se encontraban por el camino. Llegaron incluso a jugarse el tipo al parar para vacunar en colonias inglesas, a pesar de estar ambos países en guerra. Inglaterra no vacunó a los ciudadanos de sus colonias hasta cuarenta años después, y a los indígenas no se molestó en hacerlo jamás. Igualmente, Napoleón, tras conocer el éxito de la expedición española, mandó vacunar a sus soldados. Cuando Edward Jenner conoció la proeza española, escribió: «No me imagino que los anales de la historia contengan un ejemplo de filantropía tan noble y tan extenso como este», y, evidentemente, *ipso facto*, tuvo que abandonar la sociedad médica que el mismo había fundado.

Diezmados los indios por la viruela con la que habían envenenado las mantas, y dueños ahora de sus tierras los ingleses, tras la Guerra de los Siete Años se hicieron también con los territorios de Francia, que lindaban a lo largo de toda su franja oeste hacía el interior, hasta el Misisipi, así como por el norte en el Canadá. Pero fue una victoria agridulce, porque duró poco, justo hasta que unos años más tarde los colonos se cabrearon porque les subieron los impuestos del té, y decidieron dejar de tomarlo, con lo que pasaron de ser ingleses a convertirse en yanquis.

Pero los ingleses, y hay que reconocerles el mérito, fuera de venirse abajo y deprimirse históricamente, como les ha ocurrido a otras muchísimas naciones tras una derrota de gran envergadura, se olvidaron pronto de la humillación, para lanzarse a la conquista de todo aquel terruño del planeta donde pudieran ganar mucho y gastar solo lo imprescindible. Habían aprendido la lección: ¿De qué sirve tirarse doscientos años invirtiendo en nuevos territorios, para que después tus propios ciudadanos se queden con todo con cualquier exclusa, como la de que ya no les va eso de quedar a las cinco para tomar el té?

Por ello, la experiencia en América será la base de su nuevo imperio comercial, copiado de los holandeses, y basado exclusivamente en ganar dinero a la ida, a la vuelta, y en medio. Cuando todavía conservaban sus trece colonias americanas, obtenían beneficios de Inglaterra a África llevándoles baratijas a los caudillos negros a cambio de esclavos que vendían en América, y donde a su vez cargaban algodón o azúcar de nuevo para Inglaterra. Ahora, perdida América, Inglaterra se había quedado sin su floreciente comercio de esclavos, té y algodón, por lo que se lanzó a la conquista de la India, pero ya no iba a cometer el error de América; no iba a perder tiempo ni dinero en conquistar territorios en los que ubicar a sus colonos para que labrasen la tierra y, con el sudor de su frente, contribuyeran al sostenimiento del país con sus impuestos, sino que creo la Compañía de las Indias Orientales, que en régimen de monopolio, fue de Inglaterra a la India para venderles en exclusiva productos manufacturados con las mismas materias primas que antes les habían expoliado a los indios, y desde allí proseguir viaje hasta la China, donde les vendían opio de la India a cambio de té, seda y porcelana que más tarde revendían en el resto del mundo a precio de oro.

Sin embargo, cuando el gobierno chino se percató de que le habían tomado el pelo —de ahí viene lo de «los engañaron como a chinos»— y que eso del opio no tenía los efectos medicinales prometidos, sino que se había convertido en la primera causa de defunción, así como de fuertes estragos sociales y económicos —más de cien millones de chinos llegaron a estar «enganchados»— les dio un ultimátum a los ingleses: si querían té, seda, porcelana, o cualquier otra cosa, habrían de pagarlo en plata. Gran Bretaña, que no tenía plata, no podía renunciar al comercio del opio, base fundamental de su entramado mercantil y de su Revolución Industrial —de hecho, solo los beneficios obtenidos con el té vendido en Europa, sufragaban toda su armada, por aquel entonces la más poderosa del mundo—, así que, apeló al *sancta sanctorum* de la libertad de mercado, y se plantó con su recién estrenada escuadra de vapores con cañones de largo alcance y nuevos proyectiles explosivos ante los principales puertos chinos. Primero destrozaron la flota de anticuados juncos, y después bombardearon a degüello las principales ciudades costeras, hasta que los chinos se vieron obligados a aceptar el opio como moneda a cambio de lo que quisieran llevarse. Además, les tuvieron que ceder Hong Kong. Y ya puestos, como tenían allí la armada y el ejército, para no volverse de vacío se quedaron también con Birmania, Tailandia, Malasia, Sumatra, Borneo…

Sin haber aprendido la lección de lo que les pasó a los chinos, veinte años más tarde —en 1857—, se revelaron los indios. La historia la ha conocido como Guerra de los Cipayos, pues así era como se llamaban los 190 000 efectivos militares que mantenían el orden en el Indostán al servicio de la Compañía de las Indias Orientales.

Evidentemente no eran ingleses, sino mercenarios indígenas, que les salían muchísimo más baratos. Y Gran Bretaña, al igual que hiciese con China, mandó hasta allí su ejército, y sometió al país y, ya puestos, hizo lo propio con Pakistán, Bangladés, Nepal, Beluchistán, Afganistán...

Y ya que tenían tantos territorios en Asia, lo suyo era ahorrarse el peaje del canal de Suez, recién construido por los franceses, por lo que se lo quedaron a precio de saldo. Y como el canal de Suez estaba en Egipto, y se habían venido arriba, se quedaron también con Egipto. Y como Egipto está en el continente africano, pues se quedaron también con Sudán, Somalia, Kenia, Zanzíbar —hoy parte de Tanzania—, Rodesia —hoy Zimbabue—, hasta llegar a África del Sur, arrebatada a los holandeses tras la sangrienta Guerra Bóer.

En este vasto imperio colonial, los naturales de esas tierras dejaron de tener sus antiguos derechos, y pasaron a ser siervos de un sistema mercantil. No hubo para ellos un mínimo de igualdad jurídica con sus invasores, ni evangelización, ni programas sanitarios o de educación. Todo lo que en esos territorios se hizo —incluidas las grandes infraestructuras de la India—, no tuvo más objetivo que optimizar la extracción de sus recursos naturales, facilitar la vida en las colonias a los ciudadanos ingleses allí destinados, o dotar de un eficiente sistema logístico a sus compañías comerciales. De hecho, cuando comenzó la Segunda Guerra Mundial, y el pueblo inglés en masa, tanto hombres como mujeres, dejó absolutamente todo para defender su patria de la barbarie nazi, ciertamente demostró un valor y arrojo verdaderamente encomiable. Sobre todo, si tenemos en cuenta la cobarde actitud servil de Francia durante ese tiempo, por mucho que se hayan querido después lavar la cara con el falso mito de «la Resistencia». Pero ese valor de los ingleses, no quita que si dejaron sus campos y medios de vida era porque sabían que podían vivir de sus colonias, lo que terminó por ocasionar que más de quince millones de indígenas muriesen de hambre, cuando desde la metrópoli se tomó la decisión de que todos los recursos naturales se enviasen a Gran Bretaña a partir de ese momento para dar de comer a sus campesinos y obreros, alistados como soldados, y a sus mujeres, que trabajaban en fábricas de armamento o atendían en los hospitales a los heridos de guerra.

Solo en la India, en 1943, el político e historiador Shashi Tharoor —autor de *Inglorious Empire*—, cifra en más de cuatro millones los muertos de hambre, como consecuencia de enviar a la metrópoli el alimento que ellos mismos habían cultivado y cosechado. De Winston Churchill afirma:

> Tiene tanta sangre en las manos como Hitler, especialmente en cuanto a las medidas que firmó personalmente durante la hambruna bengalí, en la que murieron 4,3 millones de personas por decisiones que tomó o respaldó.

En todo caso, los envíos de comida eran tan abundantes, que la mayor parte se echaba a perder, por lo que oficiales ingleses advirtieron a Churchill que se producía una hambruna totalmente innecesaria. Toda su reacción fue escribir de puño y letra en los márgenes del informe: «¿Por qué no se ha muerto Gandhi todavía?».

Pero no todo el Imperio británico se basó en el modelo colonial de explotación comercial, hubo otros territorios donde se optó por el sistema de ocupación con colonos. Se trataba de grandes extensiones de tierras, con baja densidad de población autóctona y cierto valor estratégico, donde la ausencia de valiosas materias primas hacía que la explotación agrícola fuese la única opción de rentabilizarla. Fue el caso de Canadá y Oceanía, especialmente Australia. Territorios donde su escasa población se componía de pequeñas tribus nómadas, tremendamente atrasadas, que no habían pasado del neolítico en el mejor de los casos y que vivían fuertemente unidos a la tierra que les daba de comer. Para los ingleses eran gentes despreciables solo por el hecho de no ser blancos, protestantes y anglosajones, pero es que, además, no les servían siquiera como mano de obra barata, pues sus ancestrales formas de vida les hacía despreciar la agricultura y la ganadería. La solución fue eliminarlos, así «al menos servirán como abono», se llegó a afirmar.

En Australia había una población de unos tres millones de indígenas, cuando llegaron los primeros ingleses con James Cook. Un siglo después, su población apenas llegaba a los 60 000. El matar aborígenes se convirtió en deporte. Una cacería que se podía practicar con fusil, con espada y al galope, o bien abriéndoles el cráneo a golpe de estribo. Los aborígenes de Tasmania tuvieron peor suerte, pues fueron todos literalmente exterminados mediante el sistema de «cordón negro»: una línea de 2200 soldados cubrió todo el ancho de la isla, y avanzó abatiendo a los indios, como si estuviesen en un ojeo de perdices.

Estos crímenes no deben entenderse como algo exclusivo de un pasado lejano, pues hasta 1960 era legal y estaba bien visto apartar de sus padres a los niños indígenas para llevarlos a trabajar en tareas domésticas, si eran hembras, o dedicarlos a las labores del campo, en el caso de los varones. Solo en Australia, en la primera mitad del siglo XX, unos 150 000 niños indígenas «tuvieron la suerte de ser trasladados de la barbarie a la cultura», y según justificó un político: «los aborígenes no tienen sentimientos como nosotros. Aunque hacen aspavientos, gritan y lloran, cuando nos llevamos a los niños, enseguida se olvidan y hacen una vida normal».

El Imperio británico apenas duró un siglo, la tercera parte que el español, si bien Inglaterra supo hacer que sus antiguas colonias continuaran su dependencia de la vieja metrópoli tanto en lo económico, como en lo tecnológico o cultural. Dependencia que, con el tiempo, cambió de signo, primero, hacia los Estados Unidos y últimamente hacía China, pero que en todo caso sirvió para amortiguar y hacer más suave la caída de los británicos como primera potencia mundial, cosa que no supimos hacer los españoles.

En todo caso, el recuerdo de sus horrores fue debidamente borrado a tiempo con los discursos de Disraeli, las novelas de Kipling, la música de Ketelbey, o himnos como *God save the Queen*. Sin duda la historia se quedó con la versión de *lord* Curzon: «Después de Dios, es la Gran Bretaña la mayor fuerza bienhechora del Universo».

5.5.2 Los conquistadores estadounidenses

Nada más independizarse las antiguas provincias españolas de América, el presidente de los por aquel entonces pequeños Estados Unidos, pronunció su discurso en el Congreso sobre el estado de la

Unión. Era 1823, y se conocerá como Doctrina Monroe. Marcará a partir de entonces las aspiraciones y el devenir histórico de la joven nación. Hasta ese momento existía una corriente político-religiosa, conocida como Destino Manifiesto, que el periodista John L. O´Sullivan definió por entonces como «Extendernos por todo el continente que nos ha sido asignado por la Providencia, para el desarrollo del gran experimento de la libertad y autogobierno». Sin embargo, la Doctrina Monroe, pretendía ir un paso más allá: de las palabras bonitas a la práctica. No bastaba con saber que los blancos protestantes anglosajones de Estados Unidos eran el pueblo elegido por Dios para el experimento de la libertad y autogobierno, sino que requería definirlo en un programa político. «América para los americanos», será la concreción expuesta por el presidente Monroe ante el Congreso, mediante la cual se justificará no ya solo cualquier acción armada por parte de Estados Unidos contra cualquier país europeo que pretenda entrometerse en América, del norte o del sur, sino el dominio mismo de todo ese vasto continente por parte de los elegidos por Dios.

Desde el primer momento, la Doctrina Monroe justificó el exterminio de los indios y la ocupación de sus tierras. Cierto es que antes, los ingleses no se habían preocupado lo más mínimo en protegerlos y ya menos en civilizarlos, pero también es verdad que no habían llevado a cabo una política directamente genocida como la que aprobó el Congreso. Pero los territorios libres de los indios no eran el principal problema expansionista, sino México, que había heredado de España la mitad de América del Norte. Unos mestizos católicos ocupaban un territorio que por designio divino pertenecía a los Estados Unidos, y el problema era que por entonces los yanquis no podían todavía plantearse una guerra abierta contra los mexicanos. Quizá hoy nos cueste entenderlo, pero el México —y en general Hispanoamérica— que dejamos los españoles, eran de las zonas más ricas y prósperas del mundo. Los grandes se crecen ante la adversidad, hay que reconocerlo, y eso hicieron los yanquis, que aprendieron a conspirar como jamás nadie lo había hecho antes, y esperemos que nadie consiga superar en el futuro. Empezaron por pedirle permiso a México para enviar inmigrantes a Texas

—algo que hoy nos puede parecer el mundo al revés—, cosa que a México le convenía, a fin de asentar su soberanía sobre unos territorios tan extensos como despoblados. Solo pusieron unas mínimas condiciones: los nuevos colonos habrían de aceptar la soberanía y legislación mexicana, respetar el catolicismo, aprender español, y, bajo ningún concepto tener esclavos. Evidentemente, los colonos estadounidenses hicieron caso omiso de cuanto prometieron cumplir, y una década después, en 1836, ya eran mayoría. Fuertemente armados por Estados Unidos, y con el apoyo de su ejército, se proclamaron independientes con la excusa principal de que la prohibición de tener esclavos coartaba sus libertades.

Los mismos mexicanos que dos décadas atrás se habían independizado de España en nombre de la «autodeterminación de los pueblos», les dijeron que ni de broma. El presidente mexicano, Santa Ana, partió con su ejército y los derrotó sin problema en El Álamo, como hemos visto en la película de John Wayne, pero fieles a sus costumbres hispanas, echaron una siesta en el viaje de regreso. La ocasión la aprovechó el general Houston —que llegó de Estados Unidos— para atacarlos por sorpresa y acabar con los mexicanos en una batalla que duró menos de 15 minutos. El mismo Santa Ana fue hecho prisionero cuando trataba de huir ridículamente disfrazado, y allí mismo se le obligó, *manu militari*, a firmar la independencia de Texas, con la condición de que jamás se uniría a los Estados Unidos, sino que se mantendría como estado independiente, y, en caso contrario, retornaría a la soberanía mexicana.

En 1845, los Estados Unidos ya estaban dispuestos para una guerra abierta con México que habían preparado con tiempo, por lo que el Congreso aprobó la ilegal anexión de Texas a la Unión. Santa Ana protestó por el incumplimiento del tratado, pero los yanquis no le hicieron ni caso, y, finalmente, tuvo que partir de nuevo con su ejército a la reconquista de Texas. No tiene ni idea de que llevaban años preparando esa jugada, y cuando se quiso dar cuenta, los yanquis habían ocupado la mismísima Ciudad de México. Eso le obligó a firmar en 1848 un nuevo tratado —el de Guadalupe— en el que no solo tuvo que aceptar la anexión de Texas a los Estados Unidos, sino ceder también los territorios de los actuales estados de California, Nevada, Utah, Nuevo México, Colorado, Arizona, Wyoming, Kansas y Oklahoma. Para que nos hagamos una idea, una superficie similar a la de Europa. No obstante, en las negociaciones de Guadalupe, los yanquis —a quienes ahora llamaban «gringos», como deformación de *greens, go home*— aceptaron una serie de condiciones: respetar las propiedades de los habitantes de los territorios cedidos, igualdad jurídica para los mismos, y una indemnización de diez millones de dólares para México. Como es fácil suponer, los yanquis echaron de sus tierras a los mestizos católicos sin ningún tipo de indemnización, no les concedió igualdad jurídica o de derechos, y de los diez millones de dólares no llegaron a pagar ni la mitad.

En las películas del Oeste, es la época del asentamiento de los nuevos colonos estadounidenses en las tierras ocupadas libremente durante siglos por los antiguos nativos, bajo la protección de España. California fue sin duda el destino dorado. Allí se dirigieron todas esas largas hileras de carretas que tanto evoca la filmografía americana, a la búsqueda de una nueva tierra que «no era de nadie», y de la que se decía que era fértil, inundada por el sol, y bañada por ríos granados de pepitas de oro. Más de un siglo antes, Juan Bautista Anza había fundado en aquel lugar la ciudad de San Francisco, y fray Junípero Serra —anciano y cojo— todo un rosario de misiones en las que los indios, hasta entonces sumidos en mínimos niveles de desarrollo, habían pasado de seminómadas cazadores-recolectores, eternamente ocupados en guerras tribales, a miembros de comunidades estables y pacíficas en las que aprendían un oficio con el que llevar a sus pueblos las más modernas técnicas europeas de metalurgia o irrigación. Comunidades exentas de impuestos, y cuyos beneficios y excedentes de producción se usaban para financiar nuevas misiones, o bien mantener otras deficitarias.

Pero todo eso acabó cuando se empezaron a establecer los nuevos dueños anglosajones de esas tierras, por lo que, con la intención de dejar espacio libre, el primer gobernador de California —Peter Burnett— hizo en 1851 un llamamiento a lo que literalmente denominó «guerra de exterminio», que, con el apoyo de la caballería de los Estados Unidos, consiguió en apenas doce años acabar con 233 000 indios, solo en California. A 120 000 de ellos se les arrancó la cabellera, pues, como mínimo, las autoridades pagaban cinco dólares por cada una que se les entregara. Según Brendan C. Lindsay —uno de los mayores expertos en el genocidio indio—, el gobierno de California llegó a gastar más de un millón de dólares de la época en ese tipo de recompensas.

En todo caso, tanto California, como el resto de nuevos territorios, no fueron automáticamente incorporados como Estados a la Unión, se siguió un proceso de «depuración racial». No se podía permitir que la aplastante mayoría mestiza y católica, cuando no de indios nativos, estuviese en igualdad de condiciones con otros Estados de larga tradición anglosajona y protestante. Para resolverlo, se procedió durante un tiempo a la ocupación y asentamiento con gente decente. Fue un periodo que se prolongó hasta que el Congreso certificó que se cumplían unos mínimos de pureza racial para su incorporación como Estados de pleno derecho, lo que en algunos territorios llevó décadas. Oklahoma, por ejemplo, no formó parte de los Estados Unidos hasta 1907; Arizona y Nuevo México tuvieron que aguardar hasta 1912 y, después de más de un siglo, Puerto Rico sigue a la espera. Más o menos por los mismos años, en 1910, el Congreso aprobó una ley contra la «trata de blancas», por la que se prohibía prostituir a blancas, pero no a negras o mestizas. Se buscaba que los anglosajones pudieran desahogarse, pero sin pecar.

Culminado el primer punto de la Doctrina Monroe, de hacerse con toda América del Norte, los Estados Unidos se lanzaron a la conquista de un imperio comercial, con el que entrar en la liga de las grandes naciones. Al igual que los ingleses del siglo XVIII y XIX calcaron su imperio colonial de los holandeses del siglo XVII, ellos —que acababan de entrar en la historia— lo hicieron del modelo inglés del XVIII y XIX. Cada uno con sus peculiaridades y mejoras, pero todos con una común obsesión mercantilista. Algo, que, para ser justos, hemos de decir que no inventaron ni holandeses, ni ingleses, ni yanquis, sino los fenicios, y nada más que dos mil años atrás, pero que ya se creía superado por la acción civilizadora de Roma en Europa y el Mediterráneo, y por la de España, tiempo después, en el resto del mundo.

Empezaron con Hispanoamérica, donde tras la independencia de España, los británicos, bajo cuyas órdenes servían Simón Bolívar o San Martín, se habían hecho con un vasto mercado. El principal objetivo era revertir la situación, para que desde el Rio Grande a la Patagonia, todos esos territorios de mestizos católicos que no podían formar parte del Destino Manifiesto, se convirtieran al menos en un mercado exclusivo; una especie de mercado interior, a base de proveedores baratos de materias primas, obligados a consumir los excedentes de producción. Elementos con los que garantizar tanto un extraordinario potencial económico, como unos sólidos presupuestos mediante los que alimentar una maquinaria de guerra con vocación expansionista.

Sentadas las bases de su dominio comercial en la antigua América Hispana, Estados Unidos dio el primer paso fuera del continente, en busca de mercados vírgenes donde comerciar en exclusiva, la moda que por entonces imponía Inglaterra. Aunque hablamos de mediados del siglo XIX, quedaban pocos mercados de esas características que merecieran la pena, y que no estuvieran en poder de Gran Bretaña, Holanda, Francia o España. Pusieron los ojos en Japón, una gran nación asiática, pero que llevaba la friolera de tres siglos cerrada a cal y canto, sin dejar que entrara ni saliera nada de allí. Así que los yanquis, con la técnica inglesa de unos años atrás en China, mandaron en 1854 una escuadra de modernos vapores al mando del comodoro Perry, y se liaron a bombardear el puerto nipón de Yokohama hasta que a los pobres japoneses no les quedó más opción que abrir sus fronteras al mercado estadounidense. Y con el objetivo de que no se olvidasen las bondades de la libertad de mercado y el autogobierno, los bombardeos sobre puertos japoneses se repitieron en 1858 y 1863. Eso sí; no les obligaron a admitir el opio como moneda de pago, como hicieron los ingleses, sino a darles perlas a cambio de las mismas baratijas con las que comerciaban con los indios, antes de acabar con ellos.

Los estadounidenses ya habían conseguido arrebatarles a indios y mexicanos todo el territorio de América del Norte que les pertenecía por Providencia Divina, después habían convertido todo el resto del continente en un mercado en exclusiva, y, por último, habían atravesado todo el océano Pacífico para abrir nuevos mercados a cañonazos. Solo les quedaba tener un imperio colonial con el que entrar en el club de élite de las grandes superpotencias del momento.

Para ello, tuvieron de nuevo que ingeniárselas, pues habían llegado tarde al reparto colonial del mundo realizado en 1885 en la Conferencia de Berlín. La solución perfecta era quitarle a España sus provincias de ultramar. Los motivos eran varios. Primero, España, al contrario que las nuevas potencias coloniales como Inglaterra o Francia, se encontraba en pleno declive. Por otro lado, Cuba y Filipinas eran principales enclaves logísticos en las rutas de América y Asia, y, por último, eran tierras en las que ya estaba el trabajo hecho; no había indios salvajes, ni negros en taparrabos, como con los que se tenían que enfrentar Gran Bretaña o Francia para implantar sus colonias asiáticas o africanas. La población de Cuba y Filipinas llevaba más de tres siglos civilizada, y aunque fueran mestizos católicos, para los norteamericanos, su experiencia de más de un siglo lidiando con esa «gentuza», parecía más que suficiente.

Ya décadas atrás Estados Unidos había intentado, sin éxito, comprarle Cuba a la Corona española, y en los años posteriores había gastado auténticos ríos de dinero en promover y armar guerrillas independentistas, con la idea de quedarse con la isla, pero esa estrategia tampoco había funcionado. Estaba claro que España, aún en decadencia, no era México o el Japón, sino que todavía mantenía el porte de los grandes. No cabía otra alternativa que la guerra, y la prepararon minuciosamente.

Primero gastaron todo lo necesario en seguir con la promoción artificial de movimientos independentistas a los que armaron hasta los dientes, pero de forma más eficaz y organizada. Para ello, coordinaron sus esfuerzos a través de logias masónicas, especialmente inglesas, que tan extraordinariamente habían organizado en su día la independencia de la América Española. Pero en este caso, la masonería tendría un segundo papel: el espionaje. Los americanos necesitaban planear bien la guerra, y la labor de información en unos tiempos en los que todavía no estaban desarrollados los servicios de inteligencia era vital. La fidelidad de los hermanos masones españoles a sus hermanos masones ingleses o americanos, estaba por encima de la debida a su propia patria, aunque fueran oficiales del ejército que hubieran jurado lealtad a la bandera. De esta forma, los americanos tuvieron conocimiento de la nueva flota de acorazados españoles, barcos rapidísimos diseñados para cubrir en el menor tiempo posible cualquier lugar del mundo en el que se encontraban sus provincias; desde el Mediterráneo, hasta los diversos enclaves africanos, americanos, del Pacífico, o de Asia. Frente a estos buques rápidos y maniobrables, los americanos diseñarán una flota de navíos pesados y más torpes, pero con la capacidad de montar en sus cascos blindajes más resistentes, y, sobre todo, cañones de grueso calibre y largo alcance que permitirán hacer blanco sobre la escuadra española a distancia, a salvo del alcance de nuestros proyectiles.

Pero lo que dejó petrificados a ingleses y americanos fue un nuevo y revolucionario buque que acababan de probar con éxito los españoles. De escasa eslora —apenas 24 metros— y con una feísima forma de «puro», ni siquiera tenía en su cubierta un pequeño cañón que le hiciera parecer mínimamente amenazante, pero en las pruebas realizadas en la bahía de Cádiz, ese aparentemente ridículo artilugio, había demostrado ser capaz de navegar sumergido como un pez durante horas, orientarse bajo el agua, ver sin ser visto, y disparar hasta tres modernísimos torpedos capaces de hundir un barco a larga distancia de una sola vez. Pruebas, todas ellas, realizadas con total éxito. Y contra esta amenaza no había nada que se pudiera hacer, salvo poner a trabajar a la fidelidad fraternal masónica, que consiguió, de forma auténticamente suicida, que las altas autoridades españolas desestimaran la construcción en serie de ese mortal y barato barco, por considerarlo «inútil». Pocos años después, basándose en los planos —que «casualmente» tenían— y las pruebas reales del submarino de Isaac Peral, americanos e ingleses pusieron en servicio los primeros sumergibles de sus respectivas armadas.

Todo estaba preparado, solo faltaba un *casus belli*, y para ello, los estadounidenses solicitaron permiso a las autoridades españolas para que su buque, el *Maine*, hiciera una visita de cortesía a Cuba.

Hasta ahí todo absolutamente normal, pues España y Estados Unidos eran dos países amigos que compartían historia y fronteras, por lo que se concedió el permiso con los brazos abiertos; bien porque se ignorara todo lo que había detrás, o bien porque el juramento a la logia estaba por encima del realizado a la bandera.

El caso es que el *Maine* explotó y se fue a pique con gran parte de su tripulación. Automáticamente, Estados Unidos se presentó ante la opinión pública internacional como la víctima inocente de un injusto ataque de España, por lo que exigió como desagravio y compensación la entrega de la isla de Cuba. El gobierno español se opuso y solicitó una comisión internacional de expertos que estudiase la causa real de la explosión y hundimiento, aunque ya solo las fotografías demostraban que el barco había reventado de dentro hacia fuera, y no de fuera hacia dentro, lo que no dejaba dudas de que había sido un accidente o, directamente, lo habían volado ellos mismos de forma absolutamente intencionada.

Ante la evidencia de las pruebas, las autoridades estadounidenses se negaron rotundamente a formar la comisión y, directamente, declararon la guerra a España. Todavía el papa intentó a la desesperada mediar, pero no le hicieron ni caso. Habían quedado atrás los tiempos de un padre común entre los cristianos. Inmediatamente una escuadra española partió hacia Filipinas, pero no sabía que todo llevaba años organizado, y, tras atravesar el Mediterráneo en busca del canal de Suez, los británicos —dueños del canal— le negaron el paso. Los buques tuvieron que regresar por todo el Mediterráneo, bajar África hasta doblar en el cabo de Buena Esperanza, y desde allí seguir por medio mundo hasta llegar a Filipinas, donde la escuadra americana llevaba tiempo a la espera en la cercana colonia británica de Hong Kong. Parecida suerte tuvo la escuadra enviada a Cuba, a quien se le negó por el camino el carbón con el que alimentar sus calderas. Ambas escuadras salieron al combate con la seguridad de que todo estaba perdido, y solo su inmolación, y el sacrificio de Baler, en Filipinas, y en la colina de San Juan, en Cuba, es lo que nos queda de todas nuestras islas y provincias robadas en el Pacífico, Asia y el Caribe, ese nefasto 1898.

En ese mismo año los Estados Unidos se hicieron también con Hawái. Hasta entonces el archipiélago era un reino independiente en el que desde hacía décadas se habían establecido numerosas compañías norteamericanas dedicadas a la caña de azúcar, ante la imposibilidad de hacerlo en las provincias españolas de Cuba o Puerto Rico. Con los años, el pujante negocio, que se explotaba en grandes latifundios, hizo que gran parte de la economía del país dependiese de dichas empresas extranjeras, hasta el punto de hacerlo también en buena medida la política del reino. Con la intención de acabar con esos abusos, la reina de Hawái decidió promulgar una Constitución para su país que limitara el incremento de poder de las compañías americanas, al tiempo que modernizase la sociedad y promoviese el desarrollo del archipiélago. Fue entonces cuando los empresarios del azúcar pidieron el apoyo militar de Estados Unidos. Destituyeron por la fuerza a la reina, y terminaron por anexionarse el archipiélago.

Con la victoria sobre España y su nuevo imperio colonial, Estados Unidos, por fin, se había convertido en una gran potencia internacional. Para dejar bien clara la nueva situación, el presidente Theodore Roosevelt pronunció en Minnesota en 1901 un discurso en el que expuso a la nación la nueva política del *big stick*, que traducido al castellano quiere decir «a palos». Hasta entonces, todavía gran parte de los estadounidenses no terminaban de aprobar la infame Guerra de Cuba contra España, ni la injustificada anexión de Hawái, por lo que había que convencerlos no solo de la nobleza de dichas actuaciones, sino de todo cuanto tenían preparado para más adelante. Si un siglo atrás Monroe había traducido el Destino Manifiesto en «América para los americanos», Roosevelt proponía que debía llevarse a cabo, aunque fuese «a palos», tal como habían hecho con los españoles.

Y con esa doctrina, bien inculcada a través de la prensa en la opinión pública, los estadounidenses se dispusieron a quedarse con el canal de Panamá en una operación no menos calculada que la de Cuba. Por entonces los franceses llevaban tres décadas trabajando y muriendo a miles en su afán por arañarle al terreno una vía por donde comunicar ambos océanos. No en vano el canal había sido proyectado por el mismísimo Ferdinand de Lesseps, el ingeniero francés que décadas atrás dirigiese al otro lado del mundo el canal de Suez. Pero Panamá, en esa época no existía, o no era al menos un país independiente, sino una provincia de Colombia. Así las cosas, en 1903, el gobierno colombiano concedió la explotación del canal a la misma compañía francesa que había invertido y trabajado en la que hasta entonces era la más descomunal obra de ingeniería conocida por la humanidad, solo comparable con la Muralla China. Los estadounidenses, con el ejemplo de los ingleses en Suez, dejaron trabajar tranquilamente a los franceses. Su idea, una vez se hubieran arruinado tras finalizar las obras, era quedarse con el canal, pero todos sus planes quedaron desbaratados tras la firme decisión del gobierno de Colombia de otorgar la concesión a los europeos. Algo inconcebible, inaceptable… América era para los americanos», y había que hacerse valer, «a palos» si era necesario.

Así las cosas, y sin haber invertido un euro de la época ni haberle dedicado un minuto, el gobierno estadounidense exigió la reversión de la concesión a su favor. Colombia se negó, por lo que los Estados Unidos se vieron obligados a imponer las «libertades y el autogobierno» en la provincia de Panamá. Se inventaron un movimiento independentista, lo financiaron, e incluso lo apoyaron con su propio ejército, con tal de separar Panamá de Colombia. Lo primero que hizo el gobierno del nuevo Estado fue concederle a perpetuidad la explotación del canal a los Estados Unidos.

A Theodore Roosevelt, en reconocimiento a su doctrina, en 1906 le fue concedido nada menos que el Premio Nobel de la Paz.

Desde entonces, toda la antigua América Hispana se ha convertido en un tablero de ajedrez donde los estadounidenses invaden países, o cambian gobiernos, en función de sus intereses estratégicos o comerciales. Una política, que, tras la Segunda Guerra Mundial, han impuesto en el resto del mundo.

A día de hoy, alrededor de un 90 % de la población de los territorios de la América Hispana son mestizos de indígenas y españoles —el 70 %— o bien indígenas puros —el 20 %—, mientras que apenas alcanza al 10 % el porcentaje de blancos descendientes de conquistadores españoles.

Caricatura a favor de la libertadora política colonial estadounidense publicada por el Chicago Tribune *en 1914. Figuras de hombres de tez oscura representan a Filipinas, Hawai, Puerto Rico, Cuba y Panamá. En el panel superior, «Antes de que Estados Unidos interviniera en favor de estos pueblos oprimidos», los muestra vestidos con harapos y agobiados por cargas opresivas. En el inferior, «Después de que Estados Unidos los rescató de su opresión», los retrata de pie, altos y saludables, con ropa a la moda.*

Por el contrario, en la América anglosajona, no ha existido el mestizo de blanco e indígena —entre otras cosas porque esos matrimonios estaban prohibidos por ley—, y apenas llegan al 0,6 % los descendientes de la población indígena autóctona.

5.6 El oro y la fe

Todos los hombres de todos los tiempos han coincidido en la natural y humana inclinación por mejorar sus condiciones materiales de vida. De hecho, podemos afirmar que la razón última de las grandes migraciones geográficas de los diversos pueblos y culturas que han compuesto la historia se encuentra, precisamente, en algo tan vulgar y prosaico como la necesidad misma de comer. Por este arcano motivo, la antigua aldea de los latinos que se encontraba en una llanura cenagosa e insalubre, enclaustrada entre siete colinas, decidió expandirse hacia terrenos más fértiles, y acabó por crear el Imperio romano. Posteriormente, las tribus bárbaras que vivían en las gélidas estepas del norte de Europa emigraron al sur en busca del calor del sol y los dorados campos de cereales, y, casi sin querer, dieron origen a las actuales naciones europeas. Poco más tarde, los amigos de un camellero llamado Mahoma, hartos de vivir entre las yermas y abrasantes arenas del desierto arábigo, dedicados a asaltar caravanas que se dirigían a La Meca, decidieron cambiar a una vida mejor, y se convirtieron en sultanes y pachás para repartirse la media Luna que dista desde el norte de África hasta el Sudeste Asiático.

Entre finales del siglo XV, y principios del XVI, las clases más humildes de Castilla, conscientes de que el mundo se había expandido y de que al otro lado del mar todo era posible, emigraron desde Andalucía y Extremadura —principalmente— hacia un lugar magnético. Un lugar que, según se decía, contaba con el oro suficiente como para que no volviera a pasar fatigas quien tuviese el valor de ir a buscarlo. Pero, en el Caribe solo había algunas pepitas de oro, el necesario como para alentar una «fiebre» del oro que al cabo de unos años defraudó a miles de aventureros y arruinó a algún «empresario» de la época. Esa ilusión desató el interés en ir a América, pero no pudo satisfacer la codicia. Por eso, los nuevos aventureros exploraron más lejos y en tierras más peligrosas, a fin de encontrar un lugar donde, de verdad, abundara el oro.

El verdadero fruto de aquellos esfuerzos fue la primera circunnavegación a nuestro planeta —lo que demostraba que la Tierra era esférica—, así como el descubrimiento y conquista de lo que es la mitad del mundo moderno. Se abrieron las grandes rutas mercantiles para dar origen al actual comercio marítimo, al derecho internacional y a las primeras leyes de derechos humanos. Sin embargo, de aquellos «descamisados» castellanos, que un día tuvieron que dejar la tierra de sus antepasados en busca de un porvenir, hoy solo se pretende recordar que fueron aprovechados sin escrúpulos, que se volvieron ricos a base de apalear indios. De esta forma nos olvidamos que de ellos hemos heredado el futuro que labraron con sus vidas, sin apenas poderlo disfrutar.

Los españoles que se lanzaron a la conquista del Nuevo Mundo no buscaban oro en su inmensa mayoría, sino un buen pedazo de tierra con el que poder labrarse un porvenir sin tener que dar cuentas a ningún señor, para así dejar atrás la servidumbre heredada de siglos en Extremadura o Andalucía, donde el tiempo ya casi parecía haber uncido eternamente la sangre de los jornaleros al arado del amo.

De todas formas, y aunque fuese cierto que solo buscaban oro —que no lo era— ¿acaso todas las maravillas que hicieron bien no valen ese puñado de pepitas? ¿O es que los españoles del siglo XVI tenían la obligación de ser espíritus puros y vivir del aire? Sorprende profundamente que una cultura tan materialista como la nuestra tenga la desfachatez de acusar de interesados a unos hombres que dieron tantísimo a cambio de tan poco. Invitamos a los que acusan a nuestros antepasados de ambiciosos a realizar un balance económico donde en el haber aparezca todo lo que dejaron en América: cultura, civilización, desarrollo, derechos humanos, ciudades, impresionantes e incontables obras de arte, edificios, hospitales, universidades, vías de comunicación... Y que en el debe conste el oro y la plata que verdaderamente se llevaron. Si tienen el valor de sacar la cuenta, verán que no ha habido en la historia de la humanidad una deuda tan grande, pendiente todavía de ser liquidada.

Además, se da la circunstancia de que la explotación de oro y plata a una escala industrial, solo pudo efectuarse gracias a los conocimientos de ingeniería y química que tenían los españoles, y que no conocían los nativos. Y, que de cada tonelada que se extraía de las minas, muchas veces la mitad o más se quedaba América.

Por otro lado, uno de los problemas derivados de la llegada de oro y plata al puerto de Sevilla fue el alza de los precios, puesto que un gran incremento de moneda genera inflación. A resultas de este proceso, se remarcaron las dificultades económicas que hubieron de soportar los castellanos y que determinaron su posterior retraso.

En realidad, la cantidad de oro que llegó a España fue, en términos, relativos, poca: menos de 100 toneladas durante todo el siglo XVI. Por eso, a finales del siglo XX, Hispanoamérica solo representaba un 2,5 % de la producción mundial de oro. Sin embargo, de México, Perú, Bolivia y Chile se extrajo mucha plata, en unas cantidades que despertaron la codicia de los países enemigos de España. Hablamos de casi 15 000 toneladas durante los tres siglos de soberanía española. Por eso ingleses y holandeses iniciaron una campaña feroz de piratería, cuya efectividad fue muy limitada, aunque cada apresamiento suponía una auténtica fortuna. A lo largo de 300 años la flota de Indias solo sufrió la pérdida de dos convoyes a manos inglesas. Todavía hoy, incluso en los más selectos colegios británicos, los profesores inculcan a los alumnos lecciones sobre «ética» para justificar tales acciones, bajo la idea de que «quien roba a un ladrón tiene cien años de perdón». En otras palabras, no niegan sus fechorías, pero las escudan en que los españoles habían obtenido el oro y la plata por medio de la crueldad. Es decir, necesitan propagar una idea falsa para justificar sus propios crímenes. Llegados a esta tesitura, cabe preguntar a esos profesores ingleses: «¿Por qué ustedes, una vez que lograban apresar un barco español, no devolvían los metales nobles a los indios?» En este punto reconocen que no imitaron a su imaginario héroe Robin Hood.

Actualmente, en apenas media década, los países hispanoamericanos producen tanta plata como toda la que se llevó a la Península Ibérica, pero gracias a las aportaciones de la ciencia e ingeniería españolas, hoy es el 33 % del total mundial.

Todas las menciones sobre el oro de América extraído por los españoles olvidan que donde más oro se ha encontrado desde el siglo XVI, ha sido fuera de nuestras antiguas provincias de Ultramar; en Brasil, Australia, Rusia, Sudáfrica y los Estados Unidos. En el último caso, en esas tierras que le fueron usurpadas a México tras su independencia se localizaban las mayores reservas de oro jamás descubiertas en la historia de la Humanidad. La cantidad de mineral que los estadounidenses extrajeron durante su «fiebre del oro» del siglo XIX fue más del doble que todo lo extraído desde el Neolítico hasta 1840, lo que convirtió al país en 1853 en el principal productor de oro del mundo. A partir de aquel momento, de hecho, o de derecho, se impuso el «Patrón Oro», siempre que convino a las finanzas de Estados Unidos y a su creciente peso en la economía mundial. Pero, ¿ha devuelto Estados Unidos a México el oro extraído de sus antiguos territorios? ¿O ha hecho partícipe de esa descomunal riqueza a los indios que habitaban las tierras de California?

Bernal Díaz del Castillo fue uno de los colaboradores más íntimos y allegados de Hernán Cortés, lo que lo sitúa como testigo privilegiado de la aventura americana. Conquistador de excepción e intelectual de naturaleza, define con una descarnada espontaneidad lo que tanto él como los compañeros de su generación, hicieron en América: «Vinimos aquí por servir a Dios y a su majestad, y también por haber riquezas» dice en su *Historia verdadera*. La lejanía de casi cinco siglos permite que sea muy fácil responderle con una fría y lacónica sonrisa que insinúa a voces: ¿no será que fuisteis a América a por las riquezas, y Dios y su majestad son un simple pretexto? A los conquistadores españoles que llegaron a América con poco más que lo puesto, todavía no se les ha perdonado su afición por el oro. Sin embargo, jamás se acusó a los colonos ingleses de llevar a cabo cuanto ellos criticaban de los españoles. Además, se los ha idealizado en su larga conquista del Oeste.

Hoy tenemos bastante claro que es perfectamente compatible ser un buen médico, un genial arquitecto, un deportista de élite o un ilustre catedrático, con el hecho de recibir una alta compensación económica por el trabajo desempeñado. Lo que hace carecer de sentido la absurda manía de intentar que en otro tiempo fuera incompatible buscar oro con la firme voluntad de llevar también la fe y la civilización.

Escuchemos, como si por unos momentos estuviésemos presentes, las palabras de uno de los primeros conquistadores, Alonso de Ojeda, dirigidas a los indios en la misma playa, tras su desembarco en las Antillas en el temprano 1506: «Dios Nuestro Señor, que es único y eterno, creó el Cielo y la Tierra, y un hombre y una mujer, de los cuales vosotros, yo y todos los hombres que han sido y serán en el mundo, descendemos». Pues resulta que estas palabras, dichas por uno más de esos conquistadores que buscaban oro, eran sinceras de corazón. De lo contrario, es humanamente inexplicable que, en tan poco tiempo, tan escasos hombres fueran capaces de convertir a su fe a tantos millones de personas.

No nos olvidemos que los hombres pueden ser humillados, explotados, o esclavizados, pero hay un rincón en cada persona donde ningún tirano, por poderoso que sea, puede entrar sin permiso de su dueño: el corazón. La religión que llevaron los españoles, entró en el de los indios, eso nadie lo puede negar. Lo que demuestra, es que el comportamiento de dichos hombres, aunque ciertamente buscasen oro, estuvo guiado también por un noble afán evangelizador. Valga como ejemplo el dato de que solo hasta 1574 los españoles habían traducido ya la Biblia a doce lenguas indias diferentes, mientras que no fue hasta tres siglos después, en 1874, cuando los anglosajones realizan su primera y única traducción para los indios de América del Norte. Para colmo, no corrió a cargo del Estado, sino de un particular.

Se podrían añadir mil ejemplos más sobre las verdaderas intenciones evangelizadoras de los españoles, pero ninguno tan elocuente como la propia fe viva y auténtica de todo ese continente. Desde entonces, y hasta nuestros días, el resto de imperios —Gran Bretaña, Francia o Estados Unidos—, han llegado a conquistar toda África, Oriente Próximo, Oceanía o la costa asiática, pero sus imposiciones de soberanía estaban muy ligadas a la explotación mercantil y muy poco a la expansión de la fe, lo que no es sino una muestra de sus principales convicciones.

Vayamos hasta los propios conquistadores, a las mismas fuentes de la época; y nos encontraremos con que hombres que luchan en Italia contra Francia, o en Flandes contra los holandeses, se llaman así mismo «españoles». Cojamos de nuevo los textos escritos de puño y letra —por ejemplo, de Álvar Núñez Cabeza de Vaca—, por aquellos que han luchado en los campos de batalla europeos, y que ahora se encuentran en América, a miles de kilómetros, y veremos que ya no se autodenominan españoles o castellanos, sino cristianos. Ese es el calificativo común que se dan cuantos españoles emprendieron la conquista de América, el Pacífico y las provincias asiáticas. Ni el más mínimo atisbo encontramos en ellos de ese chovinismo nacionalista, tan frecuente en la expansión colonial europea del xix. América, sin duda, era para ellos el sueño de abundancia y riquezas con el que olvidar siglos de miseria endémica y de sumisión a una tierra exigente, que solo daba frutos si era regada a base de sudor, pero, sobre todo, América y el resto del mundo hispanizado, eran esa tierra de promisión en la que encontrar un tesoro aún más valioso y duradero que el oro: la expansión de una fe con la que se hacían merecedores de la Gloria Eterna. Aunque hoy la mayoría no lo entienda, para nuestros antepasados era, ciertamente, un tesoro más preciado que el oro terrenal.

Las cifras hablan por sí mismas. Afirma al respecto Guillermo Céspedes del Castillo: «Es falsa la imagen de una Nueva España como colonia de explotación, puesto que la minería de metales preciosos no ocupa más del 0'5 % de la mano de obra, ni rinde más del 11'9 % del valor total de su producción». Más datos: el año en el que se batió el récord de importación de metales preciosos de América, su montante total no llegó a cubrir el 16 % del presupuesto de la Corona española. El resto del presupuesto recayó, una vez más, sobre las sufridas espaldas de los pecheros castellanos, que eran quienes verdaderamente mantenían con sus tributos el Imperio, y no el oro de los indios. Por eso, el mismo Quevedo afirma por esos años, en uno de sus versos satíricos: «Solo Castilla y León, y el noble reino andaluz, llevan a cuestas la cruz».

Los conquistadores españoles buscaban oro, pero con la primera intención de pagar a corto plazo las deudas contraídas para financiar los costosos viajes de la época y los gastos militares de la conquista. Por lo demás, el oro no fue más que una anécdota pasajera en los sueños de unos hombres que un día abandonaron su pueblo en busca de tierras en propiedad que cultivar para comer. Y una merecida gloria, con la que olvidar los años de escasez en Castilla, y con la que saltar al palmarés de la inmortalidad.

De hecho, y como señala el profesor Luis Suárez, las historias personales de estos conquistadores se encuentran jalonadas por multitud de anécdotas y ocurrencias más propias de una novela de caballería, que de una crónica de buscadores de oro. La «quema de las naves» por parte de Cortés, la línea de la inmortalidad que Pizarra trazó en la isla de Gallo o la búsqueda de las misteriosas ciudades de Cíbola y El Dorado, son, sin duda, episodios protagonizados por personajes que poco tienen que ver con unos mezquinos mercaderes de oro.

En la memoria colectiva de la humanidad en general, y de nuestros hermanos hispanoamericanos en particular, ha quedado estampada esa imagen de la leyenda negra que pinta a unos conquistadores cuya insaciable ambición por el oro, les torna crueles e insensibles a los problemas de los indígenas. Algo ciertamente falso, pero que como todo elemento de la leyenda negra parte de deformar y exagerar lo que en cierto punto fue una realidad, y no nos referimos a nuestros conquistadores del siglo XVI, sino a los burgueses ilustrados —muchos de ellos masones— de finales del siglo XVIII. Es en 1778, ya completamente conquistada y pacificada América, cuando Carlos III rompe el monopolio del comercio que hasta entonces mantenía con la Península. Detentado primero por el puerto de Sevilla, y más tarde por el de Cádiz, se abrió libremente a los particulares, que a partir de entonces operaron desde otros como La Coruña, Santander, Málaga, Alicante o Barcelona. Una medida que hoy nos parecería justa y moderna, pero que por entonces supuso pasar del estricto control que hasta entonces detentaba la Casa de Contratación de Sevilla, al libre mercado.

Fue el tránsito de los primeros asentamientos ordenados y pacíficos, que tenían como principal objetivo la culturización y evangelización de esas tierras, a la libre circulación de una nueva clase de burguesía mercantilista obsesionada con enriquecerse mediante la explotación de grandes superficies agrícolas y ganaderas, incluso a costa de perjudicar profundamente los derechos de los indígenas. Sus abusos y codicia, consentidos en muchos casos por autoridades subalternas, como los corregidores, fueron la causa directa de las primeras sublevaciones en Perú o Nueva

Granada. Como apunta Ramiro de Maeztu, la Independencia americana termina en parte por ser el resultado de una guerra civil entre los propios americanos, esa nueva burguesía afrancesada y masona, y la vieja aristocracia procedente del linaje de los primeros conquistadores, que propugnaba una vuelta a los valores de la España tradicional. Algo que veremos poco después reproducido en la Península con las guerras carlistas. No en vano, hasta cuatro quintas partes de la oficialidad independentista, y nada menos que los tres últimos virreyes, eran masones.

5.7 Las Leyes de Indias. La conquista por la paz

A finales del siglo xv Europa está abierta al Mediterráneo y cuenta con vías de comunicación hacia África y Asia, pero la percepción del mundo que tiene el europeo medio no difiere demasiado de la de un ciudadano del Imperio romano en el siglo iv. La obra ecuménica y civil de Roma en el Sur y Este del Mediterráneo se ha perdido para siempre como consecuencia de las invasiones islámicas. Los viajes de Marco Polo, narrados con una gran dosis de imaginación, hablan de un mundo exótico y fascinante que espera más allá de las fronteras de los diversos reinos, principados, repúblicas y ducados de Europa. Sin embargo, ese mundo que hay fuera, es pagano, ajeno a la civilización cristiana y romana de los europeos. Está regido por otro concepto de la ley y la dignidad del ser humano.

Pero todo aquel panorama se modifica en muy poco tiempo, gracias a las mejoras tecnológicas en navegación y a las agallas de los exploradores. De repente, los navegantes portugueses y la fruición de Cristóbal Colón provocan el gran cambio. Se comienza una arriesgada navegación en la Mar Océana, cuya completa travesía despertaba recelos hasta entonces. Los españoles, rumbo al ocaso, hacia el oeste, por donde solo se creía que se ponía el sol, descubren el camino a un nuevo mundo que pronto se revela muy superior en territorios, riquezas y gentes al de la vieja Europa.

El hallazgo pronto embarga de interés y curiosidad a los hombres de finales del siglo xv. Se habla de tierras odoríferas, de nuevas razas de hombre desconocidas hasta el momento, de productos agrícolas —como la patata o el maíz—, capaces de acabar con las antiguas hambrunas. Pero lo más sorprendente es que todo ese vergel se considera sin dueño. *Térra nullis*, «tierra de nadie», era la explicación que daba el derecho medieval al lugar habitado por paganos, sin relación alguna de soberanía o vasallaje con un príncipe cristiano. Conforme a esta antigua concepción del derecho, los Reyes Católicos, como descubridores de ese nuevo mundo, apelan a la autoridad del papa para que les reconozca legalmente la propiedad sobre las tierras descubiertas y por descubrir. La petición la atendió Alejandro VI el 4 de mayo de 1493, mediante la bula *Inter Caetera* —conocida también como Bula Alejandrina—, a condición de evangelizar a los nuevos súbditos.

5.7.1 Nacen los Derechos Humanos

De esta forma, con una solución legal propia del Medievo, mezcla entre el derecho romano y germánico, se creyó zanjada la problemática suscitada a colación de la titularidad de las tierras descubiertas. Pero no pasó mucho tiempo antes de que buena parte de la intelectualidad española, así como los mismos monarcas —soberanos de esas tierras—, en contra de la opinión legal y cultural de la época, y, sobre todo, en contra del interés económico y político de su propio país, se cuestionasen la licitud y legalidad de obligar a todo un continente a formar parte de un imperio con el que no les unía ninguna relación previa, en base a un derecho que nunca habían conocido, ni menos aceptado. Más sorprendente resulta el hecho de que esta autocrítica al derecho de conquista, no se formule en contra o al margen del poder, sino de forma directamente alentada por la mismísima Corona. De buenas a primeras, resulta que los reyes de España ponen en tela de juicio sus derechos sobre unos territorios obtenidos mediante una simple bula papal, más ricos y extensos que los heredados de todos sus antepasados, tras ganarlos en cien batallas.

Este hecho singular, único hasta entonces en la historia, abre un nuevo camino en la forma de plantearse los hombres sus relaciones con otros hombres. Se hace preciso cortar con los valores y criterios con los que operaba desde hacía un milenio y medio. Se parte completamente de cero, con la única premisa de establecer unas nuevas normas de convivencia entre los hombres, basadas no ya en lo que se entendía hasta ese momento como cierto en Europa, sino en unos valores comunes a todos los hombres de todos los tiempos. Sobre esta base, podemos afirmar que si los españoles de hace cinco siglos, en lugar de contentarse con una simple bula papal basada en el derecho medieval, se hubiesen conformado con no hacerse preguntas incómodas, los derechos humanos y el derecho internacional, sencillamente, hoy no existirían.

Guillermo Céspedes del Castillo afirma: «Representa un hecho único en la historia que un pueblo someta a dura autocrítica su propia conducta y que aplique a sus mayores éxitos políticos y militares el más severo escrutinio moral». Ramiro de Maeztu también escribe al respecto: «El debate de Valladolid, en 1551, y las disposiciones reales que se derivan de él, constituyen la primera ocasión en que un gran poder expansivo hace alto para resolver problemas de justicia y de conciencia que el hecho le plantea».

Este es el contexto en el que surgen las Leyes de Indias, un conjunto de más de 7000 disposiciones legales, que se promulgan a lo largo de trescientos años. Sin lugar a dudas, encarnan el ejemplo más claro de derecho vivo y dinámico en la historia de la humanidad, tanto por su prolongado afán de adaptarse en cada momento a las nuevas circunstancias, como por conservar en todo ese tiempo el mismo y obsesivo espíritu de justicia, humanidad y buen gobierno.

Desde el primer momento, la legislación española contempló algo que hasta entonces no se había visto anteriormente en la historia de la humanidad, como era el hecho de considerar a los habitantes de las tierras conquistadas como nuevos súbditos y, por tanto, personas en igualdad de derechos con los que habían sido sus conquistadores. Es por ello que conquistados y conquistadores se rigen por leyes comunes, las de Castilla. Sin embargo, las Leyes de Indias van más allá, pues consideran que el indio conquistado está en inferioridad de condiciones ante el viejo español conquistador, así como que existe la obligación de atraerlos a la fe y la civilización. Las leyes tienen así como objetivo no solo impedir cualquier tipo de abuso, sino garantizar una serie de derechos universales que hasta entonces no estaban explícitamente reconocidos en ninguna legislación previa, como la propiedad, la libertad personal, el derecho a la vida, etc. Es por ello que, sin lugar a dudas, constituyen la primera e inequívoca Declaración de Derechos Humanos.

En definitiva, las Leyes de Indias son un *collage* jurídico único en el que exquisitamente se armoniza la razón que heredamos de la filosofía griega, el Derecho romano, la moral cristiana, y algo tan moderno y actual como los derechos humanos.

Aunque Isabel la Católica no las definiese en vida como tales, sus primeras disposiciones legales a favor de los indios se pueden considerar ya como su génesis. Desde el inicio del Descubrimiento, la soberana dictó leyes tanto a favor de la protección legal de sus nuevos súbditos americanos, como para regular la posible ambición que pudiese tentar a los conquistadores. En ese sentido establece que seguirán en propiedad de los indios aquellas tierras que les pertenecían antes de la llegada de los españoles, mientras que el resto de territorios libres pasarán a titularidad de la Corona, a fin de ser repartidos entre los nuevos colonos. En el año 1500, Isabel dictó un decreto por el que se prohibía la esclavitud —adelantándose en más de tres siglos y medio al resto del mundo—. Un año después, en 1501, nuestra Reina Católica, ordenó a Nicolás de Ovando que para el gobierno de La Española —hoy Haití y República Dominicana—: «procurareis que los indios sean bien tratados... como nuestros buenos súbditos y vasallos, y que ninguno sea osado de hacerles mal ni daño». Posteriormente, otra real provisión, dictada en Medina del Campo en 1503, reiteró las rígidas normas a favor de los indios para asegurar su conversión, amistosa convivencia con los españoles en régimen de libertad e igualdad, adecuada instrucción, y eficaz administración de justicia. Efectivamente los indios habrían de trabajar, pero al igual que cualquier otro español, como: «...personas libres, como lo son, e non como siervos. E facced que sean bien tratados los dichos indios. E de los que de ellos fueren cristianos, mejor que los otros. E non consintáis nin deis lugar que ninguna persona les haga mal ni daño nin otro desaguisado alguno».

Ese mismo año ordenó que en todos los territorios de Indias sometidos a la Corona: «Se hagan casas para hospitales en que se acojan y curen los pobres, así de los cristianos como de los indios», lo que supondrá el inicio de toda una red de hospitales que se extenderán por los territorios americanos, a lo largo de los siglos de presencia española. Hospitales que hoy continúan como columna vertebral de los sistemas de salud de todos esos países.

Y no pasa un año, cuando ordena en 1504:

> Enviar a las dichas islas e tierra firme del mar océano prelados e religiosos e clérigos e otras personas doctas e temerosas de Dios, para instruir a los vecinos e moradores dellas en la Fé católica, e les enseñar e doctrinar buenas costumbres e poner en ello la diligencia debida, según como más largamente en las letras de la dicha concesión se contiene, por ende suplico al rey, mi Señor, mui afectuosamente, e encargo e mando a la dicha Princesa mi hija e al dicho Príncipe su marido que ansí lo hagan e cumplan, a que este sea su principal fin, e que en ello pongan mucha diligencia, e non consientan e den lugar que los indios vezinos e moradores en las dichas Indias e Tierra firme, ganadas e por ganar, reciban agravio alguno en sus personas e bienes; más mando que sean bien e justamente tratados. E si algún agravio han rescebido, lo remedien e provean, por manera que no se exceda en cosa alguna de lo que por las Letras Apostólicas de la dicha concesión nos es inyungido e mandado.

Tengamos en cuenta que el término que siempre utiliza la reina Isabel para referirse a los indios es el de «vezinos», palabra que entonces equivalía directamente a nuestro moderno termino «ciudadano». Eso, inequívocamente les equiparaba en derechos y libertades con el resto de «vezinos» de sus reinos peninsulares. Por el contrario, el actual «ciudadano», vocablo impuesto por influencia directa de la Revolución francesa, nació mucho más limitado; en un principio se refería solo a ciertos habitantes privilegiados de las ciudades, los llamados «ciudadanos activos», aquella burguesía mayoritariamente «iluminada», que por su nivel económico eran los únicos que tenían derecho a voto. No deja de ser paradójico que cuando Luis XVI convocó los Estados Generales —lo que acabó por costarle la cabeza—, el censo de habitantes con derecho a voto alcanzase al 60 % de franceses, representados fundamentalmente en el campo por todo tipo de clases sociales, mientras que con la llegada de la «Libertad, Igualdad y Fraternidad», apenas votaron un 15 % de «ciudadanos activos».

Con Fernando el Católico ya viudo de Isabel, se inició el cambio revolucionario, al pasar de la vieja concepción del derecho de conquista romano, suavizado con el respeto a la soberanía de las naciones cristianas del Medioevo, a un nuevo pensamiento inspirado en la filosofía de Santo Tomás, origen del moderno Derecho Internacional. Es lo que se conoce como Los Justos Títulos. El propio Fernando tiene los títulos de rey de Aragón, de Granada, de regente de Castilla, de Jerusalén, de Cerdeña, de Sicilia, de Nápoles...y un sinfín de ellos más. Todos son títulos, sin duda, más que justificados, bien por herencia monárquica o por justa guerra. Fernando, el mismo hombre que no precisó de hacerse preguntas incómodas para hacerse con Granada, Navarra, media Italia, o las plazas del norte de África, se cuestiona ahora: ¿Qué justifica su nuevo título de rey de las Indias?, ¿En qué se diferenciaría su título de Rey Católico de otros reyes paganos y bárbaros, si sus títulos de propiedad de nuevas tierras no tienen más justificación que la sangre derramada en una guerra injusta?, ¿De qué les vale así a los españoles ganar nuevas tierras, si con ellas pierden su alma?

Es por ello que, en 1511, envía a un grupo de dominicos al Caribe, entre los que destaca un clérigo de reconocido prestigio ya citado, fray Antonio de Montesinos, a fin de corregir ciertos excesos en el trato con los indios, y dejar bien clara la postura de la Corona. El sermón de Adviento que dio Montesinos en La Española es buen ejemplo de las líneas sobre las que vertebrarán las futuras Leyes de Indias:

> Todos estáis en pecado mortal y en él vivís y morís, por la crueldad y tiranía que usáis con estas inocentes gentes. Decid, ¿Con qué derecho y con qué justicia tenéis en tan cruel y horrible

servidumbre aquestos indios?, ¿Con qué autoridad habéis hecho tan detestables guerras a estas gentes que estaban en sus tierras mansas y pacíficas; donde tan infinitas de ellos, con muertes y estragos nunca oídos, sin dalles de comer ni curallos en sus enfermedades, que los excesivos trabajos que les dais incurren y se os mueren, y por mejor decir, los matáis, por sacar y adquirir oro cada día?, ¿Y qué cuidado tenéis de quien los doctrine y conozcan a su Dios y Criador, sean bautizados, oigan misa, guarden las fiestas y domingos? (...) ¡Tened por cierto, que en el estado que estáis, no os podéis más salvar que los moros que los moros o turcos que carecen y no quieren la fe de Jesucristo!

Las palabras de Montesinos, firmado por todos los dominicos de la expedición, nos han llegado a través de Bartolomé de las Casas, que hemos visto como a partir de entonces, no solo se convirtió, sino que terminó por ser «más papista que el papa».

En todo caso, cuando Montesinos volvió a la Península, sus denuncias ante la Corona sirvieron para acelerar la puesta en marcha de todo un conjunto de normas que son precisamente las que se conocerán como Leyes de Indias.

En 1512, Fernando el Católico se replanteó la continuidad de la conquista de América. Encomendó un profundo estudio tanto teológico como jurídico al dominico Matías de Paz y al jurista Juan López de Palacios, quienes concluyeron que era ilícito para un príncipe cristiano hacer la guerra a los indios con el propósito de obligarlos a la conversión. No obstante —prosiguieron—, la opción a la guerra se consideraba justa y necesaria, cuando sus jefes y caciques prohibieran la libre predicación de la fe o la conversión de sus súbditos, así como para desterrar inhumanas costumbres que se negasen a abandonar.

Con esas condiciones, se autorizó proseguir con la conquista armada, si bien, y para evitar abusos, se promulgaron ese mismo año las Leyes de Burgos, que incluían toda la legislación aprobada a favor de los indios desde el descubrimiento de América, en un solo bloque legislativo. Comienzan por reconocer que a los indios «se les guarden las exenciones y privilegios que se les concedieron», para añadir nuevas normas en base a los Justos

Títulos que la Junta de Burgos concluyó que se tenían en el nuevo continente. Así, afirmaban que el indio tenía naturaleza jurídica de hombre libre y que, por consiguiente, no podía ser explotado. No obstante, como súbdito, debía trabajar a favor de la Corona. Las Leyes de Burgos autorizaron y legalizaron la práctica de los repartimientos de indios y la encomienda. Los indios eran «encomendados» a los colonos para que los cristianizasen y les enseñasen a trabajar a cambio de un salario.

Fueron también estas leyes las que iniciaron un programa educativo sin igual en la historia de la humanidad, al promover la fundación de toda una red de colegios y universidades que en su época solo podía comparase con la de los países más avanzados de Europa, y que hoy constituyen la médula educativa del continente americano. Especial atención se dio incluso a los idiomas nativos, pues se llegaron a ordenar becas para que los hijos de caciques supieran «lengua mexica, otomí, o mazahua», con el propósito de hacer de estos líderes locales indígenas, eficaces funcionarios de diverso rango en sus regiones.

Con estos nuevos principios y leyes, rápidamente se expandió la presencia española en América. Son los años de Cortés, Pizarro y Balboa. Los indios comenzaron a abandonar sus viejas y bárbaras costumbres, al tiempo que se daban grandes conversiones en masa.

Como es lógico, las grandes conquistas justificadas llevaron a pequeñas conquistas injustificadas en las que se recurrió a las armas sin necesidad alguna, por lo que a partir de 1526 una real orden dispuso que cualquier expedición militar fuera necesariamente acompañada de clérigos legitimados para evitar abusos o desautorizar la lucha armada, cuando esta se considerase innecesaria.

Una década más tarde, en los años treinta del siglo XVI, surgió la Escuela de Salamanca con intelectuales como Francisco de Vitoria y Domingo de Soto, quienes, con absoluta libertad de cátedra, estudiaron y enseñaron sobre la legitimidad de los Justos Títulos, algo que, ciertamente, hacía temblar la autoridad con que España estaba presente en América. Pero lo hicieron con una la libertad para hablar y escribir que no solo estuvo completamente garantizada, sino que contó con el permanente apoyo y reconocimiento de los monarcas.

Destacó con luz propia Francisco de Vitoria (1483-1546), catedrático de la Universidad de Salamanca. Supone una auténtica paradoja que un hombre de su talla apenas se estudie de forma superficial en las facultades de Derecho, y pase completamente desapercibido para la mayoría de la humanidad. Mientras Lutero afirmaba que «a los cristianos les es lícito hacer la guerra», Vitoria buscaba en las fuentes tomistas la naturaleza de la guerra justa. Sus conclusiones fueron demoledoras para la época. Según Vitoria, es injusta toda aquella guerra cuyo origen está en la diferencia de religión o en el mero ánimo expansionista o imperial. Expuso sus conclusiones en las *Relecciones*. En ellas niega la validez de la conquista de América sobre la base viejos argumentos medievales como los siguientes:

• El derecho del emperador a la dominación universal.

• El derecho a dominar dichas tierras amparándose en la donación papal de las mismas.

• El derecho a la guerra, ante la negativa de los indígenas a asumir su conversión.

Sin embargo, Vitoria concluye que la guerra en América, como último recurso, es necesaria para garantizar:

• La necesaria reforma de las salvajes e inhumanas costumbres de los indígenas.

• El derecho a la libre circulación natural entre los pueblos.

• El derecho de los indígenas a ser libremente evangelizados.

• El derecho de los indígenas a pedir la protección de España, frente a la tiranía de sus caciques.

Sobre la base de estos nuevos principios, el césar Carlos V convocó una junta de la Universidad de Salamanca que se reunió el 1 de julio de 1540. Su propósito era tratar entre filósofos y teólogos la cuestión indígena. Las conclusiones de la junta, encabezada por Vitoria, dictaminaron en su informe que tanto el rey, como gobernadores y encomenderos, habrían de observar un escrupuloso respeto a la libertad de conciencia de los indios, así como la prohibición expresa de cristianizarlos por la fuerza o en contra de su voluntad:

> Los indios no deben ser bautizados antes de haber sido suficientemente instruidos no solo en los artículos de la fe, sino también en las costumbres cristianas y en todo aquello que es necesario para la salvación, hasta que ellos sepan lo que reciben, y profesen en el bautismo, y empiecen a dar pruebas de que es su voluntad venir y perseverar en la fe y religión cristiana.

Fruto de todas esas controversias y debates, fueron las Leyes Nuevas que promulgó Carlos V en 1542, y en las que, en su exposición de motivos, el emperador se empeñó personalmente en aclarar:

> En conformidad de lo que está dispuesto sobre la libertad de los indios, es nuestra voluntad, y mandamos, que ningún adelantado, gobernador, capitán, alcaide, ni otra persona de cualquier calidad, en tiempos de paz o guerra, sea osado de cautivar indios naturales de nuestras Indias y Tierra Firme del Mar Océano, descubiertas ni por descubrir, ni tenerlos por esclavos…y así mismo mandamos que ninguna persona, en guerra o fuera de ella, pueda tomar, aprehender, ni ocupar, vender, ni cambiar por esclavo a ningún indio, ni tenerle por tal, aunque sea de los indios que los mismos naturales tienen entre sí por esclavos, so pena de que si alguno fuere hallado que cautivó o tiene por esclavo algún indio, incurra en perdimiento de todos sus bienes, y el indio o indios sean luego restituidos a sus propias tierras y naturalezas, con entera y natural libertad, a costa de los que así los cautivaren o tuvieren por esclavos. Y ordenamos a nuestras justicias, que tengan especial cuidado de lo inquirir, y castigar con todo rigor, según esta ley, pena de privación de sus oficios, y cien mil maravedíes para nuestra Cámara al que lo contrario hiciere, y negligente fuere en su cumplimiento.

Las Leyes Nuevas pusieron a los indios bajo la protección directa de la Corona con la intención de mejorar sus condiciones de vida, para lo que se acabó con el sistema de encomiendas, mediante la expresa prohibición de hacer que conquistadores o colonos disfrutasen de ellas más allá de una generación. Los consejos de los juristas que redactaron las normas, así como las indicaciones del clero indigenista —con Bartolomé de las Casas—, fuera de ser meras declaraciones de intenciones, se plasmaron con extraordinaria agilidad en los textos de las Leyes Nuevas, y en otras posteriores. Citar algunas puede darnos una ligera idea de hasta qué punto nuestros antepasados se adelantaron en varios siglos a la legislación moderna:

- Prohibición de injuriar o maltratar a los indios (Lib. VI, Tit. X, Ley XXI).

- Obligación de pagarles salarios de «Justa y razonable estimación» (Lib. VI, Tit. XII, Ley II).

- Reconocimiento del derecho al descanso dominical (Lib. VI, Tit. XV, Ley XX).

- Jornada laboral máxima de ocho horas en las fábricas (Lib. III, Tit. VI, Ley VI).

- Normativa protectora de la salud de los indios, especialmente en lo referido a mujeres y niños.

- Vacaciones de cuarenta días, por cada cinco meses de trabajo para los mineros.

- Baja por maternidad desde el cuarto mes de embarazo, y hasta que el hijo cumpliese los tres años. El incumplimiento, por parte del encomendero, de los derechos de la mujer a su baja de maternidad, se multaba con importes de seis pesos de oro.

El texto acaba de la forma siguiente: «Procédase en todas las cosas con los habitantes de los países de las Indias Occidentales igual que con los súbditos libres de la Corona de Castilla, porque entre estos y aquellos no existe diferencia alguna».

Aprobadas las leyes, De las Casas continuó con sus denuncias ante Carlos V sobre el injusto trato que recibían los indios.

Como ya hemos comentado, en 1514, se había operado en él una radical transformación a la que todavía no han encontrado explicación sus biógrafos. No se sabe qué es lo que le hizo cambiar, pero lo cierto es que la imagen de ese nuevo De las Casas es la que ha llegado hasta nuestros días. La del hombre que defiende a los indios como santos angelicales, contra los que los criminales españoles cometen todo tipo de abusos y atropellos. Jamás hará la más mínima mención sobre la crueldad de las salvajes costumbres de los indios anteriores a nuestro descubrimiento y conquista, pero sí exagerará las cifras de los indios muertos, duplicándolas cada vez en las tres ocasiones que las cambió. Y, por supuesto, sin mencionar en momento alguno que la mayoría murieron por las enfermedades que llevamos, y no por nuestra tiranía.

Sin duda alguna, en cualquier otro imperio de los que ha conocido la historia, Bartolomé de las Casas, habría sido eliminado *ipso facto* por el poder, pero en la España imperial se le nombró obispo de Chiapas en 1543, y se le confiaron numerosas responsabilidades en relación con los indios. En modo alguno fue un «marginado por el sistema», sino todo un paniaguado del poder que solo respondió ante Fernando el Católico, Cisneros, o Carlos V. Se sabe que sus críticas son exageradas, y en muchos casos infundadas, pero el Poder precisa de una figura que haga contrapeso en la balanza de la Justicia, y por consejo suyo, Carlos V ordenó en 1549 parar cualquier acción militar de conquista en América, hasta que un consejo de juristas y teólogos revisasen, una vez más, la licitud y métodos empleados. La medida, ciertamente, era oportuna, pues una vez vencida la resistencia de los tiránicos imperios azteca e inca, se concluyó que la total y definitiva pacificación habría de llevarse a cabo exclusivamente con misioneros que solo portasen como armas sus hábitos, libros y el crucifijo.

Se convocó entonces lo que se conoció como la Controversia de Valladolid (1550-1551), reunida en el Colegio de San Gregorio, y donde se enfrentaron las posturas defendidas por Bartolomé de las Casas, que negó la licitud de nuestra presencia en América, con las de Juan Ginés de Sepúlveda, discípulo y sucesor de Francisco de Vitoria, que sostenía la presencia española, como garantía de los derechos humanos en esas tierras. Para los discípulos de la Escuela de Salamanca, «el indio, para ser cristiano, necesita primero ser hombre y vivir como tal».

Tras la Controversia de Valladolid, Carlos V dictó nuevas órdenes —«los descubridores guarden lo dispuesto a favor de los indios»—, y encomendó a los clérigos que acompañaban a los descubridores que vigilasen «el buen tratamiento de los indios», prohibiéndose tener indios a cargo, incluidos los gobernadores «si no es como intérpretes».

Ya con Felipe II, en 1573, se volvió a insistir en el cese de toda conquista armada, y se ordenó: «Los descubridores no se embracen en guerras ni bandas contra los indios, ni les hagan daño, ni tomen cosa alguna», e igualmente se dictaron nuevas disposiciones que reforzaron la legislación indiana, como la Real Cédula de 29 de diciembre de 1593: «...Os mando que de aquí adelante castiguéis con mayor rigor a los españoles que injuriaren, ofendieren o maltrataren a los indios, que si los mismos delitos se cometiesen contra los españoles».

También durante el reinado de Felipe II se tomó posesión de las islas Filipinas, descubiertas e incorporadas a la Corona medio siglo antes por Magallanes. Allí, su primer gobernador —don Miguel López de Legazpi—, nada más llegar ordenó: «tener particular cuenta en el amparo y defendimiento de los naturales, y que no se les haga daño, agravio, ni otra molestia alguna en sus personas ni haciendas, y que sean bien tratados y amparados».

Y con el tiempo, las controversias jurídicas generaron más normas de discriminación positiva a favor de los indios. Así, por ejemplo, en la provisión de los oficios de Gobierno y de Justicia y en las prebendas eclesiásticas del reglamento de 12 de diciembre de 1619, se dice: «en dichos cargos deberán ser preferidos los naturales de las Indias como hijos patrimoniales», o se exime de pagar el diezmo, que si tenían que pagar los peninsulares. Todo ello llevó, en 1680, a una nueva recopilación de las Leyes de Indias.

De la obsesión por un trato justo y humano con los indios durante estos siglos, nos han quedado los grandes debates intelectuales que generaron los actuales Derechos Humanos, plasmados en más de 7000 disposiciones legales, pero sobre todo el ejemplo vivo de la correspondencia epistolar entre líderes indígenas y el mismísimo rey de España, que dejan bien a las claras que esas leyes acabaron por fraguar una nueva y digna forma de vida... En 1699, don Patricio de Hinachuba, jefe indio en las misiones de los Apalaches de Florida, escribe al rey para denunciar ciertos abusos. El propio monarca responde con órdenes para las autoridades civiles: «Deseo grandemente que estos pobres caciques y nativos sean bien tratados, y que los ayudéis, protejáis y defendáis, como es vuestro deber y ordenado en repetidas cédulas». Cinco años después esas mismas comunidades indias fueron arrasadas a sangre y fuego, evidentemente, por los ingleses.

Debido a esta forma de entender el Derecho y la ciudadanía, un tercio de los diputados presentes en las Cortes reunidas en Cádiz en 1812 procedía de lugares como Honduras, Guayaquil, Buenos Aires, Venezuela, Chile o incluso Filipinas. De entre aquellos hombres que firmaron la primera Constitución de España y de América, destaca el nombre de un diputado peruano: Dionisio Inca Yupanqui. Este diputado había recibido una esmerada educación en la armada española y en el Colegio de Nobles de Madrid. Se declaraba «nieto legítimo por línea directa del Inca Huayna Cápac duodécimo y último emperador del Perú», y aseguraba que su antepasado fue el «primer vasallo» del rey. Se gloriaba de que todos sus familiares habían mantenido su fidelidad al rey de España. Según aquella Constitución, «la nación española es la reunión de todos los españoles de ambos hemisferios».

Toda la legislación protectora de los indios quedó derogada con la independencia de las nuevas naciones americanas, pueblos enteros de indios que habían sido protegidos durante siglos por la Corona española, fueron exterminados por las nuevas repúblicas independientes, que, a su vez, no tardaron en enzarzarse entre ellas mismas en una serie de largas y crueles guerras entre hermanos que durante siglos habían compartido una misma madre.

5.8 La esclavitud

En el moderno mundo Occidental —antes conocido como Cristiandad—, nuestras mujeres tienen una absoluta equiparación de derechos con los hombres, tanto en lo político, en lo económico, o en lo sentimental. Pueden vestir como les venga en gana, amar a quien les plazca, beber como cosacos, o fumar como carreteros. No así en el mundo musulmán, donde el vestir, amar, beber, fumar, y otro sinfín de cosas, las puede llevar desde la cárcel a la lapidación.

Sin embargo, jamás se ha visto a ninguna feminista protestar ante una mezquita, aunque sí en nuestras iglesias; tampoco contra los harenes de los fieles de Alá, pero sí contra el heteropatriarcado; ni contra las lapidaciones, pero sí contra la violencia de género.

Pues más o menos lo mismo pasa con la esclavitud. Parece que en la historia de la humanidad no ha habido más esclavos que los negros de África apresados por ciertas naciones europeas, mientras que tan abundante en cifras, pero infinitamente más cruel, fue la desconocida esclavitud a la que los mahometanos sometieron a buena parte de los cristianos europeos prácticamente en el mismo periodo histórico.

Y no hablamos de la Edad Media, o de los tiempos de las cruzadas, sino de algo relativamente reciente. De hecho, ¿qué tiene que ver Torre del Mar, en Andalucía, con Torredembarra, en Cataluña, o con un sinfín de innumerables municipios del litoral mediterráneo español, cuyo nombre empieza por «torre»? Pues que en todos se erigía una de ellas, que servía para asegurarse de que «no había moros en la costa». Desde sus elevaciones sobre la roca viva de los acantilados, parecen seguir obstinadas en luchar contra el tiempo, con tal de poder un día más otear el horizonte. Buscan moros, escudriñan en lontananza cualquier vestigio de razia, que es como se conocía hasta no hace tanto a las expediciones mahometanas que asolaban las costas mediterráneas en busca de botín y esclavos. Se calcula que no menos de 1 250 000 europeos fueron capturados y vendidos como esclavos por los mahometanos entre los años 1500 y 1800, pero parece que son cosas que no se deben contar.

La conocida como Costa de Berbería, que se extendía desde Marruecos hasta la actual Libia, fue el hogar de una de las más prósperas industrias que han existido del secuestro y explotación de seres humanos. Desde sus principales centros logísticos —Salé, Túnez, Argel y Trípoli— se lanzaban al ataque de barcos civiles y poblaciones costeras indefensas. El sur de Italia fue especialmente castigado; memorable fue el saqueo de Granada, nada menos que en 1556, y la eficiencia y alcance de sus razias era tal, que solo entre 1606 y 1609 la armada británica perdió 466 buques a manos corsarios argelinos que en no pocas ocasiones llegaban hasta Islandia.

No deja de ser significativo que mientras los esclavos cristianos en el norte de África no han dejado vestigio histórico o étnico de ningún tipo, es evidente que ha pasado todo lo contrario con los antiguos negros esclavos que a través de sus descendientes pueblan en la actualidad buena parte del Caribe o Estados Unidos. La diferencia está, en que mientras los esclavistas europeos se preocupaban de cuidar con más o menos humanidad su mercancía, incluso fomentando su reproducción, los musulmanes solo los usaban para pedir cuantiosos rescates por los ricos, y explotar hasta la muerte a los pobres.

Históricamente, casi todos los grandes y medianos imperios se han apoyado en la esclavitud, para desarrollar su economía. Al tratarse de mano de obra barata, su rentabilidad era alta. Además, una sociedad esclavista concede a una minoría la plenitud de derechos civiles y libertades. Roma, la Grecia Clásica, el islam medieval... han crecido, en cierta medida, gracias a sus periodos de esclavistas. Sin embargo, en cada caso ha existido un concepto específico de esclavitud, a partir de la propia ética y del Derecho. Así, en la Atenas de Pericles, la situación de esclavos y metecos —extranjeros sin ningún derecho político, ni derecho a poseer tierras— no resultaba opresiva, puesto que, comparada con su equivalente en otros pueblos, habría que estimarla como suave. Los esclavos, por lo general extranjeros, recibían un trato aceptable, sin soportar condiciones inhumanas, quizá con la excepción de los empleados en las minas. Los amos atenienses no tenían el derecho sobre la vida del esclavo, y se atenían a un conjunto de trabas legales. Es más, en Atenas, los siervos encargados de tareas domésticas, como los maestros, solían ser considerados parte de la familia. En bastantes ocasiones el esclavo del mundo antiguo había perdido su libertad como condena tras cometer un crimen.

Por el contrario, ha habido épocas en que la esclavitud se ha caracterizado por la absoluta falta de dignidad. Familias y pueblos enteros han sido convertidos en esclavos, para uso y abuso del dueño, tras perder una guerra colonial. En ese sentido, la paulatina implantación de la cultura cristiana en los pueblos de la Antigüedad, supuso la disminución y desaparición de dichas prácticas inhumanas. Con el tiempo, en la Europa de cultura latina, los esclavos adquirieron derechos, empezando por el de conservar la propia vida; luego, llegaron el derecho a un trato digno, a la propiedad, etc. Muchos esclavos llegaron a tener la opción de comprar su libertad a un precio razonable.

Así, cuando entre a finales del siglo xv y principios del xvi los europeos empezaron a descubrir la inmensidad de territorios y pueblos que había más allá de sus fronteras, la esclavitud se puede decir que era un fenómeno marginal, y en todo caso circunscrita a la remisión de penas. Pero serán los nuevos descubrimientos, y sobre todo la codicia despertada en la incipiente burguesía a medida que se abrían las grandes rutas comerciales, los fenómenos que hicieran emerger de nuevo en la historia los episodios más tristes de la esclavitud. En ese sentido, serán España y Portugal, líderes indiscutibles en la carrera de los descubrimientos, las primeras naciones europeas en enfrentarse al dilema de qué hacer con los habitantes de esas nuevas tierras. Algunos, sin pensárselo dos veces, decidieron que lo más oportuno era venderlos como esclavos.

Sin embargo, este aparente retroceso histórico sirvió de acicate para elaborar las primeras formulaciones modernas de derechos humanos, y así, Isabel la Católica dictó una ley el 20 de septiembre de 1477 por la que se prohibió hacer esclavos a los guanches, naturales de las recién conquistadas tierras de Canarias. Pronto, un tal Peralta, pareció ignorar esta ley, y se dedicó a comerciar con ellos en la Península, donde fueron vendidos. Este hecho lo denunció fray Miguel López de la Sema ante la reina, quien mediante real cédula con fecha 27 de agosto de 1490, ordenó la inmediata libertad de cuantos canarios habían sido enajenados.

Evidentemente, dicha ley solo consideró como súbditos a los ciudadanos libres, y no a los esclavos que en ese momento pudiese haber, aunque no por ello deja de suponer un gigantesco paso en la igualdad de derechos de todos los hombres. Será unos años más tarde, a raíz del descubrimiento de América, cuando la reina de el paso definitivo: la abolición de la esclavitud.

A la vuelta de su primer viaje, Colón trajo consigo seis indios que viajaron de manera voluntaria y que de la misma forma recibieron las aguas del bautismo en el monasterio de Guadalupe, pero más adelante, en 1495, llegó a Sevilla una flota desde América con más de 500 indios esclavizados que los colonos aseguraban que eran «prisioneros de guerra». Eso llevó a la reina Isabel a consultar a sus principales juristas y teólogos, tras lo que emitió una real cédula que ordenaba paralizar la venta de los indios: «Porque Nos queríamos informarnos de letrados, teólogos, e canonistas, si con buena conciencia se pueden vender». Tras cinco años de estudios, se concluyó la ilegitimidad de la venta, y el 20 de junio de 1500, la reina de Castilla ordena repatriarlos con sus familias y prohibir la esclavitud —por primera vez en la historia de la humanidad—, salvo en los supuestos de condena para los indios reiteradamente beligerantes, caníbales, etc. Poco después, en 1530, un real decreto terminó por prohibirla en cualquier tipo de circunstancia.

Pero los expertos esclavistas de aquella época supieron localizar todos los recovecos de la legislación, para sortearla y llevar a cabo formas alternativas de explotación de los indios. Como la vida avanza más rápido que las leyes, se las ingeniaron para encontrar el modo de ejercer una esclavitud de hecho. Así, por ejemplo, y amparándose en la institución de las encomiendas, algunos tipos de trabajos forzados llegaron a convertirse de facto en una auténtica réplica de la esclavitud. Por lo que en 1549 otro real decreto prohibió duramente sustituir en las encomiendas los tributos por trabajos forzados, con el propósito de acabar con tales abusos.

Felipe II (1527-1598). Su padre, el emperador Carlos V, lo coronó en 1554 como rey de Nápoles y duque de Milán. Aún príncipe de Asturias, se casó dos veces. En 1543 con la infanta María Manuela de Portugal, que le dio su primer hijo varón, el infante don Carlos. Tras enviudar de María Manuela contrajo matrimonio en 1554 con la reina María I de Inglaterra, y fue —hasta la fecha— el único rey consorte de este país. El marido de Isabel II no ostentó dignidad de «rey», sino título de duque de Edimburgo.

La identificación de España con la defensa del catolicismo sirve de motivo para la propaganda de la leyenda negra. Al retratarse a la España tradicional como tiránica y bárbara, la caricatura de la Iglesia corrupta y opresiva ayuda a extender mejor este tipo de ataques. Revista La madeja política. *Biblioteca Nacional, Madrid.*

—¡Ea, señores! Juren y cobren.....
—En cuanto á lo segundo, sea por amor de Dios; lo primero..... non possumus.

El miserable estado de los Países Bajos bajo la cruel tiranía del duque de Alba. *Fernando Álvarez de Toledo, III duque de Alba, aparece con una ordenanza de Felipe II en su mano izquierda y sosteniendo un cetro con la derecha. A su lado el cardenal Granvela le sopla en la oreja con un fuelle de venganza y asesinato, incitándolo a perseguir a los herejes. Un diablo se erige a la espalda de su trono. Es un claro ejemplo de la propaganda que buscaba la leyenda negra.* Rijskmuseum, Ámsterdam.

Batalla de San Quintín. *La ofensiva turca de los años cincuenta del siglo XVI, con el apoyo francés, puso a España en una situación comprometida, de la que solo pudo salir después de vencer en San Quintín y firmar la paz con Francia. El honor con que se comportaron los españoles fue muy distinto a la brutal actuación francesa durante la invasión de 1808. Obra anónima, copia de Luca Giordano.* Museo del Prado, Madrid.

Los Reyes Católicos aprueban el edicto de expulsión de los judíos en 1492. Obra de Emilio Sala realizada en 1889. Museo del Prado, Madrid.

Teatro de Mérida. Levantado en la colonia romana de Augusta Emerita por orden del cónsul Marco Vipsanio Agripa, se inauguró hacia los años 16 o 15 a. C. Su trazado sigue fielmente las reglas del tratado De architectura *de Marco Vitruvio. Hispania e Italia son los dos países más intensamente romanizados. Serán, por tanto, dos naciones exportadoras de civilización.*

El emirato andalusí tuvo épocas de crisis, como la que se vivió a finales del siglo IX. Solo la irrupción de Abderramán III, fundador del califato de Córdoba, impidió que el reino asturleonés pudiera concluir entonces la Reconquista. Abderramán III es uno de los personajes más importantes de la historia de España. Se proclamó califa, único intermediario entre Dios y los hombres. Era hijo de una esclava cristiana, pelirrojo y con ojos azules, pero se teñía el cabello de negro.

Medina Azahara, «la ciudad resplandeciente», es un extenso conjunto palaciego edificado por orden de Abderramán III a las afueras de Córdoba. Las obras concluyeron en tiempo de Al-Hakam II. Sin embargo, estuvo en pie menos de un siglo, lo destruyeron principalmente los propios musulmanes en una de sus guerras civiles.

Templarios condenados a la hoguera por el Santo Oficio, apoyado por Felipe IV de Francia. La Inquisición fue establecida en 1184 en la región de Languedoc, en el sur de Francia, por el papa Lucio III, para combatir la herejía de los cátaros. Obra del Maître de Virgile publicada en Chronique de Saint Denis.

En la España medieval las mujeres cristianas gozaron de un status jurídico más aceptable que las musulmanas. A finales del siglo XII Alfonso VIII de Castilla y su esposa Leonor de Plantagenet fundaron el monasterio de Las Huelgas (Burgos), cuya abadesa ejercía un poder completo sobre medio centenar de villas, sin más trabas que la autoridad del papa. La reina Urraca Alfónsez —en la imagen— gobernó durante quince años Castilla y León, entre grandes problemas. Obra de Carlos Múgica y Pérez realizada en 1857. Museo del Prado, Madrid.

El terremoto de Lisboa, ocurrido entre las 09:30 y las 09:40 horas del 1 de noviembre de 1755, según un grabado alemán de 1756. Impresionó tanto a Fernando VI que ordenó una amplia encuesta en el reino para conocer sus efectos.

Andamios para alzar la columna de Alejandro en San Petersburgo. La construcción de los cimientos y la técnica para levantarla y colocarla sobre el pedestal los ideó el ingeniero español Agustín de Betancourt. Obra de Grigori Gagarin realizada en 1833.

Transbordador aéreo de Torres Quevedo sobre las cataratas del Niágara. El polifacético inventor también concibió un sistema de dirigibles autorrígidos, que operaron con gran éxito las fuerzas armadas de Francia y Reino Unido durante la Primera Guerra Mundial.

José Celestino Mutis. Sacerdote, botánico, geógrafo, matemático, médico y docente, es uno de los principales autores de la Escuela Universalista Española del siglo XVIII. La Real Expedición Botánica del Nuevo Reino de Granada se inició en 1783 bajo su dirección y se prolongó durante unos treinta años.

Ilustración de Pesquería de perlas y salvamento de galeones hundidos, *obra manuscrita de Pedro Ledesma publicada en 1623, en la que aparece un buzo con el traje diseñado por el autor.*

Puente aéreo durante el bloqueo de Berlín en 1948. Un Douglas C-54 Skymaster aterriza en el aeropuerto de Tempelhof ante la mirada de los habitantes de la ciudad. Durante la ocupación multinacional de Alemania, posterior a la Segunda Guerra Mundial, la Unión Soviética bloqueó todos los accesos a los sectores de Berlín bajo control occidental. El primer ejército en usar el puente aéreo fue el español en 1936.

El USS Leviathan, *al fondo, con el camuflaje* dazzle *característico de la Primera Guerra Mundial, en 1917, formando parte de un convoy hacia el este, a través del Atlántico, con destino a Gran Bretaña. Los convoyes aliados durante las dos guerras mundiales copiaron la idea de la flota de Indias. Lo escolta el* USS Allen, *un destructor, otro invento español que puso en práctica Fernando Villaamil en 1885. Obra de Burnell Poole realizada en 1918.* Museo Nacional de la Armada de Estados Unidos, Washington.

La religión católica, representada a la derecha como una joven desvalida, e identificada por un crucifijo, y junto a ella, España, que acude en su rescate en la forma de una matrona con coraza que porta una lanza con el estandarte de la victoria y sujeta en su mano el escudo de armas de Felipe II. Las acompaña otra figura femenina con una espada, como alegoría de la Forta- leza. Obra de Ti- ziano. Museo del Prado, Madrid.

La batalla de Lepanto. Nunca hasta entonces en la historia de la humanidad, se habían en- frentado tantos hombres sobre las aguas, y no sería hasta cuatro siglos después, en la Segunda Guerra Mundial, cuando se volviese a igualar la cifra de hombres y barcos en combate por el dominio del mar. Lepanto, al igual que el Sitio de Viena, es la lucha por la supervivencia de Europa y su civilización frente al islam, un enfrentamiento en el que España llevó el mayor peso, mientras Francia se aliaba en secreto con el Turco, o Inglaterra se empleaba en una sangrienta persecución contra los católicos. National Maritime Museum, Greenwich.

Adiós de *sir* Tomás Moro a su hija. *Tomás Moro, teólogo, político, humanista y* lord *canciller de Enrique VIII de Inglaterra fue un importante detractor de la Reforma protestante y, en especial, de Martín Lutero y de William Tyndale. En 1535 fue enjuiciado por orden del monarca, acusado de alta traición por no prestar el juramento antipapista frente al surgimiento de la Iglesia anglicana, y no aceptar el Acta de Supremacía, que declaraba al rey como cabeza de esta nueva Iglesia. Fue declarado culpable y condenado a muerte. Permaneció en prisión en la Torre de Londres hasta ser decapitado el 6 de julio de ese mismo año. Obra de Edward Matthew Ward.* Colección particular.

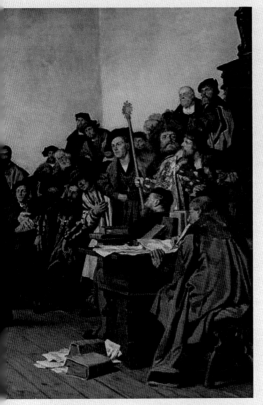

Lutero ante la Dieta de Worms.
Lutero tuvo la oportunidad de exponer sus teorías ante el propio emperador Carlos V, quien defendió la ortodoxia católica sin perseguirle a él ni a sus seguidores. Años más tarde, estos sí llevarían a cabo una durísima y sangrienta represión contra los católicos en el norte de Europa. Obra de Anton von Werner realizada en 1877. Galería Estatal, Stuttgart.

Saqueo de las iglesias católicas de Lyon por los calvinistas en 1562. En Francia el protestantismo tuvo mayor impacto entre los comerciantes y artistas, sin embargo, el calvinismo se desarrolló con un gran apoyo de la nobleza. Obra atribuida a Pierre Caron realizada en 1565. Museo de Bellas Artes de Lyon.

El aquelarre, *obra de Francisco de Goya realizada en 1797. Aunque las brujas resultaron casi inexistentes en los procesos de la Inquisición española, fueron muchas veces protagonistas de las instituciones equivalentes en el mundo protestante de Europa central.* Museo Lázaro Galdiano, Madrid.

Juana de Arco, víctima de la Inquisición en Francia. Su proceso duró tres meses. Fue declarada culpable de herejía y de ser una hechicera. Obra de Isidore Patrois realizada en 1867. Museo de Bellas Artes de Rouen.

Los asesinatos de Machecoul. *En febrero de 1793 la nueva Constitución francesa nacida de la Revolución requería que todos los clérigos le jurasen lealtad y, por extensión, a la cada vez más anticlerical Asamblea Nacional Constituyente. Siete de los ciento sesenta obispos franceses rechazaron prestar juramento, algo que también hicieron aproximadamente la mitad de los sacerdotes de las parroquias. Su postura desencadenó una sangrienta persecución del clero y de los fieles. Obra de François Flameng realizada en 1884.* Museo de Arte e Historia de Cholet.

Esta obra de Pedro Berruguete realizada hacia 1493, que se encuentra en el Museo del Prado, es conocida y estudiada como Auto de Fe, *y sin duda es la más utilizada para representar la pretendida crueldad y fanatismo de la Inquisición española. Sin embargo, su verdadero título es* Auto de Fe presidido por Santo Domingo, *quien murió tres siglos antes de que apareciese la Inquisición Española. De hecho el cuadro representa un auto de Fe de la Inquisición francesa contra los albigenses del siglo XIII, en concreto se trata del caso de Raimundo Corsi, que ni siquiera fue ejecutado ni quemado, pues se le perdonó al arrepentirse.*

La Casa de Contratación, en Sevilla. No sólo gestionaba el comercio con las Indias, también fue un gran centro de ciencia aplicada a la navegación y a la labor de formar pilotos.

El asalto del teocalli por Cortés y sus tropas. *Moctezuma era un tirano que intentó aplacar a los dioses redoblando el número de sacrificios humanos, y por tanto poniendo en su contra a los pueblos mexicanos. Obra de Emanuel Leutze realizada en 1848.* Ateneo de Wadsworth, Hartford, Connecticut.

Ofrendas a los dioses aztecas. Los españoles se horrorizaron al descubrir que las pirámides eran templos donde se realizaban miles de sacrificios humanos. Hernán Cortés y los suyos estaban convencidos de que los aztecas adoraban al Diablo. Dibujo del Códice Tudela, del siglo XVI. Museo de América, Madrid.

De Bry confía al grabado su propia interpretación de la conquista. Del texto se pasa a la imagen y de la imagen a la acusación, yendo la primera más allá de la verdad histórica, y haciendo que verdad y fantasía se combinen con habilidad. En este grabado por ejemplo, todos los soldados portan mosquetes, cuando la mayor parte del continente americano se conquistó con solo dieciséis armas de fuego.

Bartolomé de las Casas. Acusó al Estado que lo mantenía de criminal en una época en la que muy pocos podían vivir a costa del erario público, y en la que —fuera de España— la crítica se pagaba con la cabeza. Intentó, sin éxito, implantar la Inquisición en América, pues las autoridades españolas consideraron prioritaria la pacífica evangelización, antes que la imposición. Sí triunfó, sin embargo —en la América portuguesa y anglosajona—, su original idea de importar negros esclavos de África, a fin de no explotar laboralmente a los indios americanos, de complexión anatómica más débil.

Estatua de Francisco de Vitoria en Salamanca. Nacido en Burgos en 1485, teólogo, filósofo y jurista, fue un simple monje dominico que creó una escuela de pensamiento capaz de hacer que el imperio más extenso hiciese un alto en su fulgurante expansión, para realizar autocrítica y elaborar las Leyes de Indias, indiscutible origen de los Derechos Humanos. Autor de Relecciones *sobre los indios,* fundó una activa escuela de juristas y teólogos que apoyaron que el indio había de convertirse libremente, después de haber sido civilizado, y siempre en igualdad de condiciones jurídicas que cualquier otro súbdito de la Corona española.*

Banquete de indios caníbales. Cuando Cristóbal Colón descubrió América, conoció a personas que temían a los habitantes de la cercana isla de Cariba, porque eran devoradores de hombres. Sus relatos sobre el Caribe, basados en las explicaciones de los indígenas que encontró en Cuba y en La Española —actual República Dominicana y Haití—, incluyen desgarradoras descripciones de feroces asaltantes que secuestraban mujeres y comían otros hombres, historias que muchos investigadores dieron por hecho que se trataban de mitos o exageraciones.

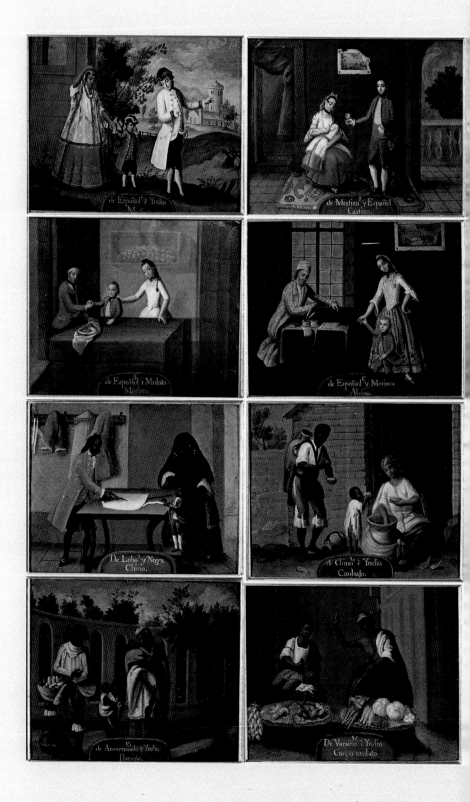

*Diversos tipos
de mestizaje en
Nueva España.*
Museo de
América,
Madrid

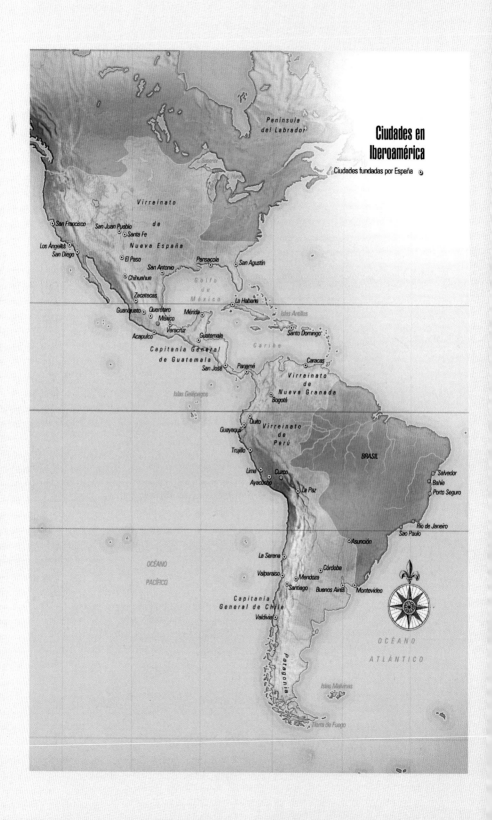

Ciudades en Iberoamérica

Ciudades fundadas por España ⊙

Península del Labrador

Virreinato de Nueva España

San Francisco
San Juan Pueblo
Santa Fe
Los Ángeles
San Diego
Nueva España
El Paso
San Antonio
Pensacola
San Agustín
Chihuahua
Golfo de México
Zacatecas
La Habana
Guanajuato
Querétaro
México
Mérida
Islas Antillas
Veracruz
Acapulco
Guatemala
Caribe
Santo Domingo
Capitanía General de Guatemala
San José
Panamá
Caracas
Virreinato de Nueva Granada
Bogotá
Islas Galápagos
Quito
Guayaquil
Virreinato de Perú
Trujillo
BRASIL
Lima
Cuzco
Salvador
Ayacucho
Bahía
La Paz
Porto Seguro
Río de Janeiro
Sao Paulo
Asunción
OCÉANO PACÍFICO
La Serena
Córdoba
Valparaíso
Mendoza
Santiago
Buenos Aires
Montevideo
Capitanía General de Chile
Valdivia
OCÉANO ATLÁNTICO
Patagonia
Islas Malvinas
Tierra de Fuego

Colgar vivo de una costilla al esclavo rebelde era un castigo muy utilizado por los holandeses en sus posesiones de Surinam. Ilustración de William Blake para la obra de Jhon Stedman Narrativa de la expedición de cinco años contra la revuelta de negros en Surinam, en Guiana, en la lejana costa de Sudamérica, del año 1772 al 1777, *publicada en 1796.*

Los ingleses no solo desplazaron a los nativos americanos, los esclavizaron y alentaron a las tribus a participar en su comercio. En 1637, los indios pequot que se alzaron contra los colonos ingleses en Connecticut y fueron derrotados, se vendieron a plantaciones en las Indias Occidentales a cambio de esclavos africanos, lo que permitió a los colonos eliminar su resistencia. Lo mismo se hizo en 1741 con guerreros cree, assiniboine y monsoni, enviados a Montreal para venderlos a los colonos franceses.

Indios de Norteamerica y población nativa
en tantos por ciento, en el

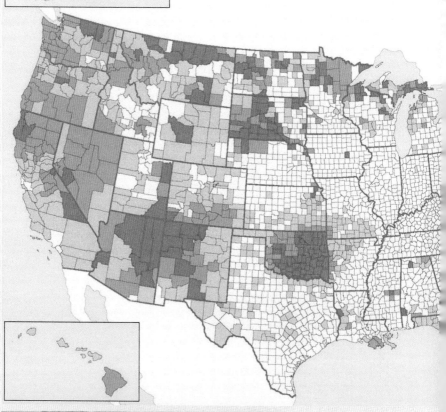

Asesinato de filipinos moros en Bud Dajo, en 1906. Por orden del general Leonard Wood sus tropas mataron entre 800 y 1000 aldea-nos, incluidos mujeres y niños. Tras una investigación del Con-greso, la conducta de las tropas estadounidenses se consideró «irreprochable» y Wood fue absuelto de cualquier delito.

ura o mestiza,

Porcentaje de
población nativa

■ 8 % o más
■ 3 % a 7,9 %
  1,5 % a 2,9 %
  Menos de 1,5 %

La masacre de Wounded Knee sucedió el 29 de diciembre de 1890 cerca del arroyo del mismo nombre —Čhaŋkpé Ópi Wakpála en idioma lakota— en la reserva india de Pine Ridge, ubicada en el estado estadounidense de Dakota del Sur. Cuando terminó el tiroteo, al menos 150 miembros de la tribu lakota habían sido asesinados y otros 51 heridos, incluidos mujeres y niños desarmados; algunas fuentes afirman que los indígenas muertos serían realmente unos 300, de los cuales más de 200 eran mujeres y niños. Por su acción ese día, los veinte miembros del regimiento que mataron a más personas fueron galardonados con la prestigiosa Medalla de Honor.

Masacre de la tribu pequot, el 26 de mayo de 1637, cerca del río Mystic, por los colonos ingleses establecidos en Connecticut.

Colección de cabezas de nativos de Nueva Zelanda de un colonizador británico en 1895. Hasta la década de 1960, los aborígenes de Australia y Nueva Zelanda estuvieron sujetos a la Ley de Flora y Fauna, que los clasificaba como animales, no como seres humanos.

La masacre de Myall Creek, el 10 de junio de 1838, fue la culminación de una serie de conflictos entre colonos y aborígenes australianos en la región de Liverpool Plains. Los responsables del suceso pasaron un día persiguiendo a los aborígenes. Descubrieron en Myall Creek a un grupo de wirrayaraay a quienes rodearon y ataron para luego asesinarlos. Dos días después, los colonos regresaron al lugar del crimen para quemar los restos de sus víctimas.

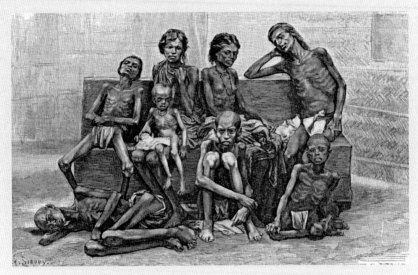

La hambruna de 1866 en Orissia, India, mató a más de un millón de nativos en el este de la colonia británica sin que el gobierno hiciera nada para impedirlo. La Compañía Británica de las Indias Orientales contribuyó a la destrucción de las industrias textiles indias, y forzó a la población hacia la agricultura, lo que hizo su economía más dependiente de los caprichos de los vientos monzones estacionales. Grabado publicado en The Illustrated London News en 1886.

En 1942 Hitler inició en secreto un programa masivo de exterminio de judíos. Por esas fechas, Winston Churchill condenó a morir de hambre a millones de indios, privándoles de alimentos que consideraba más necesarios en otros puntos del Imperio británico. Desoyó las demandas de auxilio de las autoridades coloniales, a quienes llegó a recriminar por escrito: «Si la comida es tan escasa, por qué no ha muerto Ghandi todavía». En 1944, cuando se acercaba a 4,5 millones la cifra de bengalíes muertos por decisión del premier británico, escribió: «La historia será amable conmigo, porque pienso ser yo quien la escriba». Cumplió su promesa, años después redactó sus memorias y en 1953 recibió por ello el Premio Nobel de Literatura.

Retrato imaginario de Walia, rey de los visigodos, hijo de Atanarico, juez de los Tervingios y de otras tribus confederadas, y hermano de Ataúlfo, que también fue rey de los visigodos. Es el primer rey visigodo de Hispania, obtuvo sus derechos cuando el emperador romano Honorio los transmitió a su persona a pesar de los detractores, dando comienzo a la monarquía hispánica. Obra de Alejo Vera realizada en 1855. Museo del Prado, Madrid.

Antonio Pérez liberado por el pueblo aragonés en 1591. El justicia Juan de Lanuza salió de Zaragoza con dos mil hombres para frenar a las tropas de Felipe II, que habían cruzado la frontera del reino, con el objeto de combatir la revuelta nobiliaria foral a raíz del encarcelamiento en la prisión real de Pérez, huido a Aragón al ser acusado del asesinato del secretario real Escobedo. Estos eventos, conocidos como Alteraciones de Aragón, también provocaron la erosión de los fueros. No se suprimió ninguna institución aragonesa, pero fueron reformadas. Obra de Manuel Ferrán realizada en 1864. Biblioteca Museo Víctor Balaguer. Villanueva y Geltrú, Barcelona.

Ramón Berenguer I el Viejo, que heredó el núcleo central de los dominios patrimoniales de su padre y lo retuvo hasta su propia muerte en 1076. Conde y marqués de Barcelona y «apoderador de Spanya».

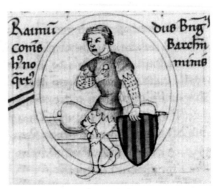

Eugenio d'Ors Rovira (1882-1954), uno de los intelectuales más destacados, tanto en lengua catalana como castellana. Fue prócer del Noucentisme, *corresponsal del diario* La Veu de Catalunya *y miembro de la Real Academia Española. En 1911 se hizo cargo de la secretaría del Instituto de Estudios Catalanes. Comenzada la Guerra Civil, empezó a colaborar con el periódico falangista* Arriba. *Trabajando para el gobierno franquista, logró que retornaran al Museo del Prado las obras de arte que habían sido evacuadas durante el conflicto, custodiadas en Ginebra. Según Josep Pla, d'Ors era bien recibido en Madrid por ser un «catalán discrepante».*

Cartel utilizado por la Generalitat de Catalunya *el 11 de septiembre de 1931, meses después de ser proclamada la Segunda República, con el monumento a Rafael Casanova. La escultura, obra de Rossend Nobas, se inauguró en 1888, coincidiendo con la inauguración de la Exposición Universal de Barcelona, sin ningún motivo independentista, para engalanar la ciudad.*

Corpus de sangre. La reinvención de la historia requiere de mitos fundacionales, y así, los crímenes perpetrados por unos sicarios armados con puñales y escondidos entre la piadosa multitud, se transforman —en este caso a través de la fuerza de una imagen inventada— en la revolución del campesinado en lucha por la libertad de Cataluña. Obra de Antoni Estruch Bros realizada en 1907. Museo de Arte de Sabadell.

Embarque en 1869 del primer batallón de voluntarios catalanes a Cuba en el puerto de Barcelona, para participar en la que se conocería como Guerra de los Diez Años. La Diputación llegó a formar dos batallones más. Obra de Eduardo Llorens Masdeu. Palacio de Sobrellano, Comillas.

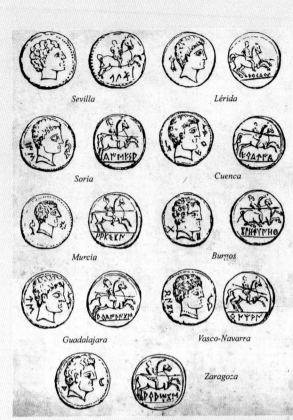

Sevilla

Lérida

Soria

Cuenca

Murcia

Burgos

Guadalajara

Vasco-Navarra

Zaragoza

Salvo la particularidad de la leyenda, que dependía del pueblo que realizase la acuñación, todas las monedas ibéricas de la Hispania de antes de Cristo representan la misma cara del mismo Dios, y el mismo jinete a caballo, y todas, también, están reseñadas en el mismo idioma —el íbero—, lo que demuestra que ya los vascos de hace más de dos mil años eran por entonces tan íberos como cualquier otro pueblo de nuestra península, así como que la Hispania de hace más de dos mil años era ya lo más parecido, junto con Grecia y Roma, a lo que hoy podemos entender por nación.

Juan Sebastián Elcano. (1476-1526). Este navegante guipuzcoano logró terminar la primera vuelta al mundo de la historia junto con otros tres vascos. Obra de Ignacio Zuloaga realizada en 1922, para conmemorar el IV centenario del acontecimiento. Palacio Foral de la Diputación de Guipúzcoa.

Longitud contada del Meridiano de Paris.

NAVARRA
Y
PROVINCIAS VASCONGADAS
con las nuevas divisiones

Formado por A.H.DUFOUR Geógrafo.

en Paris

En Casa de BULLA, Calle de Santiago N.º 58

1856.

PLAN
DE LOS ALREDEDORES DE PAMPLONA

PLAN
DE LA CIUDAD Y PUERTO DE SAN SEBASTIAN.

ESCALAS

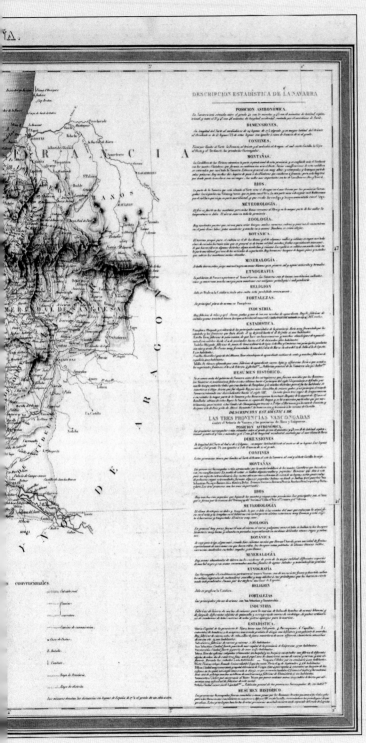

Mapa que comprende Navarra y las Vascongadas. Pertenece a la obra de Auguste Henri Dufour (1798-1865), que entre los años 1834 y 1843, realizó el Atlas Nacional de España con las nuevas divisiones en provincias. Su primera edición data de 1838 e incluye la división provincial vigente desde 1833.

Si el famoso árbol de Guernica da este fruto, procuremos que no vuelva a reto-
ñar. *La Primera République acaba con el carlismo. Dibujo de Tomás Padró publicado el 2 de
mayo de 1874 en* La Madeja Política, *revista editada en Barcelona entre 1873 y 1876.*

*Voluntarios vascos en la Guerra de África. Como los fueros aún estaban en vigor, los vascos
no participaban en el ejército —un privilegio que Navarra perdió en 1841—, pero tan pronto
como estalló el conflicto las tres diputaciones consideraron necesario ofrecer una ayuda y formar
cuatro tercios compuestos por unos 3000 hombres.* Museo Zumalacárregui, Goierri.

La obsesión de la Corona española en la lucha contra la esclavitud caracterizó el descubrimiento y conquista de América. Valga como ejemplo que Carlos V, como solución a sus acuciantes necesidades de tesorería, arrendó, a cambio de una fuerte cantidad monetaria, importantes núcleos mineros en Venezuela y otras poblaciones a sus banqueros alemanes, y que una vez enterado del injusto trato que estos propiciaban a los trabajadores indígenas, prefirió rescindir el contrato, aun a costa de verse obligado a renunciar a tan lucrativas rentas.

La esclavitud fue reiteradamente prohibida por las Leyes Nuevas de 1542. Y, si bien es cierto que Felipe II se dejó presionar por los colonos del Caribe para hacer concesiones especiales en Puerto Rico y La Española, poco más tarde volvió a dejar clara su repulsa hacia este tipo de institución, la prohibió de nuevo, e incluso hizo extensiva esa prohibición a la incipiente importación de esclavos negros, que en su día defendió Bartolomé de las Casas. De forma ilegal, la esclavitud se mantuvo al abrigo de la infinidad de islas del Caribe, donde los piratas y los traficantes ingleses y holandeses se lucraron en los siglos siguientes al comerciar con los negros traídos de África, amparados en los «derechos de asiento» impuestos por el Tratado de Utrecht de 1711.

En todo caso la postura española frente al comercio de esclavos fue siempre clara y contundente; en 1641 nos enfrentamos y vencimos en la batalla de Mbororé a un ejército de esclavistas portugueses que pretendían sojuzgar a nuestros indios araucanos, y en 1738 la Corona hizo levantar el fuerte de Gracia Real de Santa Teresa de Mosé, cerca de San Agustín, en Florida, a fin de que allí tuviesen refugio como súbditos españoles de pleno derecho, la ingente cantidad de esclavos negros que huían de las trece colonias inglesas, lo que más tarde fueron los Estados Unidos.

Sin embargo, en 1778, el rey Carlos III promulgó el Reglamento de Libre Comercio con América. Habían pasado casi tres siglos desde que Colón descubriese América y, en todo ese tiempo, solo el puerto de Sevilla —trasladado después a Cádiz por obvias cuestiones logísticas— había estado autorizado a comerciar con el inmenso imperio que abarcaba no solo América, sino igualmente el resto de posesiones en el Pacífico y Asia. La medida, en principio, fue fiel reflejo de ese nuevo espíritu de progreso y libertad con el que los gobernantes ilustrados de la época pretendían mejorar las condiciones de vida de sus súbditos, y, de hecho, el volumen de negocio con América creció un 50 % solo en los tres primeros años de la liberalización, y hasta un 389 % entre los años 1782 y 1787.

Pero como bien dice el refrán, no todo lo que reluce es oro. Estamos a finales del siglo XVIII, con la Ilustración en pleno apogeo, y ahora los hombres que embarcan para América ya poco tienen que ver con esos viejos y desharrapados conquistadores que pretendían hacerse allí con unas tierras, fundar una familia, y extender la fe. Ahora quienes van a América son los miembros de la nueva clase burguesa, y, por lo general, no tienen intención de permanecer allí más que lo suficiente para hacer una gran fortuna con la que volver y ser la envidia del pueblo.

Paralelamente a este nuevo fenómeno, hemos de tener en cuenta que junto con el Reglamento de Libre Comercio con América, y su liberalización a trece puertos peninsulares, quedó abolida una importantísima institución, la Real Casa de Contratación, responsable no ya solo del monopolio comercial con América, sino también de decidir quiénes podían embarcar hacia allí, en qué condiciones, y, sobre todo, de hacer respetar las Leyes de Indias y la evangelización por encima incluso de los más altos intereses comerciales o económicos.

Es por todo ello que buena parte de esta nueva burguesía que buscaba enriquecerse en América, encontró todo tipo de subterfugios legales para lograr comerciar con esclavos en las islas del Caribe, donde el pujante negocio de la caña de azúcar requería de abundante y barata mano de obra.

Es el siglo XIX. Los ideales hispánicos de Monarquía Universal Católica habían cedido ante el librecambismo impuesto por ingleses, americanos y franceses, y muchos españoles, especialmente catalanes y cántabros, se enriquecieron llevando negros al Caribe y trayendo azúcar. En 1837 el gobierno español prohibió la esclavitud con ciertas salvedades, hasta que en 1886 fue finalmente abolida en Cuba.

Es evidente que no se puede concluir un capítulo sobre la esclavitud en América, sin hablar de lo que allí hicieron los estadounidenses, y que tanta literatura y filmografía ha terminado por inspirar.

Por desgracia, son muy dispares los datos que diversos historiadores, todos de igual solvencia, ofrecen al respecto: desde un millón de negros traídos de África, hasta once millones. En todo caso, la alta tasa de reproducción que tuvieron fue mucho mayor que en su África natal, lo que a priori induce a pensar que el trato que recibieron se parece más a *Lo que el viento se llevó*, que a *Kunta Kinte*. Queremos pensar que los dueños de esos esclavos, propietarios de grandes latifundios, junto al amor a su tierra debieron de sentir también un cierto amor hacia aquellos que las trabajaban para hacer rendir sus frutos.

Está claro que los despreciaban por el color de su piel, y muchos hasta los tendrían en menor estima que a sus propios caballos, pero en general no creemos que se pueda hablar de un trato inhumano tan cruel y generalizado como el que hoy reciben nuestros esclavos modernos, aquellos a los que ni siquiera debemos de mirar a la cara porque nuestras multinacionales los tienen en la otra punta del mundo, trabajando un mínimo de doce horas diarias a cambio de un cuchitril comunitario donde dormir, y un plato de arroz con el que no desfallecer entre agotadora y agotadora jornada laboral.

En todo caso, sí creemos interesante concluir con la figura de Abraham Lincoln, y no para rendirle homenaje por haber sido él quien aboliese la esclavitud, sino por hacer creer a la humanidad que fue suyo un mérito que, en justicia, le correspondía tres siglos y medio antes a Isabel la Católica.

De hecho, Lincoln ni siquiera abolió la esclavitud en Estados Unidos. Durante los dos años que precedieron a su elección como presidente, fuera de hacer cualquier promesa electoral en ese sentido, se comprometió en multitud de ocasiones a respetar lo que cada estado decidiese con respecto a los negros, dado que consideraba que mantener la unión estaba muy por encima del debate entre esclavistas o abolicionistas.

Nunca creyó en la posibilidad real de convivencia entre negros y blancos, y consideró solucionar el problema mediante su expulsión a Centroamérica, al punto de que cuando en 1862 el reverendo James Mitchell le pidió deportar a los negros, automáticamente lo nombró Comisionado de Emigración de la Unión.

Ciertamente, la Guerra de Secesión hizo cambiar hasta cierto punto las tornas —y solo hasta cierto punto—, porque, en pleno enfrentamiento, el 1 de enero de 1863, cuando Lincoln realizó la Proclamación de la Emancipación, solo tenía carácter abolicionista para los Estados del Sur, no para los del Norte, fieles a la Unión. Se trataba, en pleno conflicto, de debilitar la economía del enemigo, no de acabar con la esclavitud. De hecho, estados del norte, como Maryland, Missouri, Delaware o Kentucky no tuvieron problema alguno en continuar con la esclavitud mientras vivió Abraham Lincoln. No fue hasta siete meses después de su asesinato, el 18 de diciembre de 1865, cuando se aprobó la XIII enmienda, mediante la que se abolió definitivamente la esclavitud en Estados Unidos.

Aunque esa enmienda ni mucho menos llevó la igualdad, sino que estableció una fuerte política de segregación racial que duró todavía un siglo más, hasta que en 1967 —nada menos— la Corte Suprema autorizó los matrimonios interraciales.

5.9 Las encomiendas

En contra de lo que se ha pensado o dicho en multitud de ocasiones, no fueron una institución inventada a raíz de la conquista americana. Antes bien, eran un fenómeno social con raíces en la reconquista castellana, en la que los cristianos precisaban de un sistema de organización con el que colonizar y habitar la vasta meseta castellana que encontraban despoblada tras sus victorias. La encomienda, aunque no se conociese bajo ese nombre, formaba parte de la cultura jurídica y social de España, cuando a finales del siglo XV se encontró ante unos vastos territorios de proporciones desbordantes, poblados de cantidades ingentes de nuevos súbditos a los que era necesario dotar de una forma social de convivencia lo más parecida posible a la de la Europa del momento. Será el mismo Colón quien trasplante a América la encomienda, y su sucesor, Nicolás de Ovando, el que acabe por consagrarla.

En la encomienda, los indios, fuera de ser unos desposeídos, eran propietarios de pleno derecho de las tierras que trabajan, y del rendimiento de las mismas pagaban un tributo o servicio a su encomendero, quien, a su vez, tenía obligación de protegerlos y cristianizarlos. Como toda institución humana, la encomienda dio lugar a ciertos abusos, y en contados casos, incluso degeneró en una especie de esclavitud encubierta. Ciertamente, ocurrió. De la misma forma que también es cierto que tanto la Corona española, como la Iglesia mantuvieron una estricta y perseverante vigilancia, tendente a cortar de raíz tal tipo de abusos. Afirmar que la encomienda fue un sistema organizado de esclavitud, aparte de suponer una flagrante falsificación de la historia, es una deliberada forma de privar a la humanidad de uno de los más preciosos testimonios de auténtica solidaridad entre un imperio gigante y poderoso y sus pobres y humildes nuevos súbditos.

En un temprano 1503, el mismo Nicolás de Ovando, por entonces gobernador de La Española, escribió a la Corona con el fin de que le diese instrucciones referentes a:

- La conversión de los indios se realice «sin hacerles fuerza alguna».

- Los indios en lugar de vivir de forma dispersa y primitiva, «se congregarán en pueblos, como están las personas que viven en nuestros reinos».

- Se fomenten los matrimonios interraciales, en vistas a una más pronta civilización y cristianización.

A cargo de las encomiendas se solía situar, en forma de pago y agradecimiento, a los supervivientes de las épicas expediciones y conquistas. Muchas veces se habían jugado la vida a la única carta de huir del anonimato en España para ser alguien en América o morir en el intento, y pretendieron resucitar y trasladar a América los viejos sistemas medievales abolidos tiempo atrás por los Reyes Católicos. Así, para impedir que las encomiendas acabasen por convertirse en un sistema vitalicio, los Reyes Católicos decretaron en 1509 que el Derecho de Encomienda «no podrá nunca considerarse a perpetuidad, y que los indios solo podrán ser encomendados por un periodo máximo de dos años».

En 1512 las denuncias de fray Montesinos, relativas a algunos abusos de estas primeras encomiendas, provocaron la inmediata promulgación de las Leyes de Burgos ese mismo año, ampliadas poco después en 1513, donde se desarrolló y definió explícitamente el sistema laboral en las encomiendas, con los consiguientes derechos y garantías de los indios. Pocos años más tarde, el 9 de diciembre de 1518, esta ley se enriqueció al establecer que solo podrían ser encomendados aquellos indios que no tuvieran recursos suficientes para ganarse la vida, así como que, en el momento en que fuesen capaces de valerse por sí mismos, habrían de cesar en la encomienda.

La obsesión por hacer de las encomiendas una institución útil al desarrollo humano de los nuevos súbditos, hizo que el tiempo se convirtiera en aliado de los perdedores, los indios, y que los que aparentemente habían ganado, los conquistadores, acabaran por perder con la ley lo que habían merecido en los campos de batalla. De esta forma, en 1527, una nueva ley determinó que la creación de cualquier encomienda habría de contar necesariamente con la aprobación de religiosos, sobre quienes recayó la responsabilidad de juzgar si a un colectivo concreto de indios esta les podría ayudar a desarrollarse, o si, por el contrario, resultaría contraproducente. Finalmente, el césar Carlos, tras casi medio siglo de existencia de las encomiendas, creó llegado el momento en que los indios habían adquirido el suficiente desarrollo social como para ser considerados unos súbditos más de la Corona, con lo que la institución perdió su sentido. Por eso, en 1542, y a través de las Leyes Nuevas, quedó consignado:

• No se asignarán nuevas encomiendas, y las ya existentes habrán de morir necesariamente con sus titulares.

- Quedan suprimidas automáticamente aquellas encomiendas que obraban a favor de miembros del clero, de funcionarios públicos, o de personas sin título de conquista.

- Se limita considerablemente el importe de los tributos que han de satisfacer los encomendados.

- Es abolida definitivamente cualquier forma de esclavitud que pudiese quedar, así como cualquier otra categoría de trabajo forzoso.

6
Los «nazionalismos»

Caricatura publicada en la revista satírica El Cu-cut: *catalanistas y callistas —partidarios de Verdaguer i Callís, miembro de una antigua familia carlista— frente a Alejandro Lerroux, fundador y líder del Partido Republicano Radical, ataviado con sombrero cordobés.*

Si un reino está dividido contra sí, no puede durar.

Jesús de Nazaret

6.1 España como nación

Asturias es España, y el resto, tierra reconquistada... Esta frase, que tantas veces hemos oído —y seguramente hasta dicho muchos de nosotros con cierto orgullo patriótico— condensa una filosofía histórica que apenas hunde sus raíces en la decadente centuria del XIX. Resulta increíble, que una frase tan corta, que parece afirmar un presupuesto indiscutible de españolidad, pueda contener dos mortales cargas de profundidad, capaces de abrir sendas vías de agua bajo la línea de flotación del buque en el que todos estamos embarcados, y al que llamamos España.

Para empezar, España no es el resultado político o geográfico de unos territorios que una sucesión interminable de príncipes cristianos asturianos tomó a los moros a lo largo del Medievo peninsular en lo que conocemos como Reconquista, sino que antes bien, España como «nación» —o para ser más precisos, como «estado soberano e independiente»— existía desde siglos antes que el reino de Asturias y que la invasión musulmana del 711.

De hecho, España es la única nación moderna europea que se cita como tal en un documento tan antiguo como el Nuevo Testamento, donde san Pablo nos habla abiertamente en sus cartas de un pueblo con identidad propia al que ansía evangelizar. Cierto es que en esos tiempos éramos una orgullosa provincia de Roma, y no una nación independiente, pero ya el Apóstol de los Gentiles, y en contra de lo que era habitual en la época y en sus escritos, no dice que vaya a visitar una ciudad concreta, o que el destino de su barco sea un puerto determinado, como perfectamente podría ser el de Tarraco —Tarragona—, sino que siempre se refiere directamente a «Hispania» —España—. Y no en una, sino en varias ocasiones. No es por tanto casual, que ya en el tempranísimo año 385, el papa Sirico ponga al obispo de Tarragona —Himerio— a la cabeza del resto de obispos de Hispania, y comience con ello la secular tradición del «primado de Hispania», que con el transcurrir de los siglos se trasladará de su original sede en Tarragona, a la definitiva de Toledo.

Y es todavía con el Imperio romano, cuando en el año 418 el emperador Honorio transmite los derechos de Hispania a la monarquía visigoda, en la persona de su primer rey, Walia, lo que originará una sucesión de soberanos de España que dura hasta nuestros días. Esta afirmación no quita que otros autores, como Julián Marías, sostengan que es el III Concilio de Toledo, celebrado en el año 587, el verdadero origen de nuestro país, por ser esta la fecha en la que los visigodos, con su rey Recaredo a la cabeza, abjuran del arrianismo, se convierten en católicos, y forman un mismo pueblo con el resto de la población autóctona ibero-romana.

En todo caso, la identidad nacional ya en tiempos de los visigodos era de tal consistencia que quedará inmortalizada en los siglos siguientes, y no solo en la Hispania cristiana de la Reconquista, sino en el resto de Europa. Así, la *Lex Romana Visighotorum* —promulgada por Alarico en el 506— aparte de ser el primer cuerpo legal de una nación, pronto sirve de referente jurídico en toda Europa, incluso como modelo del *Código Justinianeo*. Y si en el ámbito jurídico es la España visigoda la que marca tendencia, un papel no menos importante será el que desarrolle en el intelectual, donde las *Etimologías* de san Isidoro de Sevilla no solo serán el primer modelo histórico de compendio cultural, sino también el de referencia durante los mil doscientos años, nada menos, que pasaron hasta la llegada de la *Encyclopédie* de la Ilustración.

Es por todo ello que, cuando los cronistas del siglo VIII hablan de la victoria de Covadonga, la mencionan como el origen de la «salvación de Hispania», de una patria perdida que ya existía con anterioridad y que urgía recuperar a toda costa de las garras del invasor infiel. Es decir, España no es el resultado de la Reconquista, sino al revés; la Reconquista es el resultado de la necesidad de recuperar España, puesto que, si no hubiese sido invadida, nadie se habría molestado en luchar durante ocho largos siglos por recuperarla.

Visto el primer error, y aclarado que España ya existía desde antes de la Reconquista, toca ahora analizar el otro gran fallo; creer que la Reconquista es un fenómeno monopolizado por don Pelayo, su famosa batalla de Covadonga, y toda la pléyade de monarcas castellanos hasta Isabel la Católica. Este error histórico, por trivial y absurdo que parezca, es el origen último del problema nacionalista con el que nos encontramos en nuestros días. Efectivamente, poco después de la fulgurante campaña en la que los seguidores de Mahoma invaden Hispania, un noble visigodo, don Pelayo, consigue reunir unas exiguas huestes con las que se bate en algarada contra los invasores, que son derrotados por primera vez, en las montañas asturianas. Don Pelayo es proclamado rey, mientras un halo de esperanza resurge entre la población de Hispania gracias a este heroico y noble acontecimiento que da origen al primer reino de la Reconquista, el de Asturias. Hasta aquí todos estamos de acuerdo, pero lo que no sabemos, o no hemos tenido en cuenta, es que el coraje y las ganas de recuperar la Hispania perdida no fueron monopolio de don Pelayo y los asturianos, sino que también se encontraban latentes en otras partes de la Península, como podían ser el pueblo vasco o Cataluña. De hecho, antes de acabar el siglo IX, los condes catalanes, con la ayuda inicial del emperador Carlomagno, reconquistaron el noroeste peninsular y crearon el condado de Cataluña, pieza clave en el futuro reino de Aragón, mientras que, por su parte, los vascos, en el año 799, derrocaron al gobernador musulmán de Pamplona y crearon el reino de Navarra.

Y así, durante los setecientos años siguientes, estos tres reinos ampliarán sus fronteras a costa de ganarle terreno al invasor, y al mismo tiempo, en ese largo peregrinar de tantos siglos, darán forma a una cultura y costumbres propias y a un idioma que cada vez se parecerá menos al latín, y más a nuestros actuales castellano, *catalá*, gallego o portugués.

Lo cual no será obstáculo alguno para que siga latente la constante obsesión por la recuperación de la Hispania perdida. Es por ello que las expresiones *Regnun Hispaniae*, *Reges Hispanici*, *Reges Hispaniae*, etc…abundan en los muchos textos medievales rescatados por José Antonio Maravall.

En 1091, en cuanto es reconquistada Tarragona —antigua sede del primado de España— a los musulmanes, el papa Urbano II decreta la bula *Inter Primas Hispaniarum Urbes*, por la que le devuelve a la ciudad la primacía de la Iglesia en España.

Cuando Jaime I —rey de Aragón— le escribe a san Fernando III —rey de Castilla y León— en 1244, explicándole las razones que le han llevado a firmar el tratado de Almizara, le afirma que «lo he hecho por Dios y por España», de la misma forma que cuando interviene en Murcia para acabar con las rebeliones moriscas le asegura años más tarde al hijo del rey castellano, Alfonso X el Sabio, que lo ha hecho por «salvar a España». El mismo Alfonso X, que cuando promulga el *Código de las Siete Partidas*, lo define como un compendio legal de las «costumbres antiguas de España», y que se preocupa igualmente de escribir un libro que titula *Estoria de Hispania*, y no «Historia de Castilla».

Así, cuando acaba la Reconquista, esos tres reinos se vuelven a unir en una sola Corona, la española, y lo hacen desde la rica diversidad cultural amasada en los duros años de lucha. Es la misma España de antes, pero también una nueva, en la que ya no se habla el latín de los visigodos, sino idiomas propios. Y, aparte de un cuerpo legal común a todos, como era el *Líber Iudiciorum*, también están los fueros castellanos, los fueros navarros, y los fueros de Aragón. Es, en definitiva, una España —a pesar de todas las milongas que se puedan decir hoy día— que entiende y aprecia la diversidad, tolerante con las particularidades y sin prepotencias regionalistas. Justo lo que falta en nuestra moderna concepción de país, donde las prebendas políticas, la estandarización de prejuicios, y el obtuso regionalismo de boina, se erigen en norma, por encima del auténtico patriotismo y del amor a la diversidad.

José Ortega y Gasset definió hace ya muchos años a una nación como «un sugestivo proyecto de vida en común». En este filósofo español, cada palabra de cada una de sus frases tiene un sentido único e insustituible, sobre todo los adjetivos, a los que dota de una fuerza extraordinaria en la que condensa toda la energía descriptiva de su pensamiento. Nos hemos detenido en multitud de ocasiones a considerar su idea de nación, y no hay nada más elocuente en la misma como el arrebatador adjetivo con el que encabeza la frase: «sugestivo». Efectivamente, una nación es algo más que un simple territorio, que una raza, o que una lengua. Es, —por encima de todo eso— un proyecto de vida en común, pero que ha de ser necesariamente, y, ante todo, sugestivo, ilusionante, atractivo, de lo contrario, se empieza por olvidar en qué consistía el proyecto, y se acaba con un tedioso aguantarse los unos a los otros.

Si comparamos a una nación con una familia —al fin y al cabo, una nación no es más que una gran familia— observamos multitud de casos en los que su unidad se fundamenta básicamente en un simple y aburrido soportarse; mientras que hay otras muchas que mantienen una envidiable unidad, que a veces hasta supera infranqueables distancias territoriales, gracias al amor que se profesan mutuamente sus miembros. Basándonos en esta comparación, podemos afirmar que el nacionalismo no es, por tanto, un pecado atribuible en exclusividad a los nacionalistas, sino también a aquellos que no han sido capaces de transmitir al resto de sus compatriotas un proyecto lo suficientemente sugestivo como para hacer atractiva e ilusionante una vida en común. Evidentemente, supone menos esfuerzo intelectual el achacar el nacionalismo a los simples caprichos caciquiles de cualquier político oportunista, antes que reconocer que se carece de una razón poderosa para mantener la unidad histórica de un país.

España, gracias a su dilatada y rica historia, es uno de los países del mundo con mayor variedad cultural —no olvidemos que la historia engendra cultura—. Si conseguimos que al abrazar esta variedad cultural exista una razón íntima y superior, capaz de movilizar todas esas energías, nos encontraremos ante una España unida y segura de sí misma; sin embargo, si no somos capaces de darle un sentido último a esa rica variedad cultural, nos encontramos ante las puertas de la disgregación, del particularismo, de los nacionalismos. El nacionalismo no es, por tanto, un problema específico de los nacionalistas, sino una grave asignatura pendiente de todos los españoles, obligados a convencer con argumentos válidos y «sugestivos» de que es más prometedor e ilusionante afrontar el futuro juntos, que separados.

En nuestros días observamos tristemente cómo los argumentos que se proponen para mantener la unidad adolecen por completo de falta de ideas verdaderamente convincentes; desde la política —no así siempre desde la intelectualidad— no se sabe proponer otras razones que no sean las de la «constitucionalidad». Ahora resulta que el separatismo está mal simplemente porque atenta contra la Constitución. Pues no, señores de la política, no tienen ni idea; el separatismo no está mal porque sea anticonstitucional, y de hecho a los nacionalistas les importa una higa la Constitución. El nacionalismo está mal, porque no tiene sentido, y es una estupidez separarnos después de vivir como nación durante los últimos dos mil quinientos años, y de haber hecho juntos cosas tan maravillosas como descubrir medio mundo o modelar la cultura occidental. Por supuesto, cualquier español con dos dedos de frente cambiaría mil constituciones por imaginar una España unida durante otros dos mil quinientos años en los que realizar muchos más proyectos fascinantes en común.

El problema del nacionalismo —repetimos una vez más— es, ante todo, fruto de la carencia de argumentos «sugestivos» para permanecer unidos. Es tan simple, como que los políticos españolistas sean capaces de aportar argumentos más interesantes para mantener la unidad, que los propuestos por los políticos nacionalistas para fomentar la división, nada más.

En las páginas siguientes vamos a ver desde la estricta perspectiva histórica cuál es el origen cierto de los dos grandes fenómenos nacionalistas en España: el nacionalismo vasco y el nacionalismo catalán. En ninguno de estos casos existen razones históricas definitivas como para concluir que no son parte histórica de España. A la luz de la verdad histórica, no solo son parte esencial de la nación, sino que la España que hoy día conocemos no existiría de no ser por la rica aportación cultural y política de ambas comunidades históricas. Pero no olvidemos que la historia es precisamente eso; historia, y nunca norma de obligado cumplimiento. Por ello, no tiene entidad suficiente como para constituirse en el argumento último de los nacionalistas para separarse, o de los demás españoles para apelar a la unidad. Si el ordenamiento territorial de los estados dependiese únicamente de la historia, no nos faltarían razones para reclamarle a Estados Unidos la urgente devolución de nuestras provincias de Puerto Rico, Cuba o Filipinas. Existe un argumento más importante que todas las razones históricas que puedan esgrimir unos y otros, y es el de la convivencia. La historia, por sí sola —aunque tengamos razón—, no es motivo para defender la unidad, ni la falsa historia que argumentan los nacionalistas —aunque fuese cierta— lo es para separarse. La calidad humana de las relaciones, y la riqueza cultural de la convivencia diaria es, en definitiva, el gran argumento que tenemos que saber construir, y así, conseguir ahogar en abundancia de bien —como dijo un gran santo español—, los recelos que el mal sembró en la gran familia española.

6.2 El nacionalismo vasco

«Los buenos vascos seguirán trabajando por su pueblo, pero sin considerarlo aisladamente, sino dentro del Estado español». Son palabras de Sabino Arana Goiri, publicadas en el semanario *La Patria*, en junio de 1902.

Hasta no hace muchos años, y amparándose tanto en la singularidad del idioma vascuence, como en las tradiciones orales y la falta de restos y documentación, buena parte de la historiografía daba por válido que los romanos —los dueños del mundo antiguo— no habían osado pisar las Vascongadas, ante el reconocido coraje e indómito espíritu de sus habitantes.

Creencias que, aunque no estuviesen fundamentadas en pruebas, hasta los historiadores y propagandistas del franquismo las heredaron y difundieron, para poner a los vascos como ejemplo arquetípico del coraje español.

Más tarde —ya en nuestros días—, los «nazionalistas» vascos le dieron la vuelta al tópico. Los vascos ya no eran los primeros españoles, sino que formaban un pueblo absolutamente distinto de los españoles, quienes, según los más furibundos separatistas, éramos más moros y africanos que europeos.

Sin embargo, en 1992, cuando un grupo de arqueólogos realizó excavaciones en el puerto de Irún, y aparecieron los restos de un enorme fondeadero de origen romano del siglo I de la era cristiana, la realidad deshizo las fábulas románticas. Los romanos no solo penetraron en la tierra vasca, hasta la costa del Cantábrico, sino que se asentaron en ella, y llevaron sus leyes, su organización, sus barcos y hasta el cristianismo.

6.2.1 La piedra filosofal

Antes de intentar entrar en profundidad a analizar el fenómeno histórico-político del nacionalismo vasco, convendría tener muy claro quiénes son los vascos, de dónde vienen, y hasta qué punto son ciertas las pretendidas argumentaciones de un nacionalismo que apela a esa raza única y ancestral que hunde sus orígenes en el misterioso origen mismo de la humanidad. Vamos a intentar aclarar el arcano de la piedra filosofal del nacionalismo vasco desde el rigor histórico, aunque con cuidado, tampoco se trata de provocar infartos por doquier a quienes hasta ahora estaban firmemente convencidos de ser descendencia directa de Adán y Eva. Para ello, para intentar comprender mejor quiénes son verdaderamente los vascos, hemos creído conveniente definir desde un principio cuestiones fundamentales como raza, territorio y lengua, para posteriormente centrarnos mejor en la historia de este pueblo. Primero, con sus orígenes, y, después, con la obsesión febril de olvidarse de ellos, que eso es el nacionalismo.

Con respecto a la raza, los vascones eran de tipo celtíbero; es decir, una mezcla de sangre norteafricana, que es de ahí de donde procedían los íberos, y otro tanto de sangre celta, que a través de los Pirineos se había ido filtrando de las migraciones indoeuropeas. De raza celtíbera eran también los cántabros, que ocupaban la práctica totalidad del litoral norte, y los lusitanos —los actuales portugueses—, dueños del oeste peninsular. Los cántabros se opusieron fuertemente a la dominación romana, lo que les costó el ser prácticamente exterminados tras las sangrientas guerras de Augusto, no así los vascones, que se mostraron desde el principio como fieles colaboradores de Roma. Por tanto, tras la desaparición de los cántabros, quedaron en la península los vascones y los lusitanos como principales o casi únicos pueblos plenamente celtíberos. Si tenemos en cuenta que los celtas eran de RH negativo, no es de extrañar que los actuales vascos y portugueses tengan los mayores porcentajes peninsulares de dicho tipo sanguíneo. Aunque con una particularidad: los portugueses muestran mayor frecuencia de este RH, lo cual prueba que se han mezclado menos que los vascos. Por lo demás, tanto los vascos modernos, como el resto de españoles y los corsos —los naturales de la isla de Córcega—, coinciden en ser los europeos con mayores niveles de similitud racial de tipo bereber, consecuencia de una genética común íbera.

El territorio histórico del pueblo vasco es otra cuestión que conviene clarificar debidamente para entender mejor su origen y sus actuales reivindicaciones. Hoy, al hablar de los vascos, los circunscribimos al área geográfica de su comunidad autónoma: el País Vasco. Y por su parte, los nacionalistas, al hablar del pueblo vasco, se anexionan automáticamente Navarra y la Aquitania francesa. En honor a la verdad, quienes más razón tienen son estos últimos, lo cual no deja de ser una simple afirmación histórica y, por supuesto, sin la más mínima trascendencia política. Vamos a tratar de aclarar el entuerto.

Antes de la llegada de los romanos, existía en la actual Navarra, y que podríamos llamar Vasconia, un pueblo ibérico denominado *barskunes*, al que sus aliados romanos llamaron vascones. Mientras, en lo que hoy día es el País Vasco —o Euskadi— no vivía ni un vasco, sino que dicho territorio se encontraba ocupado por tres tribus cántabras, los várdulos, los caristios y los autrigones. Es decir, que los actuales navarros son los genuinos y auténticos vascos, y que, por lo tanto, hace dos mil años no había vascos en lo que actualmente es el País Vasco. No es hasta mucho más tarde, y a lo largo de dos épocas diferentes —la primera entre los siglos V y VII, y la segunda entre el X y XI— cuando los vascos se expanden hacia el norte, en lo que hoy es la Aquitania francesa, y hacia el oeste, el actual País Vasco.

En resumen, en el País Vasco no hay vascos hasta la Edad Media. Por eso, hasta que Sabino Arana y sus seguidores decidieron enterrar más de veinte siglos de historia, las tres provincias de Euskadi eran conocidas como Vascongadas. El término «vascongadas», por tanto, es una antiquísima delimitación fronteriza que como vocablo tiene su origen etimológico en un hecho histórico: la vasconización de un territorio. Los vascos recibieron sus fueros durante la época en que eran de Vasconia y formaban parte de Navarra. No pocas personas repudian hoy la expresión Vascongadas, por ser esta la denominación oficial hasta época reciente. De una u otra forma se asocia gratuitamente con el franquismo, aunque Franco no fue quien la empleó por vez primera, sino que continuó con el uso de la forma habitual para referirse a las tres provincias que constituyen la Comunidad Autónoma Vasca.

Por último, el idioma de los vascos era hace dos mil años el mismo que se hablaba en el resto de la península: el íbero, un idioma heredado de los pueblos norteafricanos que huyeron de la desertización del actual Sahara para llegar hasta las ricas tierras europeas. La lengua de estos antiguos pobladores llegó a ser una lengua escrita y con alfabeto propio, y su pervivencia en el vascuence supone el sustrato o vestigio del íbero en la actual lengua española. Aquellos emigrantes llegados del Mediterráneo sur dieron origen a dos de las culturas más ricas de la Europa prerromana; la etrusca, en la actual Península itálica; y la ibérica, en nuestro suelo. En cada una de ellas dejaron la huella indeleble de su idioma. Ambos —el etrusco y el íbero— se perdieron por completo ante el imparable avance de los romanos y su latín —lengua indoeuropea—, si bien el íbero se usó en zonas rurales de montaña hasta bien entrada la Edad Media. Pero hubo una zona de España en la que no se perdió nunca el íbero, la verdadera lengua de aquellos primeros pobladores, fue en el Pirineo navarro, entre los inaccesibles caseríos de los pastores vascos. Esta pervivencia no se debió a que los pobladores de esas tierras conservasen una especial independencia política o cultural; tampoco a ese pretendido espíritu indómito de insumisión; más bien fue todo lo contrario: los vascos de la época romana —los actuales navarros— eran aliados de Roma, y como tales no sufrieron el exterminio, como sí ocurrió con otros pueblos contrarios a la dominación.

Por tanto, el vasco, el vascuence, o el euskera, como se quiera decir, no es un idioma de origen desconocido, y ni muchísimo menos la lengua vernácula del pueblo vasco. Es la reliquia lingüística de lo que fue la forma común de comunicarse los habitantes de la Península Ibérica antes de la llegada del emperador Augusto, sencillamente un capricho de la historia. Sabemos que estas afirmaciones pueden sonar, a primera vista, como un poco gratuitas, de hecho, no hace muchos años, cuando se estudiaba en el colegio la pesada asignatura de lengua, se daba por cierto que el vascuence no tenía origen conocido. Todo esto tiene una más que lógica explicación, o mejor dicho dos: en primer lugar, la cultura ibérica, incomprensiblemente, apenas es objeto de investigación por parte de los historiadores. En segundo lugar, el alfabeto íbero ha sido descifrado hace relativamente poco, en 1922, y, de hecho, aunque seamos capaces de leer gracias a eso un texto escrito en caracteres íberos, apenas conocemos aún gran parte de su significado. Multitud de modernos lingüistas e historiadores europeos y españoles, como José R. Pellón o José Luis Comenge —en su extraordinario libro *La gran marcha ibérica*—, demuestran que el vascuence, fuera de ser un arcano enigma del que sacan una suculenta tajada política los nacionalistas, resulta que es más español que el castellano. Por el contrario, el castellano viene a ser un latín vulgar con múltiples influencias exógenas. Visto así, el vascuence, aunque también deformado por el tiempo, es el íbero, el idioma más antiguo y propiamente «español», aunque de origen africano.

Paralelismos lingüísticos que han dejado también su impronta en nuestra geografía. Así, el prefijo «ili» es una variante del prefijo «uli», «iri» y «uri», dentro de las variantes del tronco común vascuence. Es por ello que multitud de comarcas de las Vascongadas y del País Vasco Francés tienen pueblos con dicho prefijo, pues significa «villa». Así, Pamplona, la ciudad por excelencia de los vascones, se conoce como Iruña, «la ciudad», pero es que la Granada de los íberos se llamaba Iliberri, y el actual Andújar jienense, Iliturgi, la ciudad de la fuente, pues «turgi» es «fuente» en vascuence, igual que lo era en íbero. De la misma forma que «ursua» significa laguna en vascuence y era el nombre antiguo de Osuna, ciudad que «casualmente» está edificada sobre una antigua laguna.

Una vez descifrado el alfabeto íbero, se comprueba que sus rasgos fónicos son de gran similitud al vascuence, pero a medida que empezamos a conocer el significado de las palabras, resulta que el parecido es todavía mayor. En íbero «puerta» se dice *ati* y en vascuence *alea*; «abismo» en íbero es *leze* y en vascuence *leza*; «mohíno» en íbero es *leri* y en vascuence *larri*; «tierra llana, elevada y húmeda entre montañas» viene a ser una traducción resumida del íbero *naba* y también del vascuence *naba* —de ahí Navalmoral, Navacerrada, etc—. Y no solo son prácticamente idénticas las palabras, sino también su gramática, como por ejemplo en las terminaciones adjetivales (ter), o posesivas (en). De hecho, se ha demostrado que la gramática del vascuence es tan íbera, que incluso aquellas palabras vascuences que no son de origen íbero, sino que proceden de otras aportaciones lingüísticas —fundamentalmente el latín— han sido incorporadas a dicho idioma mediante la gramática o la fonología íbera. Por ejemplo, tanto en íbero como en vascuence medieval la «efe» no se conoce, y tampoco se usa la «erre» fuerte al principio de las palabras. Por eso, la palabra en latín *rota* —que pasa al castellano como «rueda»— al vascuence se incorpora como *errota*. La dificultad del íbero para pronunciar la «efe» inicial explica parte de la gran influencia vasca sobre la lengua castellana: el antiguo ferro —del latín *ferrum*— se convierte en hierro; *facer* —en latín *facere*— en hacer; *fermoso* —en latín *formosus*— en hermoso; *fugir* —en latín *fugire*— en huir; y así en hijo, hembra, hoja, hablar y otras palabras de uso común. Tengamos en cuenta que el castellano, en cierto modo, nace como una lengua romance hablada por vascoparlantes de la Edad Media.

En definitiva, la «raza vasca» no existe como tal. Los primeros vascos que llegaron de Navarra al País Vasco, no llevan allí ni 1300 años. Y el euskera supone la lengua hispana más antigua, muy anterior al mismísimo castellano de Cervantes.

6.3 Los primeros españoles

Antes de que llegasen los romanos a Hispania existía en nuestro suelo una cultura muy avanzada conocida como ibérica. Era uno de los pocos pueblos europeos, junto con el romano, el griego y alguno más, que tenía un idioma escrito, que acuñaba moneda, que comerciaba. Se trataba de un conjunto variado de pueblos bastante pacíficos —en aquel contexto—, que, al igual que la Grecia de su época, carecían de unidad política, por lo que funcionaban como una especie de confederación de pequeños estados. Estos pueblos eran los lusitanos, oretanos, cántabros, vacceos, túrdulos, turdetanos, etc. A su vez, se dividían en ciudades independientes entre sí. Los vascones eran uno más de esos muchos pueblos que formaban la cultura ibérica, y tenían su capital, Bengoda, nada menos que en la actual Pamplona. Los vascos de aquel entonces acuñaban moneda en varias cecas: Bengoda, Bentian, Belaiscom, Cascante... Sus monedas representaban en el anverso el rostro de un dios barbudo, y en el reverso a un jinete lanza en ristre montado a lomos de un caballo rampante. La única leyenda de estas monedas estaba escrita debajo del caballo, con caracteres ibéricos, y decía simplemente «barskunes». Salvo la particularidad de la ese escrito, que dependía del pueblo que la acuñase, todas o casi todas las monedas ibéricas de la España de antes de Cristo representaban la misma cara del mismo dios, el mismo jinete a caballo, y estaban reseñadas en el mismo idioma: el íbero. Lo que demuestra que ya los vascos de hace más de dos mil años eran tan íberos como cualquier otro pueblo de nuestra península.

Los romanos llegaron a Hispania dos siglos antes del nacimiento de Jesucristo. De esa época data el panegírico que el historiador romano Plinio el Viejo hace de nuestra patria:

> Inmediatamente después, y exceptuando las fabulosas regiones de la India, debo colocar a Hispania, al menos en todo su borde costero. Hispania es, en verdad, pobre en parte, pero allí donde es fértil da en abundancia cereales, aceite, vino, caballos y metales de todo género, en lo cual la Galia le va a la par; pero Hispania vence por el esparto de sus regiones desérticas, por la piedra espectacular, por la belleza de sus coloridos, por su ánimo para el trabajo, por sus fornidos esclavos y por la resistencia y el vehemente corazón de sus hombres.

Tras las Guerras Púnicas, en las que Roma venció a Cartago, los romanos se lanzaron a la conquista del Mediterráneo. Empezaron por lo que había sido la joya de la corona para fenicios, griegos, y cartagineses: Hispania. Su conquista se prolonga durante dos largos siglos en los que las mejores legiones y generales romanos son sucesivamente derrotados por los pueblos íberos que se oponen a la invasión. Una vez pacificada en tiempos de Augusto, se produce la paradoja de que Hispania, que había sido el territorio más difícil de someter, se torna con la paz en uno de los que más gloria da a Roma. Así, sobresalen intelectuales de la talla de Séneca, Quintiliano, Marcial, Columela o Lucano, y también los emperadores que mayores extensiones geográficas y prosperidad consiguieron: Trajano, Adriano y Teodosio.

Durante la conquista, numerosos pueblos íberos lucharon por su independencia hasta el mismo exterminio: lusitanos, numantinos, cántabros... pero no los vascos. Desde un principio se mostraron como fieles colaboradores de Roma. Ya sabemos que en época romana no había vascos en el actual País Vasco, sino que los vascones apenas ocupaba la actual Navarra, mientras que Euskal Herria se encontraba poblada por tribus cántabras. Aun así, los romanos no tuvieron problema alguno en asentarse en aquellos territorios que fueran de su interés.

Por eso, la formidable vía romana Burdeos-Astorga atravesaba Roncesvalles, y los romanos fundaron puertos como el de Easo —San Sebastián— en la desembocadura del Bidasoa, el de Irán, en la ría de Guernica y el de Motrico, en la del Nervión. O minas como las de Arditurri, próxima a Irún; las de Baigorri, en la Baja Navarra; las de Somorrostro y Triano, en Vizcaya; o las de mármol rojo en Ereño. Cierto es que los romanos nunca ocuparon las infructuosas montañas de Navarra, ni las de Guipúzcoa, de la misma forma que tampoco mostraron nunca interés alguno por las Alpujarras, ni por Despeñaperros, ni por la Sierra de Gredos, ni por los Picos de Europa, ni por nada, en general, que no fuese llano, fértil, bien comunicado y de agradable climatología.

Los vascones, que habitaban entre el Pirineo Occidental y los valles del Alto Ebro —Navarra—, no ofrecieron impedimento alguno a la ocupación romana. Y no por cobardía o falta de orgullo, sino, simplemente, porque eran un pueblo pacífico, y al igual que otras muchas zonas ibéricas, supieron ver en Roma a un aliado con el que poder mejorar sus condiciones de vida. El historiador hispanorromano Paulo Orosio (siglos IV-V) afirma que «los vascos son más romanos que los romanos mismos», y, de hecho, la antigua ciudad ibérica de Bengoda, la capital de los vascones, pronto fue rebautizada como Pompado —Pamplona—, en honor de Pompeyo, general romano que ganó la guerra civil contra Sertorio, gracias a la decisiva ayuda que recibió de sus aliados, los valientes y aguerridos vascones.

La caída de Roma y las posteriores invasiones de los pueblos bárbaros, particularmente la entrada de los visigodos en nuestra península, supuso la puesta en escena del mítico espíritu de independencia vasco; los vascos, fieles aliados de Roma, no transigieron con el bárbaro invasor que se cernía sobre las ruinas del viejo imperio, y los tres siglos de presencia visigoda en España quedaron marcados por las frecuentes luchas entre vascos y visigodos. Pero, en todo caso, hemos de entender estas confrontaciones entre ambos como referidas siempre a las actuales Álava y Navarra. No hablamos de Guipúzcoa o Vizcaya, provincias a las que entre los siglos V y VII comenzó a llegar procedente de Navarra un lento y constante goteo de vascos huidos de la presión militar visigoda sobre sus tierras.

En el año 711 don Rodrigo se encontraba precisamente en guerra contra los vascos, cuando fue informado de que los musulmanes habían desembarcado en Tarifa. En una fulgurante carrera hacia el sur consiguió reunir un maltrecho ejército con el que se enfrentó al invasor. Pero la dolorosa traición del partido de los witizianos en plena batalla abocó su causa al fracaso, y en aguas del Guadalete murió el último monarca visigodo, y con él su reino. La aplastante derrota provocó una estampida desenfrenada de nobles —y buena parte del pueblo— hacia el Norte, para huir del imparable avance musulmán que se apoderaba de la Península con una inusitada rapidez que parecía no tener límites. El difícil acceso a los sistemas montañosos del norte de Hispania les sirvió de abrigo a esos atemorizados exiliados. Parte de ellos se reagruparon en torno a Oviedo y pronto crearon el reino de Asturias. Tras vencer a los musulmanes en Covadonga, otros muchos acabaron por buscar refugio en el Pirineo navarro, la tierra de los vascos, el mismo territorio donde hasta no hacía mucho, en lugar de suplicar refugio acudían a presentar batalla.

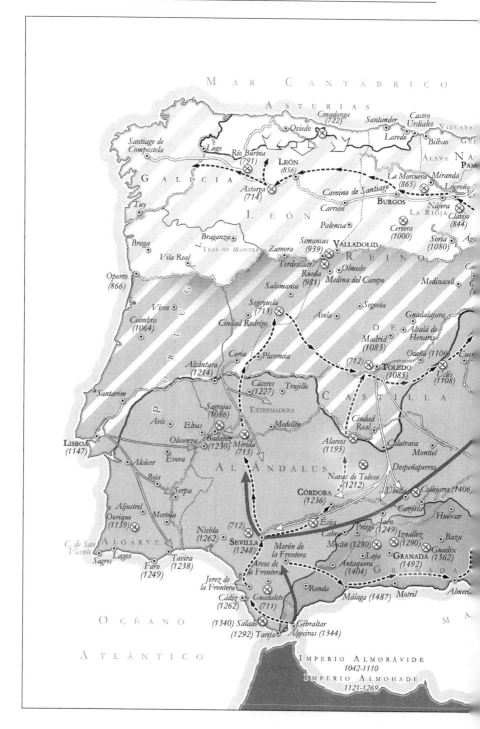

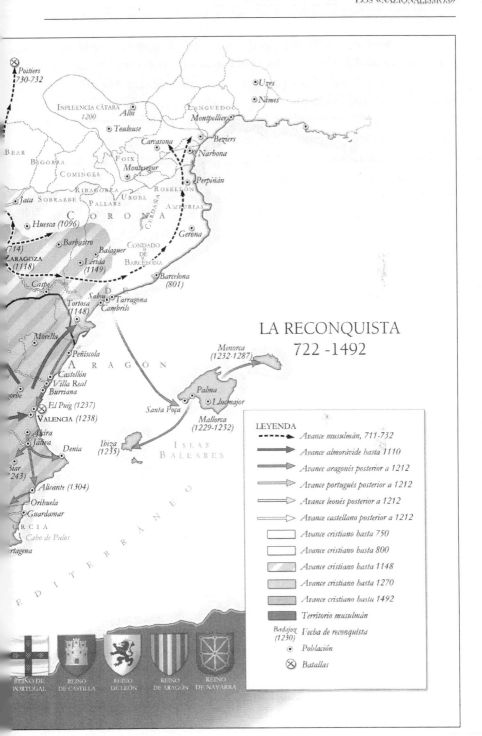

LA RECONQUISTA
722 -1492

Los vascos, los hispanorromanos y los visigodos, ante la amenaza del invasor mahometano, unieron sus fuerzas en una empresa más o menos común; un proyecto que garantizará los derechos dentro del nuevo reino que se iba a crear. Lo que no consiguieron las armas, lo consiguió décadas después la convivencia. En esos años se completó la conversión al catolicismo de los vascos, y de los nuevos matrimonios mixtos surgieron apellidos, que hasta puede que a alguien le suenen: García, López, Ramírez, Martínez, Sánchez... En el año 799 el nuevo pueblo vasco-visigodo derrocó al gobernador musulmán de Pamplona, y creó el reino cristiano del mismo nombre, más tarde rebautizado como de Navarra, con Íñigo Íñiguez como primer soberano.

A lo largo de la Edad Media el reino de Navarra creció y se extendió más allá de lo que habían sido sus fronteras naturales, y ocupó buena parte de la península cristiana. En tiempos de Sancho el Mayor —a mediados del siglo XI— la importancia y extensión del reino de Navarra fue tal, que su monarca mereció recuperar el perdido título de «rey de España». Gracias a él, Pamplona recuperó su sede episcopal, y se restauró la iglesia visigótica que había servido de templo catedralicio.

Será también este monarca quien incorpore al reino de Navarra el condado de Castilla, que lindaba por el norte con el mar Cantábrico, al este con Navarra, al oeste con León, y al sur con al-Ándalus. Un condado joven, nacido entre las oleadas de emigrantes que desde Vasconia —Navarra— habían poblado primero, y ante la presión visigoda, Vizcaya y Guipúzcoa, y más tarde, desde el año 800, las vacías tierras ribereñas del Ebro y del Duero, —las actuales Álava, La Rioja, y Burgos—. Castilla, que así se llamó por su gran número de castillos, les servirá de frontera a los reinos cristianos de León y Navarra ante los envites de los soldados de Alá, que desde al-Ándalus no dejaban de fustigarlos. Los colonos que de estas lindes disfrutarán de las Cartas Pueblas y de abundantes delegaciones regias, que les conferirán unos derechos y libertades únicos en la Europa del medievo.

Castilla adquirirá personalidad política de la mano del reino de León —heredero del de Asturias—, y desde el año 960 gozará de una gran autonomía, lograda por el conde Fernán González.

Sancho el Mayor incorporó el condado de Castilla a su reino cuando su mujer, doña Mayor, heredó de su hermano asesinado el título de condesa de Castilla. A su muerte, el monarca legará en su testamento el reino de Navarra a García, su primogénito. Aragón corresponderá a Ramiro, su hijo bastardo; y Castilla, a su hijo Fernando, quien la heredó por vez primera con un nuevo título: rey de Castilla. De este modo, Castilla, que hasta entonces no existía como reino, entró a formar parte de la historia.

Fernando I heredó una Castilla amputada y apenas limitada a Burgos y Vizcaya, pues su padre, antes de dividir la herencia, había desgajado parte de sus territorios naturales para incorporarlos al reino de Navarra. Eran las ricas tierras de Álava, Guipúzcoa y La Rioja, por lo que a la postre acabó por estallar un conflicto por la reivindicación de esos territorios. El año 1054 el campo de Atapuerca fue testigo de la batalla entre navarros y castellanos. Se decidió a favor de las armas castellanas, con lo que a Vizcaya se le unieron de nuevo Guipúzcoa y Álava. A partir de entonces, el desarrollo del reino será tan vertiginoso que eclipsará tanto la estrella del de Navarra, que le había engendrado, como la del viejo reino de León. En los siglos siguientes, Castilla, junto con Aragón, será la vanguardia de la reconquista de España.

Desde entonces la historia del pueblo vasco de Álava, Guipúzcoa y Vizcaya, es la de Castilla. Vascos, con don Diego López de Haro, señor de Vizcaya, dirigen al ejército castellano en la batalla de las Navas de Tolosa; vascos, con barcos vizcaínos, suben por el Guadalquivir, rompen el puente moro de Triana y conquistan Sevilla para su rey, san Femando III de Castilla; vascos son los primeros españoles en llegar a Canarias —el año 1393—; vascos deciden en 1474 la reunificación de España, al jurar fidelidad a la causa de los Reyes Católicos antes que cualquiera otros, cuando los procuradores de Vizcaya le aseguran a la reina Isabel «Antes morir que abandonar su obediencia», promesa que rubrican con sangre al impedir en Fuenterrabía la entrada del ejército francés; vascos luchan para tomar Granada a los moros y Nápoles a los franceses; vascos son los pastores que un día dejan el campo por la mar para exportar al norte de

Europa la lana de Castilla y vascos son los mejores pilotos de las naves con las que España descubre medio mundo. En resumen, podemos afirmar que Castilla, desde su cuna en el actual País Vasco, creció hasta convertirse en la España moderna, aunque esta verdad no satisfaga a todo el mundo.

Durante los dos siglos que reinaron los Austrias en España, la relación de las provincias vascas con el resto de la nación fue de absoluta normalidad, hasta el punto que en este largo periodo, las únicas ocasiones en las que los vascos cogieron las armas lo hicieron para defender España de las incursiones francesas por el norte. Y cuando el autoritario conde-duque de Olivares pretendió llevar a cabo su plan castellanista de uniformidad, y se inició la rebelión conocida como Unión de las Armas, fue en Cataluña, Andalucía y Portugal donde se produjo, mientras que ni en Navarra, ni en las provincias vascas, se observó el menor problema.

La extinción de la dinastía de los Austrias dio paso a la Guerra de Sucesión entre los partidarios del archiduque Carlos de Habsburgo y los de Felipe de Anjou, de la casa de los Borbones. Aragón y Valencia apoyaron la causa del archiduque, patrocinada por Austria, Inglaterra, Holanda y Portugal, con la intención de imponer un monarca afín a sus intereses y, de esta forma, tener controlada a España. Solo Castilla y Francia permanecieron al lado del sucesor legítimo, Felipe V. Durante el conflicto, en el que se luchó por mantener la independencia política de nuestro país, tanto Navarra como las provincias vascas enviaron sus hombres a la batalla para luchar al lado de los castellanos.

En 1812 se proclamó la primera Constitución española en las Cortes de Cádiz. Conforme a su espíritu liberal, buscó la uniformidad legislativa, por lo que suprimió los distintos fueros territoriales, entre ellos los vascos y navarros. Si tenemos en cuenta que esta Constitución no se aplicó hasta mucho más tarde, e igualmente, que en esos tiempos los vascos estaban más preocupados por librarse de Napoleón que por lo que pudiesen decir con respecto a sus fueros unos señores en Cádiz, no es de extrañar que dicha supresión ni siquiera fuese replicada. En todo caso, con el retorno de Fernando VII, los distintos fueros se rehabilitaron en 1814.

Tras la muerte de Femando VII, España fue sacudida por una profunda crisis política que llevaba algunas décadas en gestación. El abúlico reinado de Carlos IV —en manos de un arribista como Godoy—, la deshonrosa claudicación ante la Francia revolucionaria de Napoleón, la pérdida de la América continental —las tres cuartas partes del territorio que por entonces tenía España—, y el autoritarismo obcecado de Fernando VII, habían hecho mella en todos los niveles sociales y creado una ruptura histórica que en la actualidad todavía superamos. Desde entonces se habla de las dos Españas: la liberal, que reniega del pasado y busca soluciones para un mejor desarrollo social y económico en las fórmulas que triunfan en otros países; y, de otra parte, la tradicional, que antepone la riqueza espiritual a los logros materiales y que busca en la alameda del pasado su propia identidad.

En este contexto, el carlismo no debe entenderse exclusivamente como un problema dinástico entre los partidarios de Isabel II —hija de Fernando VII— y el infante don Carlos —hermano del rey—. Tampoco encuentra una de sus razones últimas en la conservación de los fueros. El carlismo, ciertamente, apuesta por don Carlos y apela a los fueros, pero es, en última instancia, un movimiento tradicionalista, que más que oponerse a Isabel II como sucesora, lo que trata de evitar es el gobierno liberal que la patrocina. Así entendido, si los carlistas defienden los fueros, no es por mantener unos privilegios, ni por conservar un elemento de su cultura regional, sino, simplemente, porque son una institución con un carácter profundamente tradicional.

El carlismo no surgió, por tanto, como un fenómeno exclusivamente vasco, sino que se dio en toda España como la eclosión de un descontento esencialmente popular y arraigado entre el bajo clero y la gran masa campesina, recelosas de las teorías liberales y de la corrupción política. Y, si arraigó mejor y más tiempo en Vascongadas y Navarra que en el resto de España, se debió, sencillamente, a que era en esas tierras donde mejor se conservaba la cultura tradicional y católica, la esencia de lo que podría llamarse «pensamiento castellano». Las primeras palabras que el general Zumalacárregui dirigió a sus tropas el 12 de julio de 1834, después de ser nombrado comandante en jefe por el infante don Carlos, despejan toda duda: «Españoles, mostraos dóciles a la voz de la razón y la justicia. Economicemos la sangre española».

La Primera Guerra Carlista concluyó en 1839. Treinta años después, reapareció el carlismo con el pretendiente don Carlos VII, que en las elecciones a Cortes de 1869 obtuvo una inesperada representación. Fue de nuevo una oferta de valores tradicionales y católicos con los que se quiso frenar el planteamiento liberal, al tiempo que precaverse ante la amenaza revolucionaria de masas proletarias.

El fracaso de Amadeo I, el asesinato de Prim y la precaria implantación de la Primera República, desencadenaron de nuevo, en 1873, el estallido de la Guerra Carlista, rodeada de toda una aureola de verdadera cruzada nacional. Pero el inesperado proceso de Restauración monárquico con Alfonso XII, que supo llevar a cabo Cánovas del Castillo, hizo que esta segunda eclosión perdiera buena parte de sus argumentos y de sus apoyos, lo que provocó su segunda derrota en 1876. Esta vez, dejará un amarguísimo sinsabor en la conciencia del pueblo vasco, pues al doble sentimiento de derrota se sumó la desafortunada decisión del gobierno de Cánovas de castigar a los vencidos con la supresión de sus fueros. Una amargura que se intentará superar y olvidar a través de un afanoso y elogiable programa de desarrollo y modernización económico e industrial, solo comparable con el de Alemania o Japón tras la Segunda Guerra Mundial.

Este es el ambiente en el que nace y se educa Sabino Arana Goiri, hijo de un reputado carlista que ha de abandonar su pueblo y autoexiliarse a Francia para evitar ser juzgado por tráfico de armas. Sabino tiene un hermano, Luis, quien le influirá decisivamente en la formación de sus peculiares ideas políticas. A partir de su traslado a Barcelona para estudiar Medicina —y sus contactos con el incipiente movimiento cultural nacionalista catalán de la *Reinaxença*—, se sentirá iluminado por su hermano, quien le hará descubrir que Vizcaya es una nación. Al final no acabará Medicina, ni Ciencias Naturales, ni Filosofía y Letras, ni ningún otro estudio, pero su radicalismo autodidacta, así como otra serie de problemas personales —vivía obsesionado con el escaso tamaño de su pene— se plasmarán a través de artículos publicados en su nuevo periódico, *La Abeja*, que más tarde, en 1893, recopilará bajo el título *Bizkaia por su independencia*. Si en el título aparece únicamente Vizcaya, es porque en un principio Sabino solo considera auténticamente vasca a la provincia que lo vio nacer, y por tanto la única merecedora de la independencia. De hecho, recela de los guipuzcoanos, y a los alaveses los llama «burgaleses». Por ello, lo que Sabino entiende por nacionalismo, lo traduce como «bizkaitarrismo».

En el mismo año de la publicación del libro, Sabino y Luis comienzan su acción política, o al menos lo que ellos entienden como tal. En concreto, asaltan el Círculo de Recreo de Guernica y queman la bandera española que ondea en su balcón. Automáticamente después, inflamados por la emoción, diseñan la bandera vasca o Ikurriña —que copian de la inglesa— que será el emblema de la asociación que han fundado, el Partido Nacionalista Vasco —PNV—. Con él Sabino logrará un acta de diputado provincial en 1898, el año del «Desastre». Un acta fruto sin duda del voto de la amargura y el resentimiento.

Dominado por una quebradiza salud que lo marcó durante toda su vida, en 1902 Sabino se encuentra ya gravemente enfermo. Consciente de que su fin está próximo, empieza a hacer público el giro que han experimentado últimamente sus ideas políticas. Su pensamiento se ha movido desde un independentismo radical hacia un sereno amor a España. Cuando fallece un año más tarde, no ha tenido tiempo suficiente para imprimir el cambio de rumbo de un PNV que por entonces apenas supera el millar de afiliados.

Como apunta el bilbaíno Jon Juaristi, catedrático de Filología Hispánica, en su libro *El bucle melancólico*, Sabino Arana era un hombre que, teniendo a gala no leer ni entrar en «disquisiciones intelectuales», creó el actual nacionalismo vasco a partir de la tradición fuerista y carlista, al más puro estilo reaccionario y ultraconservador. Arana les añadió el componente negativo antiespañol como referente ideológico.

En el fondo de sus ideas se oculta la nostalgia por las costumbres y las tradiciones que se pierden en medio de la modernidad burguesa, auspiciada por la pagana y liberal España. El pensamiento político que en un principio transmite a su partido, no es fruto de una tradición cultural, ni de un análisis intelectual, ni siquiera de cierta necesidad política del momento, simplemente nace de la mezcolanza entre elementos naturalmente disociados unos de otros y sin ningún nexo. Sabino Arana, por su educación, parte de un misticismo católico y tradicionalista, propio del carlismo, al que cuando estudia en Barcelona añade un trasnochado romanticismo nacionalista. Por último, quizá para dotar a su ideología de una pizca de originalidad, incorpora también el elemento racista, muy de moda en las aulas de Medicina de la época, a causa del prestigio de Darwin y otros autores cuya obra ha servido de excusa para el determinismo biológico. Con este cóctel se elaboran los primeros trece puntos ideológicos del PNV, que habrían provocado el sonrojo del mismísimo Hitler, si los hubiera leído. Un repaso a los textos en los que Sabino Arana condensó la esencia del actual nacionalismo vasco puede servir para refrescar la memoria de algunos:

> Bizcaya será católica, apostólica y romana en todas las manifestaciones de su vida interna y en sus relaciones con los demás pueblos... Bizcaya se establecerá sobre una completa e incondicional subordinación de lo político a lo religioso, del Estado a la Iglesia.

> Bizcaya se constituirá, si no exclusivamente, principalmente con familias de raza euskeriana.

> La ciudadanía bizkaiana pertenecerá por derecho natural y tradicional a las familias originarias de Bizkaya, y en general a las de raza euskeriana, por efecto de la confederación; y, por cesión del poder constituido por aquellas y estas, y con las restricciones jurídicas y territoriales que señalara, a las familias mestizas o euskeriano-extranjeras.

> Vuestra raza, singular por sus bellas cualidades, pero más singular aun por no tener ningún punto de contacto o fraternidad ni con la raza española, ni con la francesa, que son sus vecinas, ni con raza alguna del mundo, era la que constituía vuestra patria, Bizkaya; y vosotros, sin pizca de dignidad y sin respeto a vuestros

padres, habéis mezclado vuestra sangre con la española o *maketa*, os habéis hermanado y confundido con la raza más vil y despreciable de Europa, y estáis procurando que esta raza envilecida sustituya a la vuestra en el territorio de vuestra patria.

Sabino Arana falleció a principios del siglo XX. Desde entonces, el nacionalismo vasco ha pasado de la marginalidad y la indiferencia, al poder, y a condicionar casi todas las esferas vitales del País Vasco.

En una primera etapa, tras la muerte de Arana y a lo largo el reinado de Alfonso XIII, el PNV ganó adeptos entre los descontentos de la decadencia moral y política que imperaba en España durante ese primer tercio de siglo. Sin embargo, en esos años se produjo un notable despegue económico de las tierras vascongadas, al contrario que en otras zonas de España. Con la llegada de la Segunda República, el PNV, que aún se declaraba tradicionalista y católico, acudió a las urnas en coalición con los carlistas en las elecciones de 1931. En la siguiente convocatoria electoral —1933—, los nacionalistas decidieron dar un giro radical y se aliaron con las izquierdas, coalición que no repitieron en los comicios de 1936 en los que fueron prácticamente desbancados por el Frente Popular. La extrema y creciente tensión política en España desencadenó en julio de 1936 la Guerra Civil, que, si seguimos los postulados ideológicos antes descritos, pudo entenderse como un nuevo episodio de las guerras carlistas del siglo XIX.

La guerra será, sin duda, el punto de partida del nacionalismo moderno, pues el PNV, que hasta ese momento combinaba ideológicamente el nacionalismo con la tradición católica, se verá obligado a escoger bando. De una parte están los nacionales, fuertemente opuestos a los nacionalismos regionalistas, pero coincidentes en la tradición católica. De otra, el Frente Popular de la República, que, si bien lleva a cabo una cruel persecución religiosa, le ofrece al PNV el esperado Estatuto de Autonomía, como recompensa a su adhesión. Si tenemos también en cuenta que los escasos medios con los que contaban los nacionales —al menos en los primeros días— hacían presagiar su pronta derrota, los nacionalistas vascos decidieron aceptar la oferta del Frente Popular. De esta forma, y en pleno conflicto, el 7 de octubre de 1936, José Antonio Aguirre fue nombrado primer *lehendakari* del nuevo Gobierno Autónomo Vasco. Un gobierno que apenas pudo actuar de manera efectiva durante nueve meses. No obstante, serían tremendamente fructíferos para el PNV, porque con el poder que por decreto le entregó la República, consiguió implantar en Euskadi una desorbitada psicosis de miedo y odio hacia el bando nacional.

Gracias a ese puntal de sentimientos, el partido justificó sus posturas y mantuvo su posición. Cuando en junio de 1937 los nacionales entraron en Bilbao, casi 150 000 vascos abandonaron su tierra natal, aterrorizados por el avance de «los fascistas». Muchos regresaron a los pocos meses o años, pero el efecto de la propaganda bélica ya había servido para identificar la idea de «centralismo españolista» con «fascismo», lo que será de gran ayuda para sostener los argumentos más esquemáticos del nacionalismo.

Cabe preguntarse por qué este sentimiento puede mantener su completa intensidad en el siglo XXI, y por qué aún provoca rechazos entre vascos nacionalistas y vascos no nacionalistas, o entre vascos y el resto de españoles.

6.4 Historia de *Catalunya*

En 1931, durante un discurso en las Cortes, dijo Francisco Cambó:

> Lo que nosotros queremos en definitiva es que todo español se acostumbre a dejar de considerar lo catalán como hostil; que lo considere como auténticamente español; que ya de una vez para siempre se sepa y se acepte que la manera que tenemos nosotros de ser españoles es conservándonos catalanes; que no nos desespañolizamos ni un ápice manteniéndonos muy catalanes; que la garantía de ser nosotros muy españoles consiste en ser muy catalanes. Y por lo tanto debe acostumbrarse la gente a considerar ese fenómeno del catalanismo no como un fenómeno antiespañol, sino como un fenómeno españolismo.

Hemos visto que en el año 711 de la era cristiana los seguidores de Mahoma invadieron Hispania y acabaron con la dinastía visigoda. En su imparable avance no solo atravesaron la Península Ibérica, sino que penetraron hasta el corazón mismo del reino de los francos, pero allí los derrotó Carlos Martel, y desde entonces el mundo conocido quedó dividido mediante los Pirineos entre cristianos y musulmanes. Esta extraordinaria frontera natural les confería cierta seguridad a los francos, pero no la total confianza de no ser invadidos de nuevo, por lo que en el año 777 Carlomagno, su rey, decidió atravesar los Pirineos con el propósito de tomar Zaragoza y, de este modo, situar una primera línea defensiva al sur de la cordillera. La expedición resultó un estrepitoso fracaso que obligó a las huestes carolingias a darse la vuelta ante las mismas murallas de la ciudad del Ebro, no sin antes vengar la humillación infligida con el saqueo de Pamplona. Este grave error les hará acreedores de la venganza de los navarros, quienes les cortarán el paso en su camino de vuelta a través de Roncesvalles, diezmarán su ejército, y acabarán con la vida de su lugarteniente Rolando, sobrino del emperador.

Años más tarde Carlomagno volvió a insistir en la necesidad de trasladar su frontera militar al otro lado de los Pirineos. En el 785 sus mesnadas consiguieron tomar Gerona, y en el 801, también Barcelona. Estas nuevas conquistas territoriales en suelo hispano entraron a formar parte del imperio en forma de condado. Se bautizó como Marca Hispánica o demarcación de la Septimania, si bien popularmente los francos ya conocían esas tierras desde tiempo atrás como Godolaña, término que quiere decir «tierra de godos y alanos», y que acabó por derivar en la actual Cataluña. De las misma forma que a los habitantes de esas tierras los llamarán *spagnuls*, precisamente por la continua obsesión que tenían de restaurar el reino hispano.

Al frente del nuevo territorio, que se extendía desde el río Llobregat hasta los Pirineos, encontramos como primer conde a Ludovico Pío. El condado catalán, a diferencia del resto de la Península Ibérica, entró en el Románico de la mano de la cultura francesa, lo que explica que en estas tierras el latín tenga una evolución inicial de lo que será la lengua francesa, y de origen a un idioma propio, el *catalá*.

A la muerte del emperador Carlomagno, su imperio se desmembró en pequeños estados feudales semiindependientes. Es el caso de los condados catalanes, donde Wifredo el Velloso —conde de Urgel, y descendiente de un noble linaje hispanogodo— consiguió hacerse con el gobierno como premio a su fidelidad al monarca francés Carlos el Calvo, contra quien poco antes se había revelado el anterior conde de Barcelona, Bernardo de Gothia. Es decir, Wifredo, a quien la mitología catalana gusta de buscar en su persona un pronto y adelantado espíritu de independencia, resulta ser un fiel súbdito de la Corona francesa opuesto a cualquier conato de secesión. Por ese motivo, el año 877 —mediante la capitular de Quierz— el monarca francés, premió su fidelidad y servicios al hacer hereditario el título de conde de Barcelona —que ya aglutinaba a todos los condados catalanes—, sin que existiera necesidad de elegir o nombrar sucesor por parte de la casa Carolingia. Además, le otorgó derecho a reconquistar tierras en nombre propio, tal como ocurrirá con la toma de Montserrat.

En el año 987 se extinguió la dinastía carolingia y dejó paso a una nueva, la de los Capeto. Será la ocasión escogida para declararse Estado independiente. Así, mientras el resto de Hispania se encuentra enfrascada en la lucha contra el infiel invasor, Borrel II, nieto de Wifredo el Velloso, es el primer conde de Barcelona que se niega a jurar vasallaje al monarca francés.

Llegados a este punto, conviene recordarles a los independentistas que tampoco aquí podemos buscar a un prócer del independentismo catalán, pues si bien Borrel II no jura fidelidad a Francia, sí firma con el poderoso califato de Córdoba unos tratados de paz que le permitirán dedicarse a repoblar Cataluña, mejorar sus infraestructuras y regadíos y levantar infinidad de monumentales monasterios. Pero el momento álgido de su reinado llegará cuando a este primer conde independiente le siga toda una saga de sucesores que perfilarán y consolidarán las particularidades de la futura personalidad catalana; son Ramón Borrell III, Berenguer

Ramón I, y Ramón Berenguer I el Viejo, quien en 1058 redacta el código de los Usatges, auténtico texto legislativo catalán.

En 1135, el conde de Barcelona, Ramón Berenguer IV, se adhiere a la solemne coronación de Alfonso VII de Castilla como *Imperator totius Hispaniae*, y un par de años más tarde, en 1137, se casa con la princesa Petronila, hija de Ramiro II de Aragón, lo que incorpora el condado de Barcelona al reino de Aragón, del cual no es rey-consorte, sino soberano de pleno derecho. Este nuevo monarca amplía las fronteras catalanas y añade por conquista Tortosa, Lérida, Fraga, Mequinenza y el Bajo Aragón hasta el río Algás. También será quien firme con Castilla el Tratado de Tudillén, mediante el que se adjudica el derecho a la futura reconquista de los reinos taifas de Valencia y Denia. Fundará más de trescientas iglesias, dará entrada a la notable orden del Císter y su habilidad diplomática sentará las bases del futuro fortalecimiento internacional del nuevo reino de Aragón.

Es en este Medioevo cuando crece la conciencia del proyecto español, que cada vez se ve más posible y próximo. Así aparece, por ejemplo, en la *Ystories d'Espanya, les conquestes d'Espanya* que dedica capítulos a los primeros pobladores de «Spanya y los reyes de Espanna», en la obra anónima *Gesta Comitum Barcinonensium*. Sin embargo, en estos mismos siglos no encontramos el más mínimo texto en el que aparezca la palabra «Cataluña o catalán», sino «condado de Barcelona», como entidad unitaria de los diversos condados catalanes, integrados en la Corona de Aragón.

En 1213 heredó el reino de Aragón un niño de apenas cinco años nacido en Montpellier: Jaime I. Será también conocido como el Conquistador, sobrenombre merecido tras concluir el proceso de reconquista acordado en Tudillén con la toma de los reinos taifas de Baleares y Valencia. A estos méritos en el campo de batalla le sucederán otros logros igualmente apreciables, pero menos conocidos, como fueron la estabilización y configuración jurídica de sus posesiones mediante la elaboración de unas leyes propias que confirieron al reino una completa estructura jurídica de Estado en forma de confederación de reinos, de entre los que en sus crónicas define a Cataluña como «el mejor reino de España, el más honrado y más noble». Jaime I finalizara el proceso de reconquista, con lo que a partir de entonces la burguesía de sus territorios gozará de una gran estabilidad política y libertad de maniobra, que le permitirá a Aragón en las siguientes décadas volcar las energías que antes consumía con la guerra, en un nuevo proceso de expansión a través de su medio natural: el Mediterráneo. Así, sus sucesores Pedro III el Grande, Alfonso III y Jaime II llevarán las fronteras del reino a Sicilia, Córcega, Cerdeña y Nápoles.

Es entonces cuando, a través de Cataluña, el reino de Aragón conoce su época de máximo esplendor. Los límites del pequeño condado se han abierto hasta convertir a Barcelona en la metrópoli de un vasto imperio financiero y político que opera en todo el mediterráneo europeo, y que a vuelto a abrir al comercio viejas rutas marítimas que desde la caída de Roma se encontraban cerradas para los cristianos latinos. Los soldados aragoneses, conocidos también como almogávares, con su almirante Roger de Lauria a la cabeza, llegarán hasta la mismísima Constantinopla, y el Mediterráneo se regirá legalmente por el *Llibre de Consolat de Mar*, compilación catalana de ese tiempo, que, redactada en un principio para regular sus relaciones comerciales, será el origen del actual derecho marítimo. Esta es también la época del esplendor y dinamismo de la cultura catalana, en la que escribe y enseña el mallorquín Ramón Llull (1235-1315), personaje de vida auténticamente novelesca que llegó a completar más de 300 obras en latín y *catalá*. Libros de carácter filosófico, moral y místico, en los que se concilian con perfecta armonía la eterna y aparente dicotomía entre fe y razón. Su legado es uno de los grandes episodios culturales del Medievo y aún del Renacimiento.

Entre los siglos XIII y XIV la diferencia entre los dos grandes reinos hispánicos, a la sazón Aragón y Castilla, es de tal dimensión, que, si en ese tiempo se hubiese producido el fenómeno político de la reunificación peninsular, en lugar de dos siglos más tarde, es más que probable que el peso de la cultura y política catalana fuese superior en la España de nuestros días al de la castellana.

El siglo XV, sin embargo, comenzó con una grave crisis catalana que acabó por extenderse al resto del reino de Aragón. Su origen se encuentra en los sucesivos episodios de peste negra que se repitieron a lo largo del siglo anterior, y que acabaron por reducir la población en un porcentaje desproporcionado. Esta aguda crisis demográfica agravó aún más la dura presión que ya existía sobre los *payeses de remensa* ya agobiados con las leyes de los *Mals Usos*, aprobadas por Pedro IV en las Cortes de Zaragoza de 1380. Según estas leyes, un señor tenía derecho a maltratar a sus colonos, encarcelarlos, hacerse servir gratuitamente por sus hijos y mujeres, e incluso dejarlos morir de hambre, sed o frío. Entre 1381 y 1383 se registraron espectaculares quiebras de los principales bancos privados de Barcelona, que dejaron el camino libre a los nuevos financieros italianos, con lo que, a la postre, Génova acabó por sustituir a Barcelona en el liderazgo financiero del Mediterráneo occidental. A la pérdida del dominio financiero, siguió también la pérdida del control mercantil, y, pronto, el comercio de las especias, los tejidos, y el grano pasó igualmente a manos genovesas.

En ese contexto, quedó agotada la dinastía aragonesa al morir en 1410 sin descendencia Martín I el Humano. Se abrió así una crisis sucesoria que acabó de resolverse en 1412 —por mediación de san Vicente Ferrer en el Compromiso de Caspe—, con la elección de Fernando de Antequera, hermano del rey de Castilla Enrique III, como primer Trastámara de la Corona de Aragón.

La Reconquista se culminaba, con lo que empezó a intuirse la futura reunificación hispánica. Evidentemente la nueva dinastía, común a ambos reinos, era buena prueba de ello, pero no tanto como el sentir popular, que llevó a Ramón Muntaner (1265-1336), el cronista más importante de la Corona de Aragón, a hacer de profeta con dos siglos de antelación, al dejar escrito: «los reinos de España si son una carne y una sangre, y llegasen al entendimiento (…) tomarían todo el otro poder del mundo».

Igualmente, el obispo catalán Joan Magarit (1421-1484), gerundense, escribió una historia de España de nada menos que diez tomos, «por puro amor a mi patria», en la que aseguró que «su antigüedad es mayor que la de ninguna otra nación europea».

Años más tarde de su primera edición, tras contraer nupcias los Reyes Católicos, les dedicó un párrafo ejemplar:

> Al subir al trono de sus padres y progenitores ha vuelto con su lazo matrimonial en las Españas Citerior y Ulterior aquella unidad que desde tiempo de los romanos y los visigodos había perdido [...] Mi deseo surge del puro amor a mi patria a la que quisiera dar un esplendor merecido, y me complace que este ensayo llegue al tiempo que la España de Hércules y de Aníbal, de Trajano y de Teodosio, parece resucitar y emerge a una nueva e inmensa luz.

Pero la crisis que empezó a desmoronar los grandes logros catalano-aragoneses, tuvo una segunda y más grave vertiente, la crisis política. A principios del siglo XIV, los monarcas de Aragón decidieron trasladar la corte a Nápoles, desde donde, por desidia o ingenuidad, pretendían gobernar sus reinos. Esta situación se volvió cada vez más insostenible, y creó un clima de conflicto entre la monarquía y unas instituciones que debían satisfacer las insaciables necesidades monetarias de la fastuosa corte napolitana. Por su parte, la corte hacía oídos sordos a los nobles súbditos que la mantenían con su trabajo, y que se sentían gobernados desde el extranjero. La oligarquía catalana, concentrada en torno a la Generalitat, no se resignó a continuar con esta oprobiosa situación, lo que originó una guerra civil que duró una década, de 1462 a 1472. La victoria se inclinó del lado del rey Juan II, quien falleció poco después y dejó a su heredero, Fernando, un país armiñado y desgarrado, con la Cerdaña y el Rosellón amputados por Francia. Se sumó a esta situación la pesada hipoteca política que suponían las grandes concesiones hechas a la aristocracia rural y la burguesía metropolitana, con tal de sumar aliados a la desesperada con los que ganar la guerra, y, por lo tanto, se renunció a solucionar los problemas sociales que acuciaban a la población desde siglos atrás. Estos tristes sucesos dejarán en la memoria colectiva del pueblo catalán un desagradable recuerdo de incomprensión e injusticia que les llevará a encerrarse en sí mismos y sus peculiaridades, distanciándose del reino de Aragón y, después, también del de Castilla.

Cuando su joven y futuro rey Fernando contrajo nupcias con la princesa y después reina de Castilla, Isabel I, lo único que les quedaba ya a los catalanes del antiguo esplendor eran sus fueros y leyes, a los que se aferraron con denuedo. Para estas fechas Cataluña apenas era ya la sombra de su pasado. Por otro lado, Castilla, si bien se encontraba sumida en una cruenta guerra civil, se perfilaba como uno de los principales reinos de finales de la Edad Media, dispuesto a tomar el relevo en la carrera de la historia. Si esta unión de personas y de reinos se hubiese producido, como hemos dicho anteriormente, dos siglos antes, el liderazgo habría favorecido más el lado catalano-aragonés, pero en estas circunstancias la reunificación fue totalmente desigual y hasta contrapuesta. Castilla no pudo influir en la modernización de las obsoletas leyes e instituciones catalanas, y Cataluña, exhausta, apenas pudo aportar recursos financieros y humanos. Por contra, esta profunda desigualdad entre una Castilla dinámica y un Aragón decadente —si bien enormemente rico en experiencia política y diplomática, heredada de sus viejos años de gloria— fue, en palabras de Elliott, «una unión entre dos asociados que se complementaban y a la que la Corona de Aragón aportó mucho más de lo que hubiera podido esperarse de su desgraciada situación a finales del siglo xv».

Femando gobernó tanto en Aragón como en Castilla, mientras que Isabel solo pudo hacerlo en Castilla como consecuencia de un sinfín de limitaciones con las que se hallaba el monarca en Aragón, fruto todavía de sus particulares estructuras feudales.

Así, mientras Castilla se encontraba en pleno proceso modernizador, que decidirá su predominio cultural en la España reunificada, y en la que se dictarán nuevas leyes e instituciones tan revolucionarias para la época que tardarán siglos en adoptarlas otros estados europeos, en Aragón estos avances tendrán que esperar ante la oposición de una poderosa nobleza, amparada en unos desfasados y arcaicos fueros. Por tanto, mientras en Castilla se decreta al otro lado de la mar océano la igualdad de derechos y libertades para con los indios americanos, en Cataluña tiene que ser el propio Fernando el Católico quien haga uso de su autoridad para derogar el retrógrado derecho feudal del *Ius Maletractandi*, o «derecho al maltrato» de los nobles con respecto a sus vasallos, así como permitirle a los *payeses de Remença* que puedan redimir su condición a cambio de dinero. Igual ocurre con la administración de justicia: mientras en Castilla la Santa Hermandad y los Corregidores pronto institucionalizan la justicia y la administran en nombre del Estado, en Aragón no será posible hasta mucho más tarde.

En todo caso, la inmensidad de los nuevos y prodigiosos descubrimientos en el Nuevo Mundo, se impuso a las viejas diferencias del terruño, y los catalanes pronto se unieron con entusiasmo a la nueva aventura española, junto a los marinos vascongados, los conquistadores extremeños y los colonos andaluces. A partir del segundo viaje de Colón, la presencia de catalanes fue generalizada; el padre Bernat Boil acompañó al mismísimo Colón junto a doce monjes del monasterio de Monserrat. A su llegada fue encomendado como vicario apostólico de América, que en esos primeros años se llamaba las Indias Occidentales. También iba en esa segunda expedición el padre Ramón Pané, autor del primer libro escrito en América, *Relación acerca de las antigüedades de los indios,* por lo que no es de extrañar que las tres primeras iglesias fundadas en América se dedicaran a devociones catalanas: Montserrat, santa Eulalia, y santa Tecla. Pero es que el tercer viaje de Colon, en 1498, no fue menos pródigo en presencia catalana, pues su lugarteniente fue Joan de Serrallonga, quien se cree descubrió Terranova.

Y cuando españoles y portugueses trazamos en Tordesillas una línea por la que nos repartimos un mundo que por aquel entonces nadie se atrevía a disputarnos, fue en el cosmógrafo catalán Jaume Ferrer de Blanes en quien recayó la responsabilidad de reservar medio planeta para su patria, España.

También en la conquista de México tenemos como mano derecha del mismísimo Cortés a Joan Grau de Toloriu, quien casaría con una de las hijas de Moctezuma, Xipaguazin.

En una lista que parece no tener fin, el ampurdanés Pere Margarit, quien ya estuvo en el sitio de Granada, fue jefe militar de la expedición de Santo Tomás y gobernador de su fortaleza; Miquel Ballester, alcalde de la fortaleza de la Concepción de la Vega Real, en la isla de Santo Domingo, y el primero en extraer azúcar de la caña; Gaspar de Portolá (1716-1786) fundó San Diego y gobernó California, como lo hiciese el también catalán Pere Fages;Manuel Amat (1704-1782), gobernó Chile y fue virrey del Perú; Esteve Miró fue gobernador en Tucumán; Ignasi Sala en Cartagena de Indias; Pere Carbonell en Venezuela; Joaquim d´Alós en el Paraguay; Antoni Oleguer fue virrey del Río de la Plata, así como también Gabriel Avilés, que además lo fue del Perú.

Y para salvaguardar la soberanía española sobre tan vasto imperio e inconmensurables territorios, se fundó a mediados del siglo XVIII la Compañía de Voluntarios Catalanes, quienes asentados en Nueva España llevaron el peso del descubrimiento de territorios, fundaciones de nuevas ciudades, y defensa de nuestras fronteras, desde México a nada menos que Alaska, a través de todo lo que hoy son los Estados Unidos. Fue, por tanto, la Compañía de Voluntarios Catalanes, la que exploró California, fundó San Diego o Monterrey, descubrió la bahía de San Francisco —donde se batió contra los indios pimas y seris, que por lo visto querían independizarse de España, y eso no estaban dispuestos a permitirlo los catalanes— y, finalmente, levantó el fuerte San Miguel, en la isla de Nootka, para convertirse en el primer contingente militar en la actual Columbia Británica.

Cuando Malaspina, en su fabulosa expedición científica alrededor del mundo, llegó a Alaska en busca de un paso por el norte al Pacífico, se encontró con un fuerte español que defendía nuestra soberanía sobre esas tierras, y en los dibujos que todavía se conserva de los soldados que allí encontraron, todos visten barretina, porque eran miembros de la Compañía de Voluntarios Catalanes.

Sin duda alguna, los catalanes estuvieron a la altura del resto de españoles en el descubrimiento y conquista de medio mundo, pero el conocimiento de esas heroicas gestas que llevaron a cabo, se le vetan hoy a la juventud catalana. A cambio, en las *escolas*, se les adoctrina en ese cínico ejercicio de victimismo histórico que tan buen rédito político da a los políticos nacionalistas, encumbrándoles con votos que hieden a envidia y odio.

Durante todo el siglo XVI y principios del XVII se consolidó la reunificación de ambos reinos. Fueron años de esperada convivencia en paz tras ocho siglos de forzosa separación. Los Austrias de entonces ya no gobernaban como reyes de Castilla y Aragón, sino con el mismo título que sus antepasados los reyes godos: *Hispaniarum Rex*. No obstante, durante este siglo y medio, ambos reinos mantendrán todavía sus peculiares instituciones políticas, moneda y leyes, lo que a la postre terminará por considerarse un estorbo para conseguir una administración única, más ágil y rentable. Máxime, en unos años de plena decadencia ante el empuje de Francia cada día más importante en el ajedrez europeo. En esas circunstancias, el conde-duque de Olivares, primer ministro de Felipe IV y personaje de carácter dominante y enérgico, decidirá emprender una reforma de las instituciones, tan necesaria, como mal llevada a cabo por la excesiva dosis de celo y autoritarismo con la que quiso ponerse en práctica.

Y mientras en Europa se desarrollaba la Guerra de los Treinta Años (1618-1648). Nunca hasta entonces habían entrado en combate tantas naciones, unas contra otras. Originada como una guerra de religión entre lo que hoy sería Austria y Alemania, casi toda Europa acabó por implicarse en un conflicto mediante el que los protestantes pretendían extender sus fronteras y poder político, mientras los católicos reclamaban una libertad religiosa que a Francia parecía no preocupar mucho. Pues, aunque católica, prefería «no mojarse» —como había sido hasta entonces su costumbre en cuestiones de religión—. Así las cosas, en 1635, el poderoso ejército sueco fue derrotado en el norte por los tercios españoles, que desde Milán atravesaron toda Europa en una frenética carrera contra el tiempo. Una fulgurante victoria que hacía prever una rápida resolución del conflicto a favor de las naciones católicas, algo que el católico cardenal Richelieu, de la católica Francia, no podía consentir. Porque si para entonces los franceses ya llevaban casi un siglo y medio acostumbrados a no vomitar tras sus pactos con los criminales turcos, ahora «La Hija Predilecta de la Iglesia» no iba a hacerle ascos a aliarse con los protestantes, si con ello debilitaba a España y, ya puestos, también recibía las treinta monedas de plata de la traición: Alsacia.

Hasta entonces, la guerra en Europa contra los protestantes se libraba con los efectivos profesionales de los tercios, pero una guerra abierta contra Francia, al otro lado de los Pirineos, requería el esfuerzo de toda la nación. Una nación, dicho sea de paso, extenuada después de tantas décadas de soportar un peso tan grande en todos los rincones del mundo. Por ello, el conde-duque de Olivares reforzó y centralizó el aparato fiscal, para recaudar más dinero con el que sufragar el enfrentamiento contra Francia, a la vez que impuso la Unión de Armas como sistema de alistamiento forzoso común a todos los territorios hispánicos, y no solo a Castilla, reino sobre al que hasta entonces recaía la mayor parte del peso de las levas de hombres y las derramas de impuestos.

La respuesta inmediata a esta nueva serie de medidas fue una rebelión generalizada en todos los territorios de la Monarquía Hispánica, tan drástica como inexplicable aún hoy día, pues sin duda excedió en sus consecuencias cualquier previsión. Hubo levantamientos, generalmente violentos, en Vizcaya, Castilla, Portugal, Navarra, Andalucía, Cataluña y Nápoles. La sublevación en Portugal acabó en su declaración de independencia, lo que rompió hasta nuestros días la unidad hispánica. Al fin y al cabo, era una unión exclusivamente dinástica, y Portugal le echaba la culpa a España de haber perdido en las últimas décadas su imperio colonial a manos de los holandeses por falta de protección, lo cual no dejaba de ser un tanto ridículo, por cuanto parte esencial del acuerdo con Portugal era la no intromisión de nuestros ejércitos en sus territorios. Más absurda todavía fue la situación en Andalucía, donde el duque de Medina-Sidonia estuvo a punto de autocoronarse nada menos que como «rey de Andalucía», lo que evitó el ejército tras atravesar en una fulgurante carrera el paso de Despeñaperros y acabar con semejante estupidez.

Por el contrario, las revueltas en Cataluña no eran algo nuevo, pues había una revolución social enquistada en el campo desde hacía siglos. Recordemos que, gracias a la Sentencia Arbitral de Guadalupe, Fernando el Católico había conseguido poner fin a una guerra civil que enfrentaba a la nobleza y el campesinado por la supresión del *ius maletractandi*, el derecho al maltrato, la institución feudal que todavía se encontraba vigente en Cataluña a finales del siglo XV, y que autorizó a que los *payeses de remença* pudieran verse libres de su adscripción a la tierra y a la falta de libertad de movimientos, tras pagar por esos derechos a su señor.

A pesar de todos esos avances, la situación del campesinado catalán era tan asfixiante que el descontento se extendió del campo a la ciudad, y fue moneda de cambio el bandolerismo, el odio de los pequeños agricultores contra los nobles, y las enemistades de los ciudadanos contra las oligarquías sociales. A ello se sumó que, según las propias leyes catalanas, ni la nobleza ni el clero estaban obligados a alojar a los soldados que se dirigían a luchar en Francia, por lo que esa nueva carga recayó una vez más sobre las clases más populares.

En este contexto llega la festividad del Corpus Cristi de 1640 —7 de junio—. Numerosos payeses y segadores —*segadors*— se desplazaron hasta Barcelona para celebrar tan señalado día, pero lo que empezó como un piadoso encuentro religioso, pronto adquirió tintes bien diferentes. Quizás al principio, entre rezos y bisbiseos, la gente se dedicó a comentar indignada los recientes acontecimientos políticos, pero pronto la cosa empezó a subir de tono, y lo que hasta entonces eran unos fieles peregrinos se convirtió en una turbamulta exaltada cuando Rafael Goday, un preso común recién fugado de la cárcel en la que estaba condenado a muerte por criminal, se mezcló entre el populacho junto con otro grupo de agitadores al grito de «¡Viva el rey de España, y muera el mal gobierno!». Mediante el descontento del pueblo, Goday quería vengarse de las autoridades antes de que pudieran darle caza y acabara definitivamente en el patíbulo. Así, ese luminoso día de verano que había amanecido como festividad del Corpus Cristi, llegó a la tarde bañado con la sangre del virrey, el conde de Santa Coloma.

Y lo que había comenzado como una revuelta de carácter local en Barcelona, pronto se extendió por toda Cataluña con tintes de auténtica guerra civil incontrolable contra los «ricos», los «aristócratas», y, en general, contra todos aquellos que detentasen algún tipo de autoridad. Y como dice el refrán, «A río revuelto, ganancia de pescadores», en mitad de la confusión, Pau Claris (1586-1641), canónigo de la Seo de Urgel y miembro eclesiástico de la Diputación General de Cataluña, supo aprovechar el momento para proclamar la República de *Catalunya*, y ya de camino ser su primer presidente.

La república duró muy poco, lo justito como para darse cuenta de que por ese camino no iban a ninguna parte, pero las autoridades catalanas, en vez de reconocer el error, negociaron con Richelieu el sometimiento de su territorio a la soberanía del rey francés Luis XIII. A partir de entonces, el campo de batalla entre Francia y España se trasladó a Cataluña, y los catalanes, que se habían sublevado para evitar el abuso que suponía el aumento de impuestos y la obligación de dar alojamiento y manutención a sus propios soldados españoles, resulta que tuvieron las mismas obligaciones de antes, pero encima con la devastación propia de una guerra en casa, y con unos nuevos gobernantes gabachos con los que se enteraban de verdad en qué consistía eso del despotismo.

Hartos de los abusos franceses, Cataluña retornó a su casa natal, España, a excepción de Barcelona, que resistió aislada y sitiada hasta 1652, cuando capituló ante don Juan José de Austria, quien dio un trato benigno a los vencidos y se comprometió a respetar los fueros.

Fueron doce años en los que los que quedó bien patente que los catalanes como verdaderamente se sentían a gusto era en casa, en pacífica convivencia con sus demás hermanos españoles, y no jugando a la República catalana o sometiéndose a los franceses. Fue una lección en la que Cataluña perdió para siempre el Rosellón y la Cerdeña —Francia siempre cobra un precio—. Territorios que tanto les había costado recuperar a los Reyes Católicos, se habían perdido irremediablemente, aunque peor que esa amputación territorial fue la profunda fractura social, que décadas después enlazó con la Guerra de Sucesión.

Pero como todo en esta vida, también pasó la Guerra de Sucesión, y las heridas terminaron por cicatrizar. Gracias a su plena integración en el resto de España a principios del siglo XVIII, Cataluña despertó del profundo letargo en el que estaba sumida desde la Edad Media, y se reveló como una economía pujante. Característica mantenida hasta que los nacionalistas la han arruinado de nuevo.

Las revueltas que empezaron con el Corpus de Sangre, acabaron como un estrepitoso fracaso que solo llevó muerte, dolor y miseria. Por ese motivo, durante más de doscientos cincuenta años, esos tristes sucesos quedaron olvidados por completo de la mentalidad colectiva catalana. Nadie se sentía orgulloso de que unos criminales convirtiesen una festividad en un cruento baño de sangre, y menos aún ningún catalán quería recordar como esos patéticos acontecimientos sirvieron a ciertos nobles del territorio para rebajarse al punto de someterse a la soberanía del rey de Francia, hasta, que completamente desengañados, tuvieron que volver de nuevo con el rabo entre las piernas a la obediencia de la Corona Española.

Pero llegó el nacionalismo catalán, y como era imperativo reinventarse la historia, para justificar su propia existencia, empezaron por desempolvar fantasmas del pasado ahora reconvertidos en héroes. Así, los criminales convictos armados con dagas que asesinaron al virrey y a otra veintena de personas, fueron eliminados de la narración oficial y sustituidos por los segadores —genuinos representantes del pueblo—, quienes armados con sus propias hoces se alzaron contra la tiranía española, tal como canta *Els segadors*, el himno nacional de *Catalunya*, escrito por Emili Guanyavents, pero en 1899, y no en ese fatídico 1640, como nos quieren hacer creer los «indepes».

Igualmente, las crónicas de la época no mencionan las hoces de los segadores, pero si las dagas asesinas. Evidentemente, es absurdo pensar que los pescadores acuden a las festividades religiosas con sus redes, los agricultores con su arado, o los carpinteros con una sierra…pero a los nacionalistas de la Unión Catalanista no les pareció ridículo en 1907 pagar a Antoni Estruch para que pintase un cuadro lleno de *segadors* con sus hoces en alto, en medio de una festividad religiosa, y convirtiéndolo así en el icónico cuadro fetiche del nacionalismo: *Corpus de sangre*.

El siglo XVIII se inició con las exequias por el último Austria de España, Carlos II, quien legó en su codicilio el reino más grande del mundo a su sobrino Felipe de Anjou, de la casa francesa de los Borbones, con la que comenzó en España una nueva dinastía y con ella la esperanza tan deseada de la paz con Francia. Así, el 28 de enero de 1701 entró en España quien fue aclamado por el pueblo como Felipe V. Todo parecía ir demasiado bien para el país, que empezaba un esperanzador nuevo siglo en paz y prosperidad gracias a un horizonte despejado de guerras. Pero se preparaba la galerna, y en 1702, con ocasión de la Dieta Imperial de Ratisbona, Inglaterra, Austria y Holanda se coaligaron en La Haya en una conspiración a la que poco más tarde, en 1704, se sumaron Saboya y Portugal. El pretexto que se esgrimió fue el de proponer al archiduque Carlos de Austria como legítimo heredero de la Corona española, por considerarlo más idóneo conforme a la norma dinástica, pero la verdad es que subyacía en el fondo el pavoroso miedo de dichos países ante el peligro que les suponía la paz entre las dos grandes potencias del momento: España y Francia.

Fue, ante todo, una guerra que enfrentó a austracistas contra borbónicos, a nivel internacional, pero también a nivel nacional. En Aragón predominaban los apoyos a la causa austracista, mientras que en Castilla a la borbónica, si bien en Aragón había abundantes sectores que apoyaban a los Borbones, al igual que en Castilla tampoco faltaban partidarios de los Austria. Más o menos los mismos líos y contradicciones inherentes a cualquier conflicto interno.

En todo caso, Cataluña había acogido en principio de buen grado a Felipe V, quien se desplazó entre 1701 y 1702 hasta la Ciudad Condal para jurar los fueros y *usatges* ante las Cortes Catalanas, que no se reunían desde 1599. Ya de camino, aprovechó la estancia para que fuese también Barcelona el sitio escogido donde contraer matrimonio con su primera mujer, María Luisa Gabriela.

Sin embargo, una vez que la coalición austracista pareció que iba a ganar la guerra, un sector de la burguesía catalana se dejó seducir por las promesas de los ingleses, quienes les ofrecieron todo tipo de ventajas comerciales cuando llegara el final victorioso de la contienda. Firmó un acuerdo secreto en Italia con el embajador de Inglaterra, lo que permitió a los aliados comenzar una brillante campaña militar que en 1705 les llevó a tomar Gibraltar, Valencia y Barcelona. Miles de barceloneses partidarios de la causa borbónica se vieron obligados a abandonar su tierra, mientras otra parte de la ciudad presagiaba una rápida victoria aliada. Sin embargo, en 1707, la derrota austracista en la batalla de Almansa, dio un inesperado vuelco a la situación, y las tropas borbónicas consiguieron retomar las plazas perdidas.

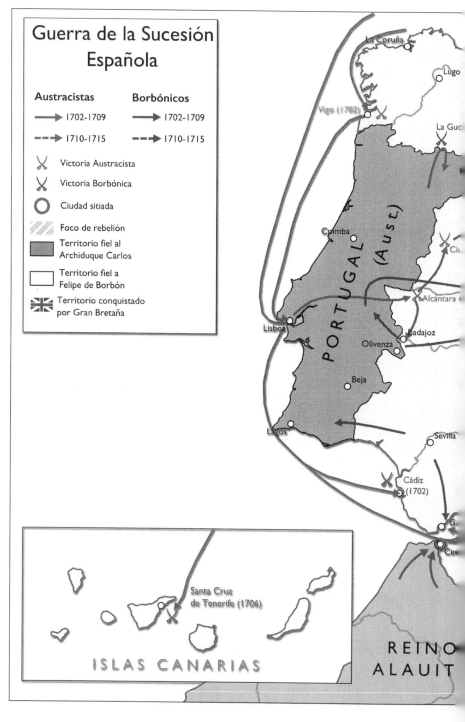

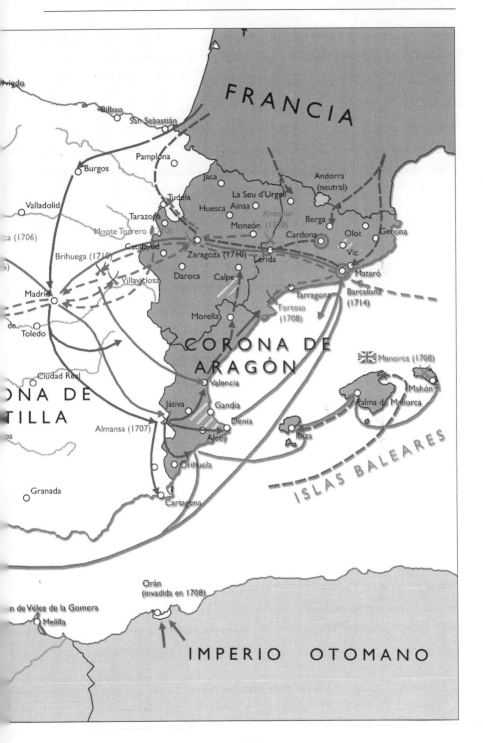

Finalmente, ambos contendientes firmaron el Tratado de Utrecht, que ponía fin al conflicto. Los aliados tuvieron que reconocer a Felipe V como legítimo sucesor y España se vio obligada a renunciar a Nápoles y a Gibraltar, esta última en favor de los ingleses. Por lo demás, se recuperó todo el territorio nacional perdido, salvo Barcelona, que se negó a capitular, y atrincherada una vez más entre el mar y sus fortalezas, resistió hasta 1714 el envite de las tropas leales al rey, en un desesperado intento de ser auxiliados por los turcos, con quienes habían pretendido llegar a una alianza, después de que los ingleses se olvidasen de ellos.

Nada más concluir la guerra el nuevo soberano emprendió un elogiable programa de modernización del país en todos los sectores, y para ello comenzó con la necesaria reforma de la propia estructura del Estado, mantenida desde tiempos de los Reyes Católicos. Felipe V, educado conforme al nuevo modelo centralista francés, pronto derogó los fueros y leyes particulares de Cataluña a fin de que España se rigiera por «unas mismas leyes, usos, costumbres y tribunales, gobernándose todos por las leyes de Castilla». No suprimió la *Generalitat*, que le quede bien claro a los «indepes», pues ya la había sido suprimida el *Consell de Cent*, con los austracistas. Igualmente, se liberalizó el comercio interno del país al suprimir, mediante real decreto, las aduanas internas o puertos secos, idea que ya intentaran llevar a cabo en 1480 los Reyes Católicos. Poco más tarde se unificaron las tasas de importación y se derogaron las prohibiciones de extranjería, por lo que, a partir de entonces, todos los ciudadanos tendrían los mismos derechos con independencia de su provincia de nacimiento, como ya se reconocía en Castilla desde siglos atrás.

Estas reformas legislativas, que fueron aprobadas mediante el Decreto de Nueva Planta, tuvieron razones más que suficientes como para considerarse necesarias, y de hecho estaban sobradamente justificadas. Pero ello no supone ninguna aprobación de la forma con la que se llevaron a cabo, pues el mencionado decreto se jacta de imponerlas sobre la base de «un justo derecho de conquista». Ciertamente Barcelona se había revelado contra su rey, a quien le había jurado fidelidad, y tuvieron que ser necesarias las armas y un largo asedio para que la ciudad desistiese de su actitud, pero ello —repetimos— no justifica la falta de tacto político y de comprensión hacia unos vencidos que, desde entonces, se verían a sí mismos no como súbditos del nuevo rey, sino simplemente como sus conquistados.

De hecho, estas leyes eran desde tiempo atrás bastante impopulares, y se hubiese visto con agrado su modificación contando con los catalanes, para adaptarlas y mejorarlas desde sus propias instituciones. Por el contrario, las modificaciones se percibieron como una forma de venganza sobre los vencidos, apenas tapizada bajo apariencia de reforma legislativa. Este desacierto es el que ha dejado un doloroso recuerdo de víctimas, que los políticos nacionalistas esgrimen como uno de sus grandes argumentos.

Esos mismos políticos se cuidan mucho de conmemorar todos los 11 de septiembre la *Diada* como fiesta nacional de Cataluña, en honor a esos derechos y libertades de los que fueron privados después de ser conquistados en 1714. Pero en esa festividad no recuerdan que buena parte de esos derechos y libertades eran exclusivos de la nobleza y la alta burguesía, quienes los aprovechaban para imponer en beneficio propio diferencias sociales, aduanas e impuestos entre pueblos que obstaculizaban el comercio y el desarrollo de la economía, y que permitían, incluso, el derecho al maltrato de campesinos.

También se soslaya que el héroe de aquel día, Rafael Casanova, no murió heroicamente en el fragor de la batalla, sino de viejo en su cama, con edad avanzada, treinta años más tarde, y en posesión de todos sus bienes. Recordemos que Rafael Casanova —*conseller en cap*—, amnistiado por Felipe V en 1719, nunca apeló a la independencia de Cataluña para arengar a los sitiados, sino a luchar en defensa del «rey, la patria y la liberad de toda España», y que la bandera que ondeaba tras las murallas de Barcelona no era la estelada o simplemente la Señera, sino la bandera de santa Eulalia. Pero todo ello no es obstáculo para que el nacionalismo, en su febril obsesión por deformar la historia, realice todos los 11 de septiembre una ofrenda floral ante la estatua de Rafael Casanova, indiscutido mártir de la causa independentista.

En cualquier caso, los datos históricos hablan por sí mismos, y es incuestionable que la entrada de los borbónicos en Barcelona, el Decreto de Nueva Planta, y todo el resto de reformas llevadas a cabo por Felipe V, supusieron el despegue de la Cataluña moderna. La Barcelona de Rafael Casanovas, con unos 37 000 habitantes, era una de las poblaciones más pobres de España en una época en la que Madrid la triplicaba en población, con sus más de 120 000 habitantes, igual que Cádiz, Sevilla o Bilbao la duplicaban en censo y riqueza.

Sin embargo, el tan denostado Borbón de la reciente historiografía «indepe», protegió la incipiente y poco competitiva industria textil catalana mediante unos aranceles aduaneros exorbitantes a los paños ingleses y flamencos, lo que benefició de forma extraordinaria a las manufacturas catalanas, que empezaron a venderse en toda España, especialmente en América, donde sus estampados en algodón se conocían como «indianas». Mientras, y en justa reciprocidad, ingleses y flamencos nos aplicaron las mismas reglas del juego, e impusieron desorbitantes aranceles a la lana y grano castellano, con lo que a la postre el resultado fue un empobrecimiento de Castilla y un enriquecimiento de Cataluña.

Barcelona empezó a subir como la espuma, y en solo 50 años pasó de ser esa paupérrima capital de provincia que comentábamos a la capital económica del imperio, con nada menos que 130 000 paisanos.

Y fue también Felipe V quien concedió a la burguesía catalana en régimen de monopolio el comercio de esclavos desde África hasta las Américas, vil negocio hasta entonces prohibido por las leyes españolas, pero que sin duda contribuyó notablemente al enriquecimiento de Cataluña.

Con Carlos III se rompió el monopolio que tenía el puerto de Cádiz y se liberalizó el comercio con América. Una vez más, la gran beneficiada fue Cataluña. No es cierto, como han afirmando los «indepes», que hasta entonces —casi tres siglos— dicho comercio le hubiese estado vetado a Cataluña, en un claro intento de marginación económica. Simplemente, cualquier español que quisiese comerciar con América, tenía que hacerlo desde Cádiz.

De hecho, podemos ver que los comerciantes forasteros establecidos a mediados del siglo XVI en la ciudad, ligados a la Carrera de Indias, son: 5 castellanos —4 de Burgos—, 6 catalanes, 1 gallego, 6 vascos, 1 valenciano, 1 aragonés, 1 cordobés y varios toledanos. Martínez Shaw opina que, en el primer tercio del siglo XVII, Cádiz se consolidó como desembocadura de la exportación catalana, y mercado de artículos coloniales con destino a Cataluña.

Barcelona se convirtió en uno de los principales puertos del mundo, y la burguesía catalana se lanzó a la conquista económica de la América española. La liberación económica de Carlos III y la apertura al comercio de los puertos españoles, pronto se reflejó en un despegue económico sin precedentes, pero al dejar de aplicarse el estricto control que tenía la Casa de Contratación, para evitar abusos y garantizar la aplicación de las Leyes de Indias, la nueva burguesía mercantil asentada en América, provocará unas tensiones con la vieja aristocracia criolla, que, a la postre, serán la causa principal de la pérdida de aquellas provincias.

Cuando en 1808 Napoleón invadió España, los catalanes destacaron entre los primeros y más valientes defensores de nuestra integridad territorial, y haría falta algo más que un gran libro, y no las pobres líneas que aquí podemos dedicarle al acontecimiento, para hacerle honor a las destacadas gestas cargadas de heroísmo con las que Cataluña demostró su más absoluta adhesión a España y su rey Fernando VII.

Lérida, con su «Sacramental» del 28 de mayo, fue la primera ciudad española en organizarse legalmente en defensa de España y su rey legítimo, mediante una Junta de Gobierno, así como una milicia armada dirigida por Joan Baget (1795-1818), quien organizó la defensa de su ciudad ante los franceses bajo la consigna de «Patria y rey».

Barcelona se batió en el Bruch con voluntarios, a las órdenes de un joven tamborilero llamado Isidro Llusá y Casanovas. Derrotaron en dos batallas, el 6 y 14 de junio de 1808 al ejército francés. Era la primera vez que la *Grand Armée* mordía el polvo de la derrota y, un mes más tarde, siguiendo el ejemplo catalán, el ejército francés sufriría la humillación de Bailén.

Y Gerona hubo de ser sitiada hasta en tres ocasiones por los franceses, antes de poder someterla, en una heroica defensa, solo comparable con Zaragoza.

Cataluña entera lucha por la defensa de España, mientras otros catalanes —estos desde Cádiz— presidían las Cortes, como Ramón Lázaro de Dou.

Y cuando años más tarde las guerras carlistas dividieron a nuestro país en dos bandos, Cataluña no dudó en ponerse de parte de los carlistas, en defensa de la más pura esencia de la España tradicional y católica.

Un catalán, Francisco Pi i Margall (1824-1901), fue quién presidió la primera República Española, mientras otro catalán, el general Juan Prim (1814-1870) conquistó con voluntarios de su tierra Tetuán, y arengándoles en *catalá* les recordó que eran «el orgullo de la patria». También voluntarios catalanes nutrieron las filas del ejército en la defensa de Cuba.

Pero es a mediados de ese mismo siglo XIX, tan convulso como contradictorio, cuando empezó a originarse lo que terminará en el actual nacionalismo catalán. Fueron los años en los que se produjo en toda Europa el movimiento político-cultural conocido como Romanticismo, que se caracterizó en lo cultural por unas manifestaciones artísticas completamente alejadas de la realidad, hacia mundos imaginarios y desgarrados por la pasión, mientras que en su vertiente política se mostró como una protesta idealista contra el mundo burgués. Esta situación se produjo desde ángulos bien distintos, de un lado las posiciones tradicionalistas sueñan con un retorno al pasado y propugnan la restauración de los valores patrióticos y religiosos, esa será la tendencia de Schelegel o Novalis en Alemania, de Chateaubriand en Francia, o de Walter Scott en Inglaterra. De otra parte está el Romanticismo liberal, que lucha por la implantación revolucionaria de los ideales de la Ilustración. En esta línea se encuentran el inglés Byron o los franceses Víctor Hugo, Lamartine y Stendhal.

En nuestro país, la entrada tardía del Romanticismo coincidirá con el vacío de identidad que provoca la pérdida fulgurante de nuestro vasto imperio y con la grave crisis política de esos momentos.

Tendrá un carácter marcadamente tradicionalista y neotomista, con autores como Jaime Balmes o Donoso Cortés.

Pero antes que todo esto ocurra en el resto de España, en Barcelona, entre 1823 y 1824, se edita la revista romántica *El europeo*, en la que colaboran, junto a redactores extranjeros, López Soler o Aribau, y se empiezan a publicar obras como *Oda a la patria* de Aribau (1833), *Romancerillo catalán*, de Milá y Fontanals (1853), o *Cataluña en España*, de Vidal (1855). Es el origen de un movimiento cultural propio de Cataluña conocido como la *Renaixença*, que, desde posiciones marcadamente tradicionalistas, reclama las particularidades propias del pueblo catalán y reivindica un estado español de corte confederal, que retorne a la situación anterior al siglo XVIII. No es un movimiento independentista ni antiespañol, sino regeneracionista e integrador, que pretende revitalizar el pulso del país desde una llamada a las raíces propias, que tanta prosperidad diera en siglos pasados. Los padres de la *Renaixença* dedicaron el mismo esfuerzo revitalizador a la cultura específicamente catalana, que al resto de la española. Así, por ejemplo, Aribau, quien inicia oficialmente el movimiento en 1833 con la publicación de su oda, escribió más tarde la monumental Biblioteca de Autores Españoles, y Víctor Balaguer ocupó cargos ministeriales en el gobierno de España.

En 1891 se fundó la Unión Catalanista como organización político cultural, y un año más tarde se redactaron las Bases de Manresa como proyecto de estatuto autonómico catalán. Pero en estos años se produjo un acontecimiento especialmente trágico para España: la pérdida de las provincias de Cuba y Filipinas a manos de un país joven llamado Estados Unidos. Esta pérdida, en la que Cataluña tenía grandes intereses económicos, supondrá una polarización de las posturas por dos motivos. En primer lugar, radicalizará el descontento de una Cataluña pujante económicamente y moderna en lo cultural, hacia un Madrid decrépito y decadente que, por simple pusilanimidad, ha dejado perder sus posesiones de ultramar, en las que tanto había invertido Cataluña. Por otro lado, la clase política y cultural del Madrid de esos tiempos, dolorida y avergonzada tras el desastre, se dedicará a acusar injustamente a los catalanistas de independentistas.

La radicalización de estas posturas provocará que el catalanismo derive en dos traducciones políticas principales; de un lado, la actitud «totorrerista» —del *tot o res*, «todo o nada»— que serán los futuros republicanos, y de otro, la colaboracionista, de Francesc Cambó y su partido, la Lliga Regionalista, surgido en 1901 y partidario de un entendimiento constructivo con el resto de España, como define el mismo Cambó en textos seleccionados por Seco Serrano:

> Yo siento España y amo Castilla, y no quiero abandonar la esperanza de que puedan hermanarse estos sentimientos con mi catalanismo esencial. Esta convicción me ha guiado toda mi vida y ha inspirado mi actuación política. A ella me aferraré mientras viva.

La semana trágica de Barcelona en 1909, unida a la influencia que en Cataluña tendrán los movimientos marxistas que agitan Europa, harán que las posturas se radicalicen todavía más. Que los castellanos, inspirados por la Generación del 98, cada vez más se escondan tras una interpretación castellanista de España, y que los catalanistas abandonen las tesis integradoras de Cambó por las republicanas de Maciá.

La decadencia de España en los años siguientes no hará más que dar argumentos a unos insolidarios políticos nacionalistas que sabrán sacar buen provecho de la situación. La Segunda República, necesitada de alianzas a la desesperada, no dudará en conceder a Cataluña su Estatuto de Autonomía —y todo lo que haga falta—, con lo que el problema nacionalista, fuera de solucionarse, deriva hacia tintes cada vez más independentistas. Este episodio no contenta a casi nadie, y se suma a la nutrida cadena de escollos que impedirán la continuidad de la República.

Tras cinco años repletos de violencia en las calles y crisis de gobierno, comienza la Guerra Civil. Para unos, el «alzamiento» de Franco conducirá a un «nuevo amanecer de España», como prologaba César Silió en 1939 en su libro *Don Álvaro de Luna y su tiempo*. Para otros, se trata de un golpe de Estado que pretende instaurar el fascismo en España. En cualquier caso, los nacionales suponen una respuesta tardía del romanticismo castellano: Joaquín Costa,

Macías Picavea y Donoso Cortés influirán en la castellanísima Generación del 98, de quienes serán hijos Víctor Pradera, Ramiro de Maeztu y Ortega y Gasset. De estos, a su vez, beben los ideólogos que elaboran los postulados de un joven partido llamado Falange Española. De hecho, el término «falange» emula a las antiguas formaciones militares de la Grecia Clásica; su logotipo son el yugo y las flechas de Alejandro Magno y los Reyes Católicos; y las palabras caudillo, levantamiento o movimiento, se toman directamente del castellano de los siglos xv y xvi.

Los cuarenta años de la regencia del general Franco supusieron grandes ventajas para Cataluña: erradicación de la dinámica terrorista que hubo adquirido el movimiento obrero —tan fuerte en esta tierra a principios del siglo xx—, disminución de las diferencias sociales mediante la generalización de las clases medias, desaparición del analfabetismo, modernización de sus infraestructuras y sus industrias, etc. El catalán no solo fue respetado, sino que se promocionó en las *escolas* y a través de la creación de premios literarios en *català*. De igual forma, el símbolo por excelencia de Cataluña, la Señera, fuera de prohibirse, estuvo presente en todo tipo de actos públicos, con caudillo incluido. Hasta nada menos que 18 de sus ministros fueron catalanes, sin duda más que de ninguna otra región, encabezados por el tecnócrata Laureano López Rodó, quien diseñó los planes de desarrollo que permitieron el despegue económico de España, especialmente de Cataluña. Cosa que tampoco es de extrañar, pues fue a esa región donde el general Franco destinó el mayor porcentaje de toda la inversión industrial de España.

El regente murió en 1975. Dejó el país en un estado de bonanza como no se había conocido desde dos siglos atrás, en tiempos de Carlos III. Un país de clases medias, próspero y en paz, que pudo transformarse de un régimen político a otro por medio de la legalidad: «de la ley a la ley», como le dijo Fernández Miranda al nuevo jefe del Estado, S.M. don Juan Carlos I.

En 1976 un desconocido Jordi Pujol escribió:

> El hombre andaluz no es un hombre coherente, es un hombre anárquico. Es un hombre destruido, es generalmente un

hombre poco hecho, un hombre que hace cientos de años que pasa hambre y que vive en un estado de ignorancia y de miseria cultural, mental y espiritual. Es un hombre desarraigado, incapaz de tener un sentido un poco amplio de comunidad. A menudo da pruebas de una excelente madera humana, pero de entrada constituye la muestra de menor valor social y espiritual de España. Ya lo he dicho antes: es un hombre destruido y anárquico. Si por la fuerza del número llegase a dominar, sin haber superado su propia perplejidad, destruiría Cataluña. Introduciría en ella su mentalidad anárquica y pobrísima; es decir, su falta de mentalidad.

Surge así en nuestros días, un independentismo que ya poco tiene que ver con el nacionalismo cultural del romántico siglo XIX o el republicanismo modernista de la lucha obrera del primer tercio del siglo XX. El nuevo independentismo del postfranquismo, el de la Transición y la Democracia, ya no se construye sobre un esquema cultural o filosófico más o menos estructurado y elaborado, sino sobre un simple barniz sentimentaloide. Es el nacionalismo del «España nos roba» y del «somos mejores que ellos». Es el nacionalismo de los falsos mitos.

Así a Pepe Ventura, el que inventó la sardana, ahora lo han rebautizado como Pep, para parecer que nació hace siglos en Cataluña, en vez de hace unas décadas en Jaén, y que así la sardana pueda parecer un auténtico baile tradicional con la solera de las sevillanas. A Rafael Casanovas se le rinde culto por dar su vida en defensa de la independencia, cuando en verdad murió orgulloso de ser español, y los *mossos d'escuadra* encarnan el más puro espíritu castrense catalán, cuando no dejan de ser un cuerpo de policía fundado por Felipe V —el mismo que les privó de sus fueros— con la misión de garantizar el cumplimiento de las leyes castellanas en Cataluña. Y no seguimos, porque a estas alturas ya los hay que afirman que Colón, Cervantes, y hasta santa Teresa, eran también catalanes...

Algo, todo ello, lo suficientemente grotesco y absurdo como para no darle la más mínima importancia, de no ser porque son ya dos las generaciones de catalanes que en los últimos cuarenta años han sido adoctrinados desde su más tierna infancia, primero en las *escolas* y, ya de mayores en TV3, en esos falsos mitos de odio a España, lo que consigue mantener una espiral de rencor que se retroalimenta desde la paranoia.

Cuarenta años después resulta que el hombre anárquico, incoherente, desarraigado y mísero, no es el andaluz que levantó Cataluña con su sudor, sino el golfo de Puyol que se hartó a robar con el beneplácito de los diferentes gobiernos, tanto del PSOE, como del PP.

Y España, después de superar problemas muchísimos más graves, después de haber conformado buena parte del mundo moderno y ser una de las naciones más decisivas en la historia de la humanidad, sin duda sabrá sobreponerse una vez más. Y entre todos encontraremos nuevamente el rumbo que nos une en un mismo destino universal desde hace más de dos mil años.

BIBLIOGRAFÍA

La vida es corta, y el conocimiento sin límites.

Aldous Huxley

ABELLÁ, Rafael: *Los piratas del Nuevo Mundo.* Ed. Planeta. Barcelona, 1989.

——*La conquista del Oeste.* Ed. Planeta. Barcelona, 2010.

ALONSO, Carlos Javier: *Historia básica de la ciencia.* EUNSA. Pamplona, 2001.

ALSINA BENAVENTE, José: *El oro* (Tomo I). Editorial Alsina. Barcelona, 1988.

BÁRCENA, Alberto: *La Guerra de la Vendée. Una cruzada en la Revolución.* Ed. San Román. Madrid, 2016.

BERNESTEIN, Peter L.: *El oro. Historia de una obsesión.* Ediciones B Argentina. Buenos Aires, 2002.

BLÁZQUEZ, José María: *El Mediterráneo y España en la Antigüedad.* Cátedra. Madrid, 2003.

BLÁZQUEZ MIGUEL, Juan: *La inquisición.* Penthalon Ediciones. Madrid, 1988.

BRAVO, Gonzalo: *Historia del mundo antiguo. Una introducción crítica.* Alianza Editorial. Madrid, 1998.

BROWN, Peter: *El mundo en la Antigüedad tardía. De Marco Aurelio a Mahoma.* Taurus. Madrid, 1989.

CAPDEFERRO, Manuel: *Otra historia de Cataluña.* Libros Libres. Madrid, 2012.

CASTRO, Américo: *La realidad histórica de España*. Editorial Porrúa. México, 1971.

CEBRIÁN, Juan Antonio: *La cruzada del Sur*. La Esfera de los Libros. Madrid, 2003.

CLENDINNEN, Inga: *Los aztecas, una interpretación*. Book. 1998.

COMELLA, Beatriz: *La inquisición española*. Rialp. Madrid, 2004.

COMELLAS, José L.: *Los grandes imperios coloniales*. Rialp. Madrid, 2001.

—*Historia breve del mundo contemporáneo*. Rialp. Madrid, 2007.

COMISIÓN NACIONAL V CENTENARIO DEL DESCUBRIMIENTO DE AMÉRICA: *Descubrimiento y fundación de los reinos de indias 1475-1560*. Colegio Oficial de Doctores y Licenciados de Madrid. Madrid, 1988.

CONNOLLY, Sean: *Enciclopedia de fusiles y armas cortas*. Libsa. Madrid, 1999.

COTTRET, Bernard: *Calvino, la fuerza y la fragilidad*. Editorial Complutense. Madrid, 2002.

DAVIS, Robert C.: «Christian Slaves, muslim masters: White slavery in the Mediterranean, the barbary coast, and Italy, 1500-1800». *International Journal of Maritime History*, Vol. 16, N.º 2. Londres, 2004.

DAWSON, Christopher: *Los orígenes de Europa*. Rialp. Madrid, 2007.

DÍAZ DEL CASTILLO, Bernal: *Historia verdadera de la conquista de la nueva España*. Castalia. Madrid, 2000.

ELLIOTT, J. H.: *La España imperial 1469-1716*. Ed. Vicens-Vives. Barcelona, 1998.

FANJUL, Serafín: *La quimera de al-Ándalus*. Siglo XXI de España Editores. Madrid, 2006.

FERNÁNDEZ ÁLVAREZ, Manuel: *Felipe II y su tiempo*. Espasa-Calpe. Madrid, 2001.

—*Jovellanos el patriota*. Espasa-Calpe. Madrid, 2001.

FERRER ARELLANO, Joaquín: *Lutero y la reforma protestante*. Palabra. Madrid, 1996.

GANNON, Michael: *La cruz en la arena*. Estados Unidos, 1965.

GARCÍA DE CORTÁZAR, José Ángel y SESMA MUÑOZ, José Ángel: *Historia de la Edad Media. Una síntesis interpretativa*. Alianza Editorial. Madrid, 1998.

GARCÍA ORO, José: *Cisneros*. Ariel. Barcelona, 2002.

GIL FERNÁNDEZ, Luis: *Panorama social del humanismo español (1500-1800)*. Alhambra. Madrid, 1981.

GILSON, Étienne: *La filosofía en la Edad Media*. Editorial Gredos. Madrid, 2007.

GONZÁLEZ QUIRÓS, José Luis: *Una apología del patriotismo*. Taurus. Madrid, 2002.

GOODWIN, Robert: *Spain, the center of the world, 1519-1682*. Ed. Boomsbury. 2001.

GOUGUENHEIM, Sylvain: *Aristóteles y el islam. Las raíces griegas de la cultura cristiana*. Editorial Gredos. Madrid, 2009.

GUICHARD, Pierre: *al-Ándalus frente a la conquista cristiana: los musulmanes de Valencia*. Editorial Biblioteca Nueva y Universidad de Valencia. Madrid, 2001.

HENNINGSEN, Gustav: *El abogado de las brujas*. Alianza Ensayo. Madrid, 2010.

—*The database of the Spanish inquisition*. Ed. Folklore. 2009.

HERNÁNDEZ MERINO, Ángel: *El tiro con armas de avancarga hoy*. Ed. Everest. León, 1983.

HUBSBAWM, Eric y RANGER, Terence: *The invention of the tradition*. The Press Syndicate of the University of Cambridge. Cambridge, 1983.

INSUA, Pedro: *1492, España contra sus fantasmas*. Ed. Ariel. Madrid, 2018.

JUARISTI, Jon: *El bucle melancólico*. Espasa-Calpe. Madrid, 2001.

JUDERÍAS, Julián: *La leyenda negra*. Araluce. Barcelona, 1917.

KAMEN, Henry: *Felipe de España*. Siglo XXI de España editores. Madrid, 1997.

—*La Inquisición española*. Editorial Crítica (Círculo de Lectores). Barcelona, 2002.

KHALIL, Samir: *Cien preguntas sobre el islam*. Ediciones Encuentro. Madrid, 2003.

KIRPATRICK, E. A.: *Los conquistadores españoles*. Rialp. Madrid, 2010.

LILLEY, Samuel: *Hombres, máquinas e historia*. Editorial Ciencia Nueva. Madrid, 1967.

LINDSAY, Brentan C.: *Murder State: California's native american genocide 1846-1873*. University of Nebraska, 2015.

LOBO MÉNDEZ, Gonzalo y FERNÁNDEZ, Aurelio: *La Iglesia de Cristo*. Magisterio Casals. Madrid, 1983.

LUMMIS, Carlos E: *Los exploradores españoles del siglo XVI*. Araluce. Barcelona, 1959.

MAEZTU, Ramiro de: *Defensa de la hispanidad*. Rialp. Madrid, 2007.

MARAVALL, José Antonio: *El concepto de España en la Edad Media*. Centro de Estudios Políticos y Constitucionales. Madrid, 1997.

MARÍAS, Julián: *Ser español*. Ed. Planeta. Barcelona, 2001.

—*España inteligible*. Alianza Editorial. Madrid, 2010.

MENÉNDEZ PELAYO, Marcelino: *Historia de los heterodoxos españoles* (dos volúmenes). Homo Legens. Madrid, 2007.

MEREU, Italo: *Historia de la intolerancia en Europa*. Paidos. Barcelona, 2003.

MESSORI, Vittorio: *Leyendas negras de la Iglesia*. Planeta Testimonio. Barcelona, 1996.

MIRALLES, Juan: *Hernán Cortés, inventor de México*. Tusquets. Barcelona, 2001.

MORALES, José: *Los musulmanes en Europa*. EUNSA. Pamplona, 2005.

MOXÓ, Salvador de: *Repoblación y sociedad en la España cristiana medieval*. Rialp. Madrid, 1979.

ONAINDÍA, Mario: *La construcción de la nación española*. Ediciones B. Barcelona, 2002.

ORTEGA Y GASSET, José: *Estudios sobre el amor*. Edición de Paulino Garagorri. Alianza Editorial. Madrid, 2006.

—*Historia como sistema*. Espasa-Calpe. Madrid, 1971.

PAYNE, Stanley: *Spanish catholicism*. University of Wisconsin Press, 1984.

—*En defensa de España*. Espasa-Calpe. Madrid, 2017.

—*La España imperial*. Playor. 1985.

PELLÓN OLAGORTA, José R.: *Los íberos*. Espasa-Calpe. Madrid, 2001.

PERNOUD, Régine: *¿Qué es la Edad Media?* Magisterio Español. Madrid, 1986.

PIJOAN, José: *Arte islámico. Summa Artis* (Tomo XII). Espasa-Calpe. Madrid, 1966.

REAL ACADEMIA DE LA HISTORIA: *España como nación*. Ed. Planeta. Barcelona, 2000.

RIU RIU, Manuel: *Manual de Historia de España, Edad Media*. Espasa-Calpe. Madrid, 1989.

SÁEZ, Jesús M.: *Cómo Titus Burckhardt reinventó al-Ándalus*. Universidad de Alicante. 2009.

SÁNCHEZ-ALBORNOZ, Claudio: *La España musulmana según los autores islamitas y cristianos medievales*. Tomos I y II. Espasa-Calpe. Madrid, 1973.

—*Una ciudad de la España cristiana hace mil años*. Rialp. Madrid, 2001.

SANTOS, James A.: *Converting California*. Yale University Press. 2004.

SARANYANA, José Ignacio: *Historia de la filosofía medieval*. EUNSA. Pamplona, 1989.

SECHER, Reynald: *La Vendée-vengé. Le génocide franco-francais*. Librerie Académique Perrin. París, 2006.

SENKEWICZ, Robert y BEEBE, Rose Marie: *Junípero Serra: California, Indians and the transformation of a missionary*. University of Oklahoma Press. 2015.

.SIGNES CODOÑER, Juan: *Antiquae Lectiones. El legado clásico desde la Antigüedad hasta la Revolución francesa*. Cátedra. Madrid, 2005.

SOLDEVILA I ZUBIBURU, Ferran: *Historia de España*. Ariel. Barcelona, 1962.

SPENGLER, Oswald: *La decadencia de Occidente*. Prólogo de José Ortega y Gasset. Traducción de Manuel García Morente, Espasa-Calpe. Madrid, 1958.

STACK, Rodney: *Falso testimonio. Denuncia de siglos de historia anticatólica*. Sal Terrae. 2017.

SUÁREZ FERNÁNDEZ, Luis: *Historia de la España Antigua y Media*. Rialp. Madrid, 1976.

—*Grandes interpretaciones de la historia*. EUNSA. Pamplona, 1985.

—*La expulsión de los judíos de España*. Mapfre. Madrid, 1991.

—*Isabel, mujer y reina*. Rialp. Madrid, 1992.

—*Los judíos*. Ariel. Barcelona, 2003.

TERVOR-ROPER, Hugh: *Las conversaciones privadas de Hitler*. Crítica. Madrid, 2006.

THAROOR, Shashi: *Inglorious Empire*. Penguin. Madrid, 2018.

UBIETO ARTETA, Antonio: *Introducción a la Historia de España*. Editorial Teide. Barcelona, 1972.

Vaca de Osma, José Antonio: *Los Reyes Católicos*. Espasa-Calpe. Madrid, 2001.

—*Los vascos en la historia de España*. Rialp. Madrid, 2001.

Vallvé Bermejo, Joaquín: *al-Ándalus: sociedad e instituciones*. Real Academia de la Historia. Madrid, 1999.

Vázquez de Prada, Andrés: *Sir Tomás Moro: Lord Canciller de Inglaterra*. Rialp. Madrid, 2004.

Vega Cernuda, Miguel Ángel y Wegemer, Henning: *España y Alemania*. Editorial Complutense. Madrid, 2002.

VV. AA.: «La Edad Media hasta el final de los Staufen». *Historia Universal* (tomo III). Espasa-Calpe, Madrid, 1975.

—«Historia de España - Ramón Menéndez Pidal». Espasa-Calpe. Madrid, 1977.

—*La historia del Oeste*. Ediciones Picazo. Barcelona, 1979.

Walsh, William Thomas: *Isabel de España*. Ediciones Palabra. Madrid, 2005.

Wohl, Louis de: *Fundada sobre roca*. Ediciones Palabra. Madrid, 1988.